私域流量

——打造社群营销百万成交

张远　编著

中国石化出版社
HTTP://WWW.SINOPEC-PRESS.COM

内 容 提 要

本书以公域流量导流为始端，以搭建私域流量池为基础，以营销变现为最终目的，全面分析了适合2C类小微企业的全新社群营销方法，可以帮助运营者大大降低获客成本，实现精准营销。本书可作为经管类专业创新创业类课程的学习教材，也可供2C类中小企业经营管理者阅读参考。

图书在版编目（CIP）数据

私域流量：打造社群营销百万成交 / 张远编著 . --
北京：中国石化出版社，2021.12
ISBN 978-7-5114-6511-5

Ⅰ. ①私… Ⅱ. ①张… Ⅲ. ①网络营销—研究 Ⅳ.
① F713.365.2

中国版本图书馆 CIP 数据核字（2021）第 256682 号

中国石化出版社出版发行
地址：北京市东城区安定门外大街58号
邮编：100011 电话：（010）57512500
发行部电话：（010）57512575
http://www.sinopec-press.com
E-mail：press@sinopec.com
北京富泰印刷有限责任公司印刷
全国各地新华书店经销
*
710×1000毫米 16开本 15.5印张 246千字
2021年12月第1版 2021年12月第1次印刷
定价：68.00元

PREFACE

前言

2021年谈私域流量搭建晚吗？答案是：不晚。因为私域流量已经成为许多企业的“标配”，对于企业的长远发展仍旧有着重要的作用。尤其是近两年疫情对线下商业的冲击，使得许多企业主动或被动地转变营销思路，向私域流量迈出了坚实的一步。

私域流量是2C企业的发展必经之路，生意不再是一锤子买卖，挖掘老用户的价值成了很多企业的共识。这种营销思路的转变是机遇也是挑战。尤其是企业微信的开放，让私域流量运营变得更加专业化，极大地改变了各个企业运营模式，让私域流量运营走入更深的层次，给企业的发展带来生机与活力。同时，也让“生意”切实地变成了人与人之间的一种“交往”方式。

私域流量以及它带来的企业组织结构的变革、业务指标的变化、运营体系的更新，都将深刻地影响企业的面貌，并创造出更大的价值和能量。很多企业都知道私域流量的重要性，铆足了劲想要大干一场，但要如何做才能成功的搭建私域流量，如何让他人的成功经验变得可复制，这些都是想要做私域流量的各企业面临的实际问题。我在与许多企业负责人和中小商家们打交道的过程中，都能深刻地体会到他们对于该如何搭建私域流量有很多困惑。如果对私域流量没有足够的认知，仅凭借着“跟风”莽撞地冲进私域流量领域，结果多数是受到挫折，并对此失去信心。

目前市面上，关于私域流量的图书多以围绕微信为载体搭建私域流量池，或是从私域流量的角度来探讨该如何搭建、如何长久运营，以及如何挖掘更多流量价值。本书整合了关于“私域流量”各个层面较为核心的知识，同时注重实践经验的分享，精选了一些通俗易懂又很有代表性的案例，希望读者们能通过本书对私域流量有更全面认知，获得更简洁明了的实操经验，在私域流量搭建、运营和企业组织构建等方面有一定参考。相信阅读本书，你能对以下问题获取更深入全面的答案：

1. 什么是私域流量？为什么要做私域流量？

2. 微信和企业微信做私域流量的差别？该如何选择？

3. 如何建立私域流量运营团队？

4. 私域流量应该如何运营？如何进行变现和裂变？

5. 如何最大限度的发挥私域流量的价值？

希望本书能够真正帮助到更多企业解决到一些实际问题，让读者能从书中找到私域流量搭建和运营的方法和规律。当然，也希望更多的有识之士互相交流，分享各自的经验与思想，推动私域流量相关理论和实践的深入发展。

CONTENTS

目录

第一章

什么是私域流量，为什么要做私域流量

1.1 私域流量的含义

“私域”，顾名思义指个人的、私人的，又指不公开的、秘密的范围区域。“流量”，在互联网时代，指网站的用户访问量、用户留存数量等；在移动互联网时代，则是指手机上APP下载用户数量、使用人流量等。

目前，私域流量在业界还没有明确的定义。私域流量其实是一种运营思维，它是前些年互联网思维的一种提升和转变。作为运营者，除了要掌握运营概念、工具和方法外，更重要的是要形成私域思维。在过去的用户红利时代，企业可以低成本获取源源不断的用户/流量，这是一种运营逻辑。如今用户/流量红利时期已经过去，对存量用户精细化的运营能力已经成为企业和品牌最核心的能力之一，这是另外一种新型运营逻辑。私域流量思维便是新型运营逻辑中最为流行的一类思维方式。

讨论私域流量，首先要在思维上做出转变，当企业调整思维后再去探讨私域流量是什么，适合谁，就会发现：凡是需要增长用户/获客的人都需要学习这种运营模式。更通俗地讲，只要是需要做市场的、需要销售的人或企业，都需要用好它。

“私域流量”一词起源于微商和淘宝店主，在微信刚流行的几年里，微信上慢慢出现一些商业行为，如卖面膜、包包、衣服等，“微商”也渐渐称为一种成熟的商业模式。当时的微商成为许多宝妈们实现经济独立的出口。借助于社交软件，微商们抓住人群需求，以多级代理+朋友圈刷屏等方法，吸引了无数的购买者，这些人就是流量。2015年起，一些淘宝店铺看到微商模式的巨大利润价值，也开始由单一的淘宝账号向微信导流，那几年，买家包裹内总会出现一张小卡片，指导客户添加微信客服，参与好评返现、微信群抢红包、微信朋友圈等活动，各大电商绞尽脑汁，策划各类优惠、返现活动，只为引导买家加微信，这就是非常典型的私域流量引流方式。

但私域流量并不是产生于这个时期，它早已存在于互联网，只是通过微信这个载体，让它火爆起来，受到更多人的关注。

在早期互联网1.0时代，手机还未进入智能时代，私域流量便已存在，只是它存在于各类商业活动中，人们并没有赋予它“私域流量”这个名称。那个时候消费者的钱包除了装着银行卡还要装着多多少少的会员卡。例如，在客户完成购物后，早期各大品牌专卖店都会建议客户免费办理会员卡，这张会员卡绑定了客户的手机号和身份信息，让客户后期购物有折扣，并通过短信了解最新优惠活动，促进客户购买欲望和品牌黏性。再例如，早期的一些付费会员能够参与充值双倍活动等，诸如此类，都是私域流量的体现。但这些商业行为并没有互联网的支撑，也就没有将其优势显现得更为深广。

虽然私域流量未能借助互联网进一步发展，但是这类商业行为也有专门的管理名称：CRM（ Customer Relationship Management ，客户关系管理）。即负责记录各种客户数据、联系方式，逢年过节给客户发短信、打电话等来维护客户。CRM的形式随着互联网的快速发展，也在不停地演变。

例如在美国，现在许多CRM还是通过电话、邮寄和电邮完成的。但在国内，随着智能手机的发展，社交关系大多发生在微信上，于是便诞生了整套基于微信的SCRM（ Social Customer Relationship Management ）。

微信公众号刚兴起时，公众号成为各企业和品牌绑定会员的必备神器。当时，客户只需要用一个手机号，就可以办理一张品牌会员卡，这张会员卡不是实体卡，而是存在于手机里的电子会员卡，客户走到哪个品牌店都能随时出示电子会员卡享受或参与优惠活动。起初，这一设想和实施效果很不错，但公众号的优势并没有因为绑定会员而发挥到极致。微信公众号需要专人或专部门来运营维护，但公众号的受众打开率越来越低，人力运营成本却不断攀升，定期和不定期的更新推送，并没有得到实际预期的效果。

公众号变得像广告一样的存在，虽然并不完全是广告，但人们对于广告的抗拒导致公众号的信息打开率持续低迷，营销效果不明显。经过不断的摸索和创新，微商模式给了一些企业新思路，有人开始从侧方突围，通过塑造一个特定的“人”来打通CRM系统。例如在微信朋友圈与粉丝互动，在微信私信聊天给客户推荐产品。这让买家在日常的交流中，感觉到不是和一个企业或者品牌方聊天，而是和一个朋友日常交流。当买家对某一品类产品有需求时，这种交流方式对成交的影响就会特别明显，买家会在第一时间想到该品牌，但不是因为广告宣传，而是日常的交流维护已经给了买家习惯，让买家产生信任感，自然而然地想到该品牌。

然而，做客户流量除了与客户的日常聊天维护、促进消费外，更重要的是进入客户的朋友圈，占领客户朋友圈社交空间，这样才能真正发挥出私域流量的作用，真正意义上达到流量池的规模。通过一些小活动，吸引用户将活动信息发布至他们的朋友圈，以此来获得更多的优惠或礼品，同时通过此转发行为，企业能得到更多流量进入流量池，也就是通过裂变带来更多流量。

如此来看，私域流量有点像早期的通迅录电话本，但又不完全等同于通讯录。它被赋予了人格意义后，使营销模式从流量思维转型为用户运营思维，是营销模式从流量思维向用户思维的转变标志。这种营销模式下，品牌要让用户感觉到你是一个真正懂他，真心对他好的“人”，而不是一个只会机械地发广告、发优惠券来骚扰用户的冷冰冰的“机器人”。

无论是“私域流量”还是“社交电商”，核心都是对人（用户）的运营。基于流量。从这里可以发现现在的营销模式，区别于以前的广告宣传，很大程度上不再针对产品，或者说不再一味地宣传产品的优点；而是针对使用者，表达出为使用者解决问题，直接触达用户的需求。是用户需要企业的产品，而不是企业想要卖给用户产品。

爆款文章，是揣摩着用户心思去写的。

好的产品，是洞察用户需求去设计的。

好的运营，是顺应人性的角度去实践的。

现在所有的运营出发点都不再是产品，而是人。

用户相信你，愿意看你的朋友圈，知道你真的在关心他，觉得你是一个懂他的人，而不是一个冷血的机器。私域流量的最高境界，就是立人设——一个有血有肉、充满感情的专家+好友。其达到的效果是：用户觉得你有用，而不会觉得你只是为了卖产品。

因此，在此可以尝试性地给私域流量下一个定义：“品牌或个人所拥有的，可以自由控制、多次利用的，免费且能够直接触达用户的流量”。

每一个流量对应的都是一个真实的、拥有个人朋友圈的“人”，是一个真实的用户。“私域流量”其实就是一个属于企业的私人地盘。在微信生态里，私域流量池通常指微信个人号、微信群、微信公众号等。

淘宝、京东、拼多多等电商平台，包括公域流量里的电视、门户网站、百度、微博、微信、头条和抖音等几十个主流媒体平台和社交媒体平台，都是比较大的流量平台，也叫广告平台，这些公司的本质都是广告公司。

公域流量池中，微博、微信、头条、抖音等主流社交媒体平台，个个都是用户上亿的流量池，是用户海洋，也是流量海洋。并且用户每天都在这些社交媒体平台上花大量的时间消费“内容”、生产“内容”。企业如果有目的地做好内容营销，就可以在这些平台上获得源源不断的精准流量，从而将公域流量引入私域流量池，成为自有的私域流量。

私域流量关注用户的长期价值，企业和用户之间已经不是一锤子买卖的关系，企业如今要着力提高每个用户的终身价值贡献。客户终身价值（Life Time Value，LTV）也被称为客户全生命周期价值，是指每个用户在未来可能为该服务带来的收益总和。

私域流量相对公域流量来说，有即时触达、反复利用、无须付费、兼具转化效果和品牌积累的优势与特点。但获取和运营私域流量并不容易，如果没有对流量和用户关系的完整理解，以及成体系化的运营思路，就特别容易导致暴力吸粉、广加好友、狂发广告，甚至被用户拉黑的局面出现。

做电商的朋友看到这里可能会深有感触。如今生意越来越难做了，很多卖家很早就有意识地把成交客户加到微信个人号上，但不知道该如何系统地管理、运营这批买家。很多日发几千单、上万单的卖家，他们也都知道要加客户微信，也确实这样做了，但是运营商要么是让粉丝刷单，导致粉丝消失，要么是加上微信之后不懂运营，导致微信上成交还是很差。

微信里运营用户也需要有一套系统的方法，比如IP营销、微信朋友圈营销。有了这一整套的方法论组合拳，才能让微信运营提高效率。

1.2 私域流量的发展

互联网的出现让传统营销逐渐失去影响力，20余年的中国互联网发展史也可以看作是一部流量简史。广播抢走了纸质媒体的观众，电视侵蚀了广播的“大饼”，互联网吸走了所有这些旧平台上的观众，现在社交媒体又以压倒性优势攻占前面各个平台的领地。

1.2.1 国内互联网流量简史

电视广告的流量——通过广而告之和明星代言轰炸式的品牌曝光，为线下渠道和招商代理输送流量，同时也利用电视台的背书做文章。老百姓认为能上CCTV、能请得起明星代言、销量遥遥领先的就是有实力的品牌，就是大品牌，就有面子。比起不知名的品牌，当然买电视上看到过的商品更让人放心，通过纸媒广告获取流量的原理与此相同。

门户网站的流量——在门户时代，门户网站是最大的流量入口，那时搞定门户网站，几乎就搞定了互联网流量。早期的互联网是浏览器之争，谁的浏览器做得好，让用户更便利地能获得他想要的信息，谁就能赢。随后互联网又变成了“屏幕”之争，PC屏打败了电视屏，后来PC屏又被手机屏打败。

百度搜索的流量——随着互联网快速发展和信息过剩，大家对搜索引擎产生依赖。人们因为某种需求而在百度上搜索，这种带着需求找答案的人是天然精准的流量。企业可以通过付费，投放、购买关键词，从而获得百度引流。这样看来，淘宝、京东、拼多多本质上也是广告公司，获取流量的原理与百度相同。

社交媒体的流量——今天社交媒体的出现和普及，带来了三大巨变：一是把每个普通人都变成了媒体。二是极大影响了之前所有的传播手段。三是用户的获客成本无限增大了。

从2009年8月28日微博正式上线开始，社交媒体一度席卷中国互联网。2011年微信出现，2012年今日头条出现，其后短短9年间，智博、简书、百家号、企鹅号、头条号、公众号、知乎号、一点号、大鱼号、搜狐号、网易号、小红书等社交媒体，微视、快手、西瓜视频、火山小视频、全民小视频、好看视频、秒拍、土豆视频、爱奇艺、腾讯视频等视频类自媒体层出不穷。

这些社交媒体平台也在不断变化，2013~2014年间，百度迎来了从PC互联网向移动互联网方向转型。2019年7月30日，分众传媒信息股份有限公司发布年度业绩快报，公开数据显示，其净利润为7.76亿元。受到平板电脑等移动终端的影响，电视的市场销售量从70%下降到了30%，40岁以上观众成为收看电视的主流人群。奥维云网数据显示，2019年观众不仅不看电视，都不打算买电视，他们认为家庭电视不常用，没有购置的必要。这一切可能都说明社交媒体吞噬流量的能力远远大于以往的任何一种传统的媒体。

“内容是最好的广告”时代已经到来。2015年以后，尤其是从2017年开始，人口红利、流量红利结束，流量市场的主导者由社交产品转向了内容产品，搜索流量、社交流量和内容流量并存。

大家不再盲目地追求增量，而是着重研究如何从公域流量池里获取精准流量，如何利用存量找增量，如何进行有效的存量运营，这些都成为商家要解决的问题，同时也倒逼着商家要具备精细化流量的获取能力以及运营能力。随着精细化流量获取和运营的私域流量概念被提出，私域流量运营成为时下最热门的增加销售额的手段。

认知革命以来，语言（文字语言、艺术语言、数学语言和科学语言）是人类发明并用来虚构这个世界的终极武器。当下世界，虚拟越来越大于现实，虚拟世界是现实世界在互联网上的映射。

现今世界最大的特点是虚拟世界在不断侵吞现实世界。人类技术越发达，人类就会更加抛弃现实生活，投奔虚拟生活。未来世界里，人类将越来越不依赖产品的“物理属性”，未来的一切消费都将是“精神消费”，如果企业的产品不能给人带来精神体验，那么企业的产品就将被科技淘汰，而能够承载人类精神的东西只能是内容。在一个虚拟与现实交错的世界里，内容是现实通向虚拟世界的唯一门票。

广告更像是用完即走的一次性行为，优点是见效快。而内容则可以长期存在，优质的内容可以在以后的一年到几年里，持续为企业带来长尾流量，其缺点是见效慢。

广告是硬推，狂风骤雨般来得快，去得也快。内容是软推，“随风潜入夜，润物细无声”，内容优质不优质是相对而言的，关键是生产内容的人是否带有鲜明的个人特色，能够吸引到一批忠实的粉丝。

建议企业在未来的转型升级过程中，投放的广告可以少点，把更多预算分给内容营销部门，下功夫做好内容营销，这不失为一种有眼光的战略行为。

流量变迁最大的原因就是移动互联网时代的来临，主流消费者不再看电视，不太使用PC端互联网，都在刷手机，百度投放广告的效果越来越不好，且价格还越来越贵了。事物的发展都需要经历一定的过程，私域流量也不例外。

1.2.2 私域流量发展简史

那么，私域流量究竟经历了哪些发展过程呢？

（1）雏形

互联网2.0的诞生，打破了过去1.0时代门户网站完全统治的格局，开启了用户个人的互联网社交模式。用户可以在互联网平台申请注册个人账号，并可以通过账号与其他用户进行交流、互动，然后汇聚形成自己的“网友群”，如各大博客平台的关注粉丝群，以及初级版的QQ好友与交流群。“群主”在其网友群中可以发布自己的文章、个人心得以及一些简单的售卖商品信息，但重点不在于商品信息推送和售卖，而是交友、畅聊。

虽然这时还没有私域流量概念，但“网友群”体现出私域流量的形态，它是一个以博主或群主为中心的流量池，而且这个流量池可以直接推送消息并进行深度转化销售，达到的效果也是私域流量的最终目标。

因此，这个时期可定义为私域流量的雏形期，其实质已经存在无疑。

（2）孵化

互联网的第二次结合领域（也是最广、最深的领域），便是商业。它与商业的结合孕生了一种新的商务模式——电子商务，流量自然成为其商业模式中的关键和核心要素，离开流量就无从谈及电子商务。在互联网的独特优势（打破地域与时间的限制）加持下，电子商务获得了迅速发展，商业主体纷纷开始入局电子商务经营。但是，这时流量却几乎全部掌握在各大平台“手中”，如电子商务平台淘宝、京东，以及搜索引擎平台百度、谷歌等。商业主体要想获取流量，就只能从这些平台中获取，当然获取流量是需要支付费用的，只是此时获取流量需要支付的费用不高，商业主体完全可以承受，因此商业主体大部分都在依靠这些流量平台获取流量，以此来开展电子商务的经营活动。但这时也有一小部分商业主体开始开辟自己能够掌握的、免费的且能够多次直接触达的流量池，一方面这些商业主体大多是小微型企业，资金能力非常有限，开拓属于自己的流量池就是为了节省成本；另一方面这些商业主体不愿受流量平台的控制和约束，希望自己能够掌握主动权和话语权；另外这些商业主体想要自己直接触达客户，使得自己能够更进一步走近客户并了解客户。

这一小部分商业主体所开辟的私人流量池属于自己，是免费的，且能多次直接触达客户，这就属于私域流量池的范畴，只是这时仍然没有私域流量这一概念，也就是“有其实，无其名”。

这一时期相较于第一阶段“雏形期”，无论是流量主对流量的重视和关注程度，还是流量的规模大小，都获得了长足发展，为最终私域流量概念的提出和全面应用做好了基础的铺垫。

（3）成形

移动互联网具有移动性和便捷性的优势，完全打破了过去PC互联网众多壁垒，更进一步拓宽了互联网的边界，让互联网真正实现了与人的相连，达到了人人入网、网联人人的程度。这无疑为互联网的流量打开了一个巨大的入口，也让流量获得了更大体量的增加，为最终私域流量更大面积开拓和成形奠定了基础。

移动互联网的发展，最为直观的结果便是孕生出众多的互联网平台，如微信、今日头条、抖音、快手、喜马拉雅等。它们都是巨型流量平台，具有丰富的流量资源，已成为当下互联网流量获取的主要目标和阵地。它们的属性与传统流量平台完全不一样，传统流量平台是集中控制式的，平台流量完全控制在平台方“手中”，商家要想获取流量必须每次支付费用购买；而移动互联网流量平台，虽然总体的流量归属于平台方所有，但对于这些流量平台方不做集中控制，它们将流量分给其平台的众多入驻方。最直观的例子是，微信将流量分给了众多公众号，抖音将流量分给了众多的抖音号等。

在移动互联网时代，用户就是流量，他们沉淀在微信公众号、微信群、微信个人号、微博、小红书、头条和抖音等平台之中，为移动电商获取流量提供了极大便利。加之传统PC互联网流量平台如淘宝、天猫、京东等，流量购买成本越来越高，这直接增加了商家的经营成本。商家迫于成本考量，不得不开启自建流量池途径，他们纷纷申请入驻各大移动流量平台，如微信、抖音、快手等，通过这些流量平台构建自己的私域流量池。

在这样的一个背景之下，私域流量这个名称被正式提出，但这种思维方式由来已久，只是在不同时代，链接私域流量的介质不同而已。

在互联网发展初期阶段，企业运营相对好做，因为企业可以不断地找寻新的平台，哪个平台火就做哪个平台，这些平台都有大量的流量和资源，只要做了就会尝到流量红利的甜头。那时企业根本不愁没有客户，所以客户运营的门槛很低，就算流失了一部分客户，也会有新的血液补进客户池中。但随着流量红利的消失，在平台巨头的流量掌控下，企业很难在与巨头的博弈中掌握主动权，但仍然要依靠巨头平台来积累企业流量。虽然这些流量数据未必精准，且很难成为企业的第一方数据。这时企业很焦虑，一方面流量的获取之径越来越窄，另一方面流量的获取成本越来越高。

随着微信公众号兴起，微信的私域流量被进一步分流给上千万个公众号。每个公众号都是一个小小的私域流量池，因为粉丝对它们的关注，使得它们的推文都能直达用户，也就完成了一次曝光。不仅如此，从个人海淘流行开始，人们发现原来每个人都可以成为一个经营商家，再经过微商模式的兴起和拼多多的助推，人们发现原来每个人的朋友圈都是一个私域流量池。于是微信流量又被进一步分成数亿用户的私域流量。2015~2016年是微信获取私域流量的红利期，这一时期比较普遍的是微商模式；2017~2019年受有赞、拼多多等电商平台影响，淘宝店家也加入进来，在淘宝上买东西，买家常会收到印有二维码的小卡片，确认收货后店家会留言给用户，加微信或写好评可以返红包；2018年年底到2019年，投资市场开始跟进私域流量池运营工具，很多关于私域流量管理的工具应运而生，例如虎赞、聚客通、奥创灵灵狗、爱客微管家、南讯多谋等。

利用私域流量发展起来的拼多多和云集，就是最好的私域流量运营案例，它们的用户营销和获客成本远远低于阿里巴巴和京东这些传统电商，如图1.1所示。这一切不禁让人开始重新审视微商的价值，并开始重视“私域流量”的运营。

运营私域流量不仅是当下的企业经营所需，或流量获取成本升高所迫，而且是未来营销的形势所趋。未来商业竞争必将异常激烈，要想获得更大的竞争优势，必然要建立与用户端的私域链接，这样企业才能够更了解自己的用户；只有更了解自己的用户，才能够更好地对用户展开经营，让用户持续认可企业。

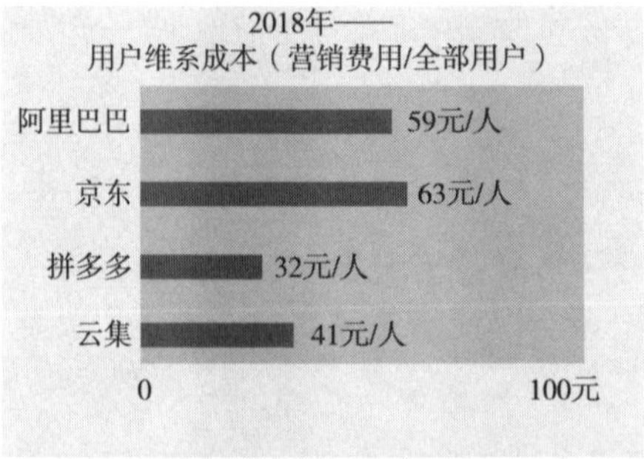

（a） 2018年用户维系成本

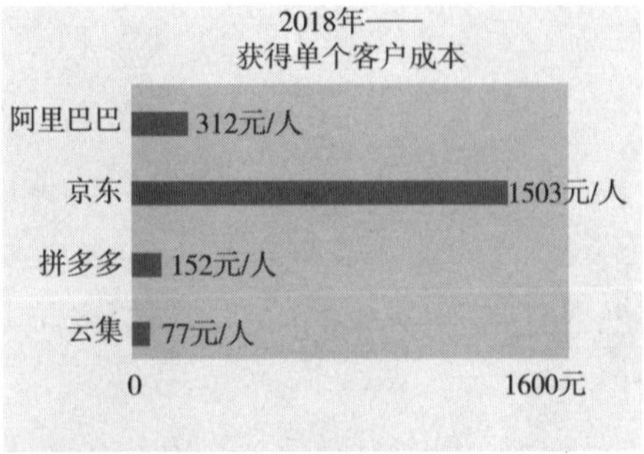

（b） 2018年获得单个客户成本

图1.1　2018年用户维系成本和获得单个客户成本

与用户端的私域链接越好，自己的私域流量就会越强大，用户与企业的关系也就越紧密，营销的成本就会越低，企业经营的效益也就会越高。真正想要运营好私域流量，必须从精细化运营和洞察人性的思维出发，把“社群”当作一个企业的战略性工作来做。

1.3 深度剖析私域流量的演变历程

事实上，私域流量早已存在，但为什么近年来才开始火爆？这是因为私域流量被不断分割，已经由顶级私域流量细分到个人私域流量，加上线上线下流量获取成本的不断攀升，让私域流量引起了广泛的关注。

1.3.1　顶级私域流量池被瓜分

在互联网和新媒体兴起之前，央视作为中国的顶级私域流量池（对企业和个人来说，它是公域流量池），几乎可以触达每个中国民众。品牌只要在央视上亮相，就能迅速闻名全国；只要在央视上打广告，便能快速在中国家喻户晓。彼时，央视成了很多企业和个人打造品牌的高速通道。

这方面，最具代表性的企业是秦池酒和爱多VCD。秦池酒业本来只是山东临朐县的一个小型国有企业，但在1995年以6666万元夺得央视“王冠”后，次年收入便蹿升至9.8亿元。

1997年8月，28岁的胡志标创办的爱多VCD以2.1亿元成为央视的“标王”，当年企业业绩便突破了16亿元。正是因为背靠央视这样的顶级公域流量池，可以获得巨大的收益，所以当年无数企业即使借外债，也要去竞争央视“标王”。

然而，曾经辉煌无比、万众争夺的顶级私域流量池央视，在2013年11月遭遇了流量模式的瓶颈。这次的招标会大不如前，甚至让人感受到些许冷清和萧条。如今，央视广告的收入已跌出前三甲，甚至低于京东的广告收入。

这背后是传统流量模式的衰落。央视的流量被百度、淘宝、腾讯、京东这些互联网平台瓜分掉了，这些平台打造的私域流量池便成了平台上的企业和商家的公域流量池。

1.3.2 从互联网获取私域流量

早在21世纪初，中国互联网的兴起在给传统零售业带来冲击的同时，也对传统私域流量造成了一定的影响。

（1）2009~2011年：互联网私域流量的萌芽期

2009~2011年是私域流量的萌芽期，彼时还没有人提出私域流这个概念，但通过行动已经表示了他们对私域流量的重视。2009年，新浪微博上线，很多微博大V借助新浪微博的势头开始崛起，从新浪微博这个公域流量池中集聚了众多粉丝，用新浪微博的CRM（客户关系管理）系统搭建自己的私域流量池，并通过私域流量的运营来获益。

2011年，微信兴起，移动互联网浪潮席卷中国，加上微信个人号出色的CRM系统，提升了私域流量的变现能力。借助天时地利人和，社交电商的类型之一——微商开始崛起。很多创业者借助微信真正实践了“大众创业、万众创新”的理念，并迅速获得大量收益。

（2）2012~2016年：互联网私域流量的启蒙期

这段时期开始出现一些“玩”私域流量的高手，这些玩家摸索出很多私域流量运营的玩法和经验，成为头部玩家。

2013年，微信公众号的推出大大增强了企业和个人获取私域流量和将私域流量变现的能力。彼时，立白、浪莎、韩束、仁和药业等传统大品牌也被吸引进来，开始搭建私域流量池和掘金私域流量。

在微信公众号推出的同时，阿里巴巴推出了拓展私域流量空间的板块——微淘。这表明阿里巴巴开始重视对私域流量的深度运营。严格来讲，“私域流量”的概念是由阿里巴巴首先提出的。2016年1月，时任阿里巴巴CEO的张勇在阿里巴巴管理者内部会议上指出：“我们既要鼓励商家去运营他的私域空间，同时我们也应该鼓励所有业务团队去创造互联网线上的私域空间。”

（3）2017~2018年上半年：互联网私域流量的爆发期

2017~2018年上半年是私域流量的发展期和爆发期，爆发的原因主要有两个。

其一，传统电商平台流量获取成本急速攀升。随着流量红利的消失，阿里巴巴、京东等平台的获客成本水涨船高，这就增加了平台商家的运营成本，让众多中小商家苦不堪言，不得不重新寻找出路。

其二，移动社交平台崛起。在移动社交平台的红利期，云集、拼多多等基于微信生态的社交电商平台兴起，它们借助社交平台，用极低的成本通过社交玩法获客，裂变用户。

图1.2展示了阿里巴巴、京东、拼多多等平台的获客成本，从图中可以看出，2016~2018年，拼多多的获客成本远低于阿里巴巴和京东。

在这种情况下，大量淘系玩家开始进入微信等移动社交平台获取私域流量，搭建自己的私域流量池。与淘系激烈的、透明的商家竞争环境相比，微信环境下企业和商家更容易形成相对封闭的社交化社群，有利于这些企业和商家“闷声发大财”。

（4）2018年下半年~2019年：互联网私域流量的加速期

从2018年下半年起，阿里巴巴、京东等传统电商平台获客成本的持续攀升，让私域流量吸引了越来越多的企业、商家、个人的目光，私域流量的发展

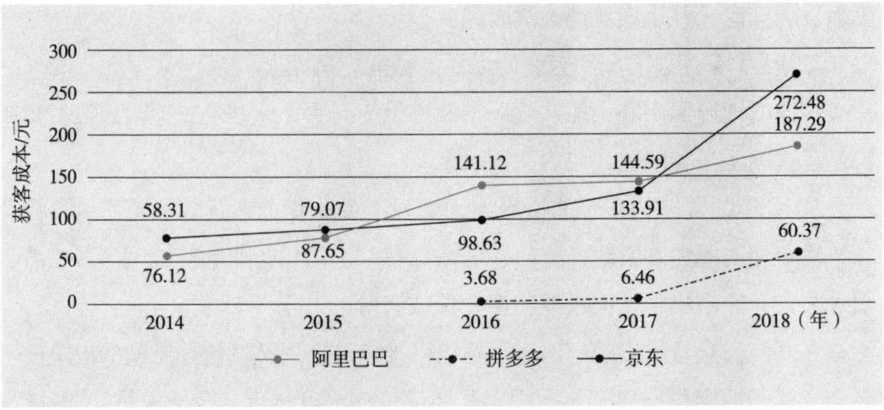

资料来源：国金证券

图 1.2　阿里巴巴、东、拼多多的获客成本分析

开始加速。2018年年末“吴晓波跨年演讲”给私域流量添了把火，将其彻底引爆。

随着私域流量全面爆发，微信个人号、微信公众号、小程序、APP等成为企业、商家获取私域流量、运营私域流量、搭建私域流量池的常用工具。其中，微信个人号因为拥有出色的CRM系统成为商家和个人运营私域流量的主流工具，以微信个人号为核心、微信群为辅助的运营模式成为当下商家和个人运营私域流量的常用模式。

与此同时，有赞、虎赞、聚客通等第三方服务平台开始涌现，它们为需要运营私域流量、搭建私域流量池的企业、商家、个人提供赋能私域流量的工具。此外，红杉资本中国基金、阿米巴资本、源码资本、金沙江创投等知名投资机构也开始涉足该领域，加快掘金私域流量的步伐。

1.3.3　个体私域流量池的崛起

以微信、抖音、小红书等为代表的移动社交平台的兴起，让“再小的个体，也有自己的品牌”成为可能。在此情况下，KOL（Key Opinion Leader，关键意见领袖）开始兴起，他们往往善于创造内容、集聚同好，凭借这种优势，这些个体开始搭建自己的个体私域流量池，并从中获得巨大收益。

其实早在微博时代，已经出现重视私域流量的KOL ，只是彼时还没出现类似于微信这样具备出色CRM系统的社交平台，所以个体私域流量池并没有成势。基于移动互联网大环境的微信等移动社交平台的出现，让个体私域流量池被重视起来，并形成气候。

除了KOL，越来越多的普通个体借助微信等工具，也有了搭建私域流量池的能力，并推动个体私域流量池的发展。私域流量池能吸引众多草根创业者，是因为它的变现能力能帮助他们获益。

2018年1月16日，网易云课堂推出售价39元的“开年运营大课”，在“一级分销获得60%收益+二级分销获得30%收益”这种分销模式的助力下，吸引了众多微信用户成为分销商，不到16小时，便销售了超过13万份。有些用户借助个体私域流量池，通过朋友圈的分享，一晚上便获得了700多元的分成收益。

近年内，私域流量在不断裂变、下沉，众多的顶级公域流量池和大的公域流量池，被分割为中小私域流量池和个体私域流量池已成为大趋势。正是因为看到了这种趋势，越来越多的企业开始选择与中小型私域流量池拥有者进行电商合作，推广品牌和销售产品。

1.4 私域流量与公域流量的区别

顾名思义，公域流量是公共的流量。说到公共的流量，就好比百货商场，每个人都去过百货商场。百货商场最大的问题是——它看似流量很大，很多人从店门口经过，但进店的人却寥寥无几，购买的就更少了。

举个例子，某品牌在百货商场里有一个专柜。假设这个百货商场每天人流量有50000人，5%的人会经过这个品牌专柜，也就是2500人。其中10%的人（即250人）会停下来询问，最后真的能买东西，并留下客户信息的可能只有10%，也就是25人。虽然这个百货商场的人流量很大，但是真能留下的客户只有25人。

公域流量看似很大，但需要费尽心思让别人停留和消费，所以大批品牌每天都变着法地打折、促销、搞活动，就为了在人流最大的几天去分一杯羹。

商家们也发现这些公域流量无法自己控制，这些公域流量并不属于自己，且对公域流量竞争越来越激烈。目前的商业大环境下，类似百货商场这样的公域流量平台还有很多，比如非常典型的线上公域流量平台淘宝、天猫、百度，以及各大社交媒体平台等。

随着线上竞争越来越激烈，CPM（每千人次曝光）越卖越贵。淘宝2013年的获客成本大概是30元/人，到了2017年，这个数字已经暴涨到250元/人，到了2018年，以阿里、京东为代表的传统电商平台获客成本已超过300元/人。

许多在天猫/淘宝上做运营的朋友吐槽："虽然我的淘宝店粉丝非常多，但其实如果不去买各种直通车，流量还是没有，流量其实都是淘宝的，不是我的。"在这样的情况下，商家都希望拥有一个自己真正能控制的流量池，想触达用户的时候就能触达，还能多次转化和复购，因此对"私域流量"的呼声渐高。

公域流量就是在公共范围内，每个商家都能够获取的流量，现在基本所有有来源入口的流量都属于公域流量。公域流量是指传统的搜索、付费流量渠道，比如直通车、钻展等，像爱逛街、有好货、行业内幕等一些垂直频道。

公域流量和私域流量的区别如图1.3所示。

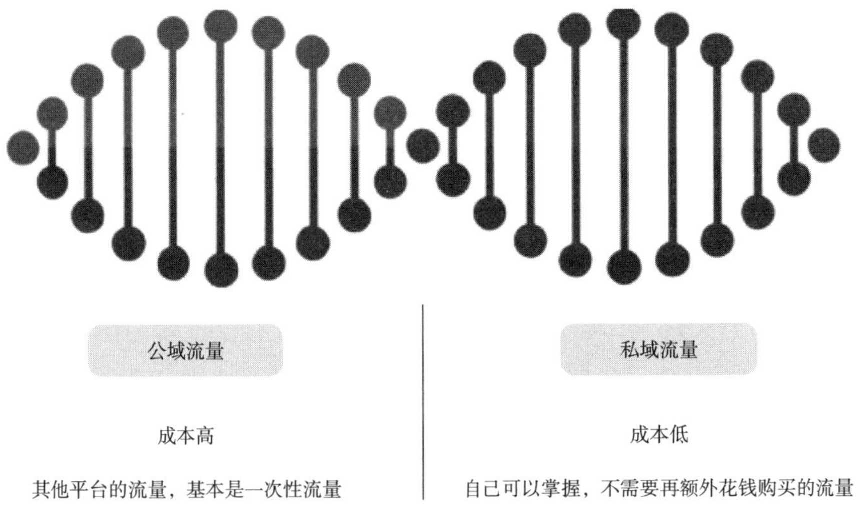

图1.3　公域流量与私域流量的区别

在公域流量的基础上又有人提出商域流量这个概念。简言之，商域流量是需要花钱购买的公域流量，属于公域流量的商用部分。表1.1阐述了私域流量、公域流量、商域流量三者的异同点。

表1.1　私域流量、公域流量、商域流量三者的异同点

特质＼流量	私域流量	公域流量	商域流量
可获取性	高	高	由资金决定
流量稳定性	高	低	高
黏性	高	低	低
典型平台	企业APP 企业小程序 个人微信号	线上：淘宝、百度、腾讯、抖音、快手、小红书等平台 线下：商场、游乐场、核心商圈等	线上：淘宝、百度、腾讯、抖音、快手、小红书等平台 线下：商场、游乐场、核心商圈等

在私域流量的基础上又衍生出私域电商这个概念，它和传统电商、社交电商都是围绕着“人、货、场”做生意，只是三者的表现形式和变现方式存在一定差异。那些拥有私域流量，能够不再依赖公域流量的平台，借助社交媒介，用社交方式与客户沟通，并完成交易的商户都可以称为私域电商。

公域流量指商家直接入驻平台实现流量转换，比如大家熟悉的拼多多、京东、淘宝、饿了么等，以及内容付费行业的喜马拉雅、知乎、得到等公域流量平台。公域流量典型的代表有抖音视频的曝光量、通过淘宝搜索界面进入到商品页的浏览量。它的特点如下：

- 相对容易获取。即使一个粉丝都没有，企业或个人发的内容也有可能被分发给百万、千万级别的用户看到。
- 黏性差。我们很难二次、三次触达到这些流量。
- 稳定性差。

在这里可以总结公域流量的特点：理论上任何人都可以接触到的流量；这些流量是公共资源，要想让公域流量里面的群体能够到关注企业，要么花钱买，要么用资源换；公域流量是属于大家共有的，不属于你自己。

私域流量的特点：属于企业、门店、个人自己的，可以随时、自由、免费使用与触达的，沉淀在一定密闭空间中的流量。

依据以上特点，什么才是私域流量的载体呢？公众号只有用户点击进去的

时候才能触达到，每天最多只能影响用户一次（媒体类公众号除外）；小程序虽然有7天的消息提醒时间，但是不能够随时推送信息；抖音和快手都属于视频信息流推荐机制，即使你想要持续影响你的用户，却无法直接触达到他们。这些平台可以成为你留存粉丝的载体，但不是私域流量的最佳载体。因为企业无法随时、随地、自由、免费地触达到自己的用户。

那最佳载体是什么呢？接下来来看几个数据的对比：微信公众号的自然打开率只有0.8%，也就是10万粉丝时自然阅读量才800；短信的打开率更低，只有0.3%，现在短信很大一部分的作用是接收验证码。但是，朋友圈的打开率依旧高达85%。也就是说，如果企业的微信个人号中有5000个好友，企业发一条朋友圈，原则上其中会有4000多人能够看到。可见对比结果：微信个人号是私域流量更好的载体。

私域流量与公域流量是相对而存在的。比如淘宝在中央电视台做广告，那么收看中央电视台的观众就是淘宝的公域流量，而淘宝的商家，通过将使用淘宝购买产品的用户引流到微信个人号上面，这些淘宝用户就成了商家的私域流量。淘宝、京东、拼多多、抖音、快手、微博等平台都属于个体品牌的公域流量，通过营销策略，将公域流量里面的鱼捕捞到企业自己的“小池塘”里面，在“小池塘”里面养熟、留存，实现流量变现，再通过裂变的形式使鱼不断繁衍，就是在运营私域流量。网络中最困难的一点就是建立可靠的信任关系，私域流量的运营本质就是在经营用户的信任关系。

通过以上探讨，能总结出两者有以下区别：

- 流量维度

在公域流量池里，商业模式在于不断扩大用户基数，而在私域流量池中，更注重用户的互动和分享，用户黏性与忠诚度更加重要。

- 成交场景

在公域流量池里，用户的成交环境被称为“冷环境”，因为用户在成交前，与品牌方或者产品方并没有建立起联系。在私域流量池里，用户是先与品牌、产品方建立起了某种连接，才会产生成交，属于“热环境”，同时用户与品牌方之间、买方与卖方之间还是“半熟人”关系。

- 市场营销

从《绝对价值：信息时代影响消费者下单的关键因素》这本书里会看到

这样一个模型，把它翻译过来就叫POM模型。P即Prior ：个人感知，O即Others ：他人的评价，M即Marketers：企业营销，这是整个营销过程当中非常重要的三个因素。

个人感知不稳定，他人评价可信而多样，P（个人感知）在营销决策中的份额被O（他人的评价）和M（企业营销）瓜分，而在私域流量营销方法论中O（他人的评价）的崛起削弱了M（企业营销）。公域流量中的营销推广大多使用付费推广的流量思维，私域流量中的营销推广是基于粉丝经济的社会化营销。

- 成交渠道

在公域流量体系内，成交的渠道线上来源于淘宝、天猫、京东、拼多多等电商平台，线下来源于门店的随机成交。而在私域流量体系内，成交的渠道发生了巨大的改变。例如，新晋美妆品牌“完美日记”在抖音、小红书、微博等公域流量平台引流至完美日记微信个人号“小完子”上面进行成交。在私域流量体系内，成交的渠道更多是在微信朋友圈与微信群内，也会借助有赞这样的商城小程序进行下单成交。

- 购买决策

在公域流量体系内，用户消费前与品牌方是没有任何关系的，用户在购买时会根据产品的质量、价格、好评量、销售量等维度进行综合考虑，决定是否要购买，这是由价格、品牌驱动的消费决策。在私域流量体系里面，用户产生购买行为的决策机制是基于用户与品牌之间的信任关系，通过熟人推荐、口碑传播、粉丝效应来影响用户的购买行为。

1.5 私域流量是2C企业发展的必经之路

私域流量的建立已经成为必然趋势，未来十年，得私域者才能够守住自己的市场阵地，并持续地发展下去。本小结将会从几个方面来探讨私域流量对2C企业发展的必要性和可行性。

1.5.1 私域流量的价值

QuestMobile发布的《移动互联网全景生态流量洞察报告》显示：中国移动互联网用户规模增速在2018年6月已经降到5%以下，2019年2月较2018年12月仅增长700万名用户（见图1.4）。

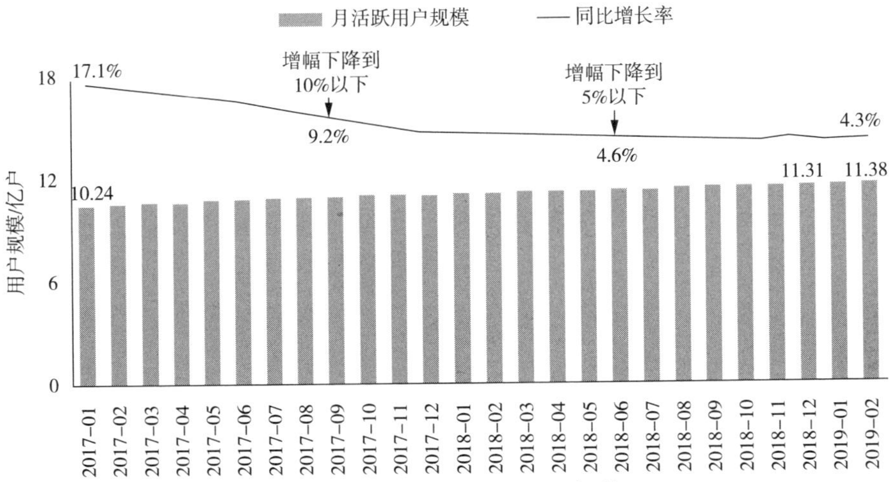

数据来源：QuestMobile TRUTH，中国移动互联网数据库，2019年2月。

图1.4 中国移动互联网月活跃用户规模

流量红利急剧消失，获客成本越来越高，企业已很难通过公域流量精准触达用户。在这样的背景下，“私域流量”的价值逐渐凸显，当价值不断被放大时，自然也就迎来爆发时期。从这里可以看到，现在不管是大企业还是小企业，都在积极搭建自己的私域流量池。那么，私域流量对企业有什么价值呢？

（1）私域流量的必要性

经过多年的发展，流量已迈入“存量”阶段，难以再增长。而流量又被各大互联网平台“圈口”，商家想要从这些公域流量池中获取流量，是需要支付费用的。随着市场的成熟，市场的经营主体（企业）越来越多，竞争急剧激烈化，拉升了广告投放、流量购买的成本，使企业投放广告、获取流量的费用越来越高，客户转化却越来越困难。很多企业纷纷陷入“投放广告－获得客户－客户流失－投放广告”的循环中，导致广告费用居高不下。

私域流量的出现，无疑是一个突破口，可以帮助企业打破这一流量怪圈，实现流量的自我拥有、灵活利用、反复触达。

- 掌握流量主动权

私域流量是自我拥有、可以直接触达且可以反复使用的，因此流量的使用权、所有权都是归属于企业自己。如果企业构建完成自己的私域流量池，那么就完全掌握了流量的主动权，告别过去那种被动的局面。客户一旦成为公司的独享流量，那么他就会一直处于企业的流量池，只需要通过不断营销和需求信息分享，激发或者满足顾客当下购买的需求。

- 夯实企业基础

当前互联网与商业的结合已走向了深水区，相信未来会更进一步发展，毋庸置疑流量将成为企业的核心资源和基础，企业要想获得更好的发展，就需要牢牢掌握“流量”资源。

- 低成本效益选择

众所周知，公共领域的流量已经见顶，主要是要付费，价格也越来越高。而私域流量是公司基于日常积累，分享推荐给客户的符合客户特点的信息内容，包括分享到微信聊天群、微信企业版、微信小程序、短视频、APP等，重要的不是花多少钱就能搞定的，公司能够通过房店通产品从线上和线下的各种营销渠道逐一打通，相互引流，完成用户触达与增长。因此，私有域流量成为现阶段低成本经济效益的最佳选择。

- 用户精准个性化服务趋势

公域流量客户完全掌握在第三方大平台手中，对于公司来说，客户都是匆匆过客，而且流量购买却不能间断。而积累私域流量客户还需通过微信聊天群、微信小程序、微信朋友圈等方式与公司绑定联系，各种客户就会变成公司积累的私域流量，并根据用户的需求进行定制维护。如今各大企业都意识到对用户进行精准个性化服务的重要性，这不仅节省广告传播成本，更让服务能够高效触达用户，从而进一步增强用户对企业的黏性。

- 忠实客户是企业长久发展的核心

有一说一，在公共领域流量中，客户忠实是极低的，如果你强烈推荐的内容或是商品不符客户的当下需求，客户便会全自动外流。建立私家领域的流量则不同，私家领域的流量搭建首先要在垂直水平的公司进行精确定位，建立起公司的运营或发展愿景。其次，企业推荐的商品要更适合客户。因此顾客将自发地转变为您自己的私域流量，根据企业内部构建的信息服务平台，强烈推荐符合客户特性的商品，展现合乎客户特性的信息内容，那么公司对私域流量的不断营销推广就比较容易，根据客户的特点、需求和黏性进行推荐。

由此可以看出，私有域流量在企业运营上比公共域流量更具优势，并具有更强的裂变分享性，成为企业的自有资源，可以真正的为企业所用。因此私域流量是企业发展的必经之路，这已经是如今企业家们的共识。企业要抓住私域流量所产生的收益机会，把握好私域流量，可以极大地促进公司与客户的联系，逐渐积累企业自身流量形成业务壁垒。

（2）私域流量对企业的价值

如今的水果店都开始注重私域。有一个水果店的老板，以前做宣传就是发发传单，在门店里做促销活动，很努力且付出很多，但是最终的效果却较差。一是来店购买的客户少，二是宣传成本也高。后来老板换了方式，通过打折和送水果的方式，吸引来店顾客添加微信，通过一段时间的活动开展添加到了附近小区上百个顾客的微信，并将这些顾客拉进了一个微信交流群，创建了自己的客户微信群。同时，他仍然通过送水果的方式，在群里鼓励顾客拉人进群。就这样，微信群实现了快速裂变，群的规模迅速扩大。此后，店面在做活动或宣传时，老板就将这些信息直接转发到微信群里，宣传成本几乎为零，顾客的反响也很好，销量比之前翻了几番。通过水果店老板的例子，不难看出私域流量的优势与独特价值。

私域流量对于企业的价值，可以总结为以下几点。

● 增强品牌认知，促进销售转化

过去用户购买了产品，企业并没有跟他们产生主动“连接”，还只是停留在买卖关系层面。把消费者圈起来形成私域流量，用户就能够近距离感受企业的服务，并与其他用户交流。这就能让部分消费者从高认可度的消费者口碑中增强自己对品牌的认知——这会形成叠加效应，比企业自己引导客户要更有效。消费者对品牌增强了认知后，品牌形象在消费者心智中塑造了起来，有利于最终的销售转化。

● 连接消费者和了解消费者的最优途径

要想做好市场经营，就要对消费者进行全面、详细的了解。在过去，企业了解消费者往往是通过耗费大量的精力来做调研，但是最终获得的信息却往往不够精准，这为企业的市场经营带来了巨大的挑战。而现在通过私域流量，企业可以面对面地与消费者交流、互动，对他们进行全面、详细的了解，弄清楚他们的需求、关注点等，并可以直接为他们带去优质的产品、服务。

- 口碑传播，实现老用户带进新用户

私域流量的关键点是信任关系建立，私域流量池中的每个消费者都是所在圈子的熟人，因此可以通过激励、引导消费者进行产品分享，熟人社交带来新的用户能够实现流量池的裂变和扩展。

- 直接降低企业成本

互联网中的流量基本都被控制在各个互联网平台中，如果产品、品牌商家要想获得流量，就要进行付费推广；互联网平台作为流量的拥有者，为了自身的利益，在商家付费推广获取流量方面有着多重的限制与要求，这使得商家的付费推广很难按照自己的规划、设想来完成，那么最终的流量效果自然很难实现。随着流量的竞争加剧，流量费用也在不断上涨。几乎免费的私域流量，不管是做活动，还是品牌曝光都能省下不少的推广费用，这直接降低了企业的成本。

- 防止客户流失

私域流量的搭建可以解决客户流失问题。运营私域流量能够有效地促进沟通，提高客户黏性和客户忠诚度，从而保证客户不容易流失。

这里举出一个实例，来看看私域流量对企业的价值。vivo是一个老牌企业，它也积极进行了私域流量布局。

vivo把微信个人号做成了企业客服中心。以前客服都是电话，语音一步步输入，错了还得重来，很麻烦。很多消费者对电子产品不熟练，所以会不停提问，这时候如果有一个视频、一张图片展示，就能使消费者搞清楚了。现在售后客服减少了很多人，用了专业设备后两三个人能管几十个号，基本上就能维护一个地区的整个售后。

他们有线下销售店面，所有进店的客人可以直接加上。每次上新款手机大量打广告的时候，每个号都会加的很满。每一次上新产品他们也都发朋友圈，后面跟着一个商城链接，用户可以直接购买。

vivo现在有30多个微信个人号，每个号都是5000人，这只是其中一个地区的数据。当这个地区做好之后，会复制到更多地区。vivo原来是花钱打广告，以后是不是在朋友圈可以随时发，节省了大量广告费，这也是vivo的战略方向之一。

在vivo案例中，vivo将企业客服中心做成了一项“私人化”的事情，让客户与企业之间的联结更加紧密，不仅增强了客户对品牌的认知，也通过客户的关系网络营造口碑效应从而带来更多转化，微信个人号的运用也节省了企业成本，防止客户的流失。因此建立私域流量池，对企业发展有众多价值，而私域流量也已经上升到企业建立之初就该考虑的战略问题地位上。

1.5.2 降低获客成本

（1）获客成本为何居高不下

①什么是获客成本。例如，有个老板在某小区门口开了一家饭店，每天有3000人从他的饭店门口路过，其中有200人会到他的店里就餐，他每天的房租、人力成本是2000元，那么他的获客成本就是10元（成本/就餐人数）。

获客成本（Customer Acquisition Cost），顾名思义，就是获取客户所花费的成本。上述案例中，房租、人工就是成本，为了方便计算，这里忽略了进货等成本。客户没有明确的定义，但一般是指带来商业价值的用户，比如上述案例中，3000个路过门店的人中，产生付费行为的200个人就是他的客户。

在电商领域中，比如新开了一家淘宝店铺，需要获取客户，老板可以请自媒体大V做推广，也可以在今日头条等媒体上投放广告。老板投放广告花费50000元，带来了5000个成交用户，那么该企业获客成本就是10元。

②获客成本为什么居高不下。了解了获客成本的含义，接下来再来探讨获客成本为何居高不下。这个要从获客的整个流程入手，这里以投放广告为例，进行流程拆解，如图1.5所示。

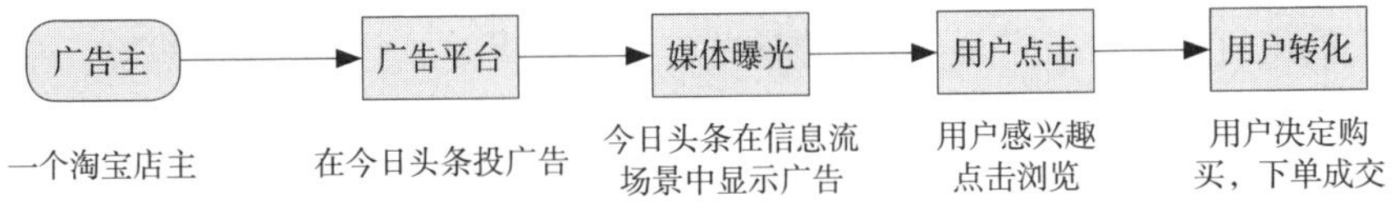

图1.5 线上广告投放-转化流程

例如一个电商创业者，上架了一款新的产品，希望获得更多的流量，而大部分流量主在广告平台上面，随着流量红利的急速下降，在流量有限的情况下，广告主为了争夺流量不得不提高推广价格，这导致广告竞价提高。

同时，广告平台会提高推广费用。如今流量已经被几大巨头掌握，如百度系、腾讯系、今日头条系、阿里巴巴系、360系，各家都有自己的广告平台，几乎垄断了流量市场。这些流量巨头具有话语权，也拥有提价能力，为了追求更多的商业利益，他们会收取越来越多的推广费。

在用户转化阶段，目前各产品同质化严重，用户会对同类产品精挑细选，你的产品如果口碑不好、质量不好、性价比不高，就没有竞争力，因此转化成本逐步提高。

通过全链路分析，品牌方在各个节点所支出的费用不断提升，直接导致了品牌方获客成本的提升。

（2）私域流量降低获客成本

私域流量在前期搭建、中期运营时会让企业投入较大成本，但一旦建立有效转化的私域流量池，就能给企业带来长久的利益。这时的流量池属于企业所有，具有话语权，不管是做活动，还是品牌曝光都能省下不少的推广费用，直接降低企业的成本。从这来看，私域流量是企业发展必将会走的低成本路径。

例如一家线下餐馆做外卖服务，它想要获得更多订单，就需要入驻各大外卖平台。但外卖平台上的流量属于公域流量，主导权是平台，想要流量就必须得按照平台的规则来，竞价排名就是规则之一。而微信上的客户就是切切实实掌握在餐馆店主手上的流量资源，针对人群精准，获客成本更低。

1.5.3 私域流量适应客户消费习惯改变

（1）互联网的整体发展路径

在早期门户时代，搜狐、腾讯、新浪、网易四大门户网站解决了互联网上没有信息的问题。那时在线上流量的获取方面，基本上解决好门户网站，就拿到了中国互联网线上流量的超级入口。

后来谷歌、百度、360、搜狗等搜索引擎的出现，解决了信息的搜索和归类问题，使得互联网用户在通过网络进行信息检索时，获取到的信息更加精准，同时互联网品牌方进行线上流量投放时也会根据各类搜索引擎的算法，来优化网站、关键词，由此诞生了SEO（搜索引擎优化）这个行业。

再后来人人网、QQ、微信、脉脉、陌陌等各类社交平台出现，互联网上诞生了大量的“人”，流量分配权不断下沉。到现在的自媒体时代，每个人都是一个流量，每个人又都是一个媒体，是一个传播节点。互联网的整体发展从中心化流量时代走向个体流量时代。

（2）客户消费习惯回归感性

以中国互联网的整体发展路径为基础，用户的消费场景可以分为线下购物、电商购物、社交购物3大场景。早期是集市、商业街、购物中心等线下交易场景，后来发展到电商时代，用户通过淘宝、京东、天猫等平台进行消费，2014年随着微商的出现，第三大消费场景出现，用户开始通过微信进行消费。

①线下购物。线下消费场景是最原始，也是最主要的消费场景。如果消费者要购买一套西服，那么在线下的各类购物中心、商业街的门店中，消费者会进行品牌、门店、价格等不同的对比，再通过试穿感受产品的质量，通过理性的判断来决策要购买哪个品牌、什么价位的衣服。

②电商购物。电商的出现扩大了消费者的购买区域，原先需要到达当地才能购买的产品，现在只需要网络就可以达成交易。如果消费者要通过电商购买一套面膜，他会先通过淘宝、京东、天猫等电商平台进行搜索，在评价、销量、价格、物流等多个维度进行筛选和对比，然后再决定是否要下单购买。在电商购物的场景中，用户需要对比的维度相比于线下购物场景会更多，因为线下购物还有一个售后服务的载体，这个载体是用户自己可触达的。而在电商的场景中，用户的售后服务需求是无法得到及时满足的，用户只有经过更多的对比和筛选，才能够与电商品牌建立起信任关系。

③社交购物。微商出现之前，在人人网、QQ空间就已经有了通过社交平台进行交易的场景，只不过那时候还没有比较好的支付工具。微商的出现很大一部分原因是微信支付的完善，用户只需要在聊天对话框里进行即时转账，就可以完成单次交易。微商的出现代表了微信生态社交购物场景的崛起。在一次微商线下课堂中，有人调研过在微信朋友圈内买过东西的人数比例，现场300人中，有接近200人在微信朋友圈内买过东西；在这个基础上，又调研了这200人在朋友圈里买东西是否会经过各种对比，比如把朋友圈的产品与实体店或者电商平台进行对比，其中70%的人表示不会进行对比，大多数人在微信生态里面成交小额度产品时，是不会进行理性分析的。

如果用户在朋友圈里刷到原价59元的水果现在只需要39元，而且还包邮到家的信息，尽管在看到这条朋友圈之前用户没有想要买水果的计划，但是看到这条朋友圈内容后，激发了用户的购物欲望，哪怕自己现在不需要，也会担心错过。这就好像用户在朋友圈里刷到附近用户经常光顾的餐厅的老板发了一条朋友圈“今日特惠日，菜品半价”，然后配了几张让人特别有食欲的图后，本来用户没有计划到他家吃饭的，也被激发出了消费的欲望。

以上分析了线下、电商、社交购物这3个万亿级的消费场景。在早期的线下消费及电商消费场景中，用户产生消费动作时会调动理性分析，也就是会通过线下或者线上进行搜索对比，对比品牌、价格、性价比，再看各种评价，属于理性消费。

但是在微信生态体系里面，用户的消费习惯被改变，更多的是在朋友圈看到一个产品，然后觉得这个产品还不错，就产生了购买的欲望。这个过程很少调动理性决策，在微信、社交电商的生态中，更多的是感性消费，是一种截然不同的消费类型。

随着用户消费决策回归感性，品牌营销认知中人性回归，在私域流量时代，品牌广告的方法论得以回归本性，圈定同一画像用户，反复触达，像经营恋爱关系一样开始经营品牌和用户之间的关系。

1.5.4 私域流量重构品牌与客户关系

（1）传统品牌线下流量大量浪费

有一家服装连锁品牌，该品牌在全国有接近100家直营门店，每家门店平均有8名导购，每家门店每天的进店量平均为300人，节假日人流量较大，周一到周五的工作日期间人流量较少，100家门店每天的进店量有3万多人，全年有1000多万人次到店。该连锁品牌因为没有做任何将线下流量导流到线上的动作，只是简单地引导用户关注公司的服务号，在结账时注册会员领取优惠券，导致公司的服务号只拥有15万粉丝，推一篇文章，阅读量还不到1000，造成大量客户没有留存，品牌方无法随时触达到潜在用户。

如果这个服装品牌提前一年就通过线下导购，将到店的客户引流到品牌方打造的微信个人号内，将企业的销售行为转变成个人与个人的互动，每天按照

10%的线上引流转化率，一个月留存按80%计算，单日全门店有效导流至线上3000人，留存2400人，全年可积累百万精准粉丝流量。保守计算单个粉丝全生命周期可创造100元的利润，单是通过将线下流量引流到线上，就可以给品牌方增加上亿元的利润，这还没有计算通过私域流量池的建立省下来的广告支出成本。

拥有100家直营门店的服装品牌对于线下实体门店的营销和各类推广活动已经做得相当成熟，依旧没有实现将线下流量导流到线上，进行全生命周期的运营与可持续增长。而只拥有几家门店的线下实体店品牌更没有将线下流量导流到线上进行成交维护的思维，这类门店数量庞大，每天浪费掉的流量价值也同样巨大。

（2）私域流量助力企业与客户黏性

企业通过对流量池的运营，可以将潜在用户转化为真正用户，并借助用户的分享，传播企业的口碑，为企业带来新的用户，提升用户的价值、提高用户对企业的黏性。当然，前提是私域流量池主（拥有者）要能够为私域用户提供优质的服务和体验（见图1.6）。

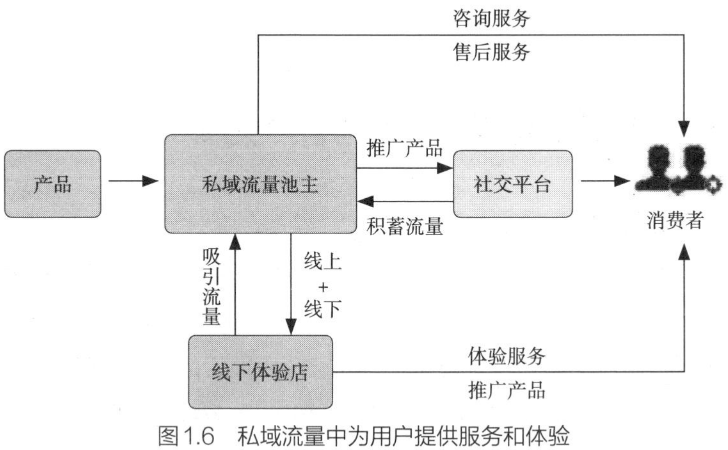

图1.6　私域流量中为用户提供服务和体验

腾讯广告美妆日化行业负责人王艺说：“做私域流量不只是卖货，只卖货的话，你就是在割韭菜。私域流量是与消费者深度连接，从而夯实你的品牌力。做私域的过程中，品牌对于自己的目标定位很重要，如果你的销售人员强，那你就可以把他们转变成客服，拓展品牌的私域流量；如果你内容做的特别好，那你就把内容作为与用户的连接点。”

因此所有行业都需要回归到满足用户需求的本质上去，要去积极思考自己的企业产品或服务究竟满足了用户什么需求。企业私域流量要依托于企业产品或服务，建立与消费者深度连接，在日常互动中帮助企业增强用户的黏性。

1.5.5 私域流量拓展企业、客户多元价值

（1）充分挖掘客户社交价值

用户的社交价值带给企业的是传播和口碑，私域流量中用户处于大量熟人或者半熟人关系连接而成的热环境之中，主要依托微信等移动社交平台分享传播，同时也带来了更强的用户黏性。

用户会为了一杯奶茶排队等待2小时吗？在饮品独角兽品牌喜茶、奈雪的茶门店，消费者基本都要排队一个小时以上，才能够买到一杯水果茶，因为太过火爆，还激发了“黄牛党”，在北京喜茶三里屯店，每次经过时都会有至少3个“黄牛”在倒卖喜茶的排队号。凡是买到茶的用户，会第一时间拍照片并分享到社交平台，茶已经不仅仅是一款饮用的产品，更是一个用户的社交货币。

如果企业的产品在用户心智中变成了一种社交货币，就会激发用户的自主传播，这类产品不仅仅包含实用性，还包含美观、服务、环境及其他用户能够感知到的要素。找到并利用好自己产品对于私域流量用户的社交价值从而让用户传播，要比品牌方自己投放广告价值高10倍以上。

（2）升级品牌与客户角色价值

在传统的交易环境里，品牌方与客户之间往往只是销售方与消费者的关系，用户只有单一的角色。而在私域流量的交易环境中，消费者不仅仅是一个购买品牌方产品的人，还能是传播者、销售者，用户的角色发生了变化。

在知识付费领域，引流策略用得最多的就是分销引流，品牌方会开发出9.9元、19.9元或者39.9元的低价付费产品，用户购买完成之后可生成属于自己的分销海报，分销海报激发了用户的传播意愿，当用户传播到朋友圈、微信群中后，一旦有人购买，该用户就可以获得90%的返佣。在这个过程中，品牌方与用户之间建立起了代理分销关系，与传统的代理分销不同的是，这个过程是没有门槛的，哪怕是用户不购买产品，也可以选择参加分销。

对于品牌的超级用户，可以通过特殊权益来进行维护，比如给予超级用户高级分销权限、推荐返佣金的奖励。如果是实体店，可以授予超级用户梦想合伙人、品牌代言人等特殊头衔，来激发超级用户的多重角色。

（3）增强产品服务价值

在传统线下交易环境中，用户需要到达物品所在场所与销售者进行面对面的售前咨询，一旦发生售后问题，用户还需要再次到达销售场所才能进行售后处理，造成用户大量时间的浪费。在私域流量体系内，品牌方可以在交易的前后环节中，给用户提供问题咨询、经验分享等服务型内容，让用户产生依赖性，进而提高购买率和复购率。

有一家在县城销售家用电器的品牌店铺，销售从热水壶、电饭煲到冰箱、洗衣机、空调全品类，每天销售接近500单。用户在结账时，如果收银员引导用户添加品牌方售后经理的微信个人号，用户可以享受专属售后服务，也就是品牌方可以通过微信给予用户持续的服务，那么用户在品牌方这儿购买过一次，无论他的客单价是多么低，他都与品牌方建立起了信任关系。后续品牌方通过微信个人号在朋友圈不断更新用户对产品的好评、产品售后服务、产品优惠活动信息，就能够有效激发用户的多次、多品类消费。

任何产品都具有服务属性，为用户提供可持续的服务咨询就是在与用户持续发生关系，关系越近，信任越强，复购率越高。

（4）打造企业圈层价值

虽然企业在做产品时，总是想要满足所有人的需求，但事实上，再优秀的产品都有反对者，同样再“垃圾”的产品也会有它的用户。私域流量最容易形成圈层，聚集一批拥有相同价值观和消费特点的人，并能够持续不断地产生消费。

买小米手机的人与买苹果手机的人并不属于同一个圈层，小米早期是为发烧友提供高性价比的产品，而苹果手机的定位并不是性价比。同样两个圈层都有自己的标签，一个叫米粉、一个叫果粉，他们因为自己对品牌的认可而聚集到一起。

对于要进行流量私域化的品牌来讲，品牌的用户的圈层界限在哪儿？如果企业是一家饭店，有没有自己的吃货美食团？如果企业是一个美妆品牌，有没有自己的体验官、粉丝团？

企业的私域流量池，就是企业所能影响到的用户的圈层。

（5）实现客户终身价值

用户终身价值又称为用户全生命周期价值（Life Time Value，LTV），是指用户在生命周期内贡献的总毛利润的平均估计值。LTV是一个预测性指标，以现有用户情况预测未来平台潜力。在LTV的预测过程中，具有以下几个特征：

①长期性。计算用户LTV值，意味着用户流失后才能计算精确值，而这个时间可能长达几个月甚至几年（时间跨度大）。

②变化性。随着用户的不断成长，运营策略的实施，用户痛点的解决，用户也在不断升级，主要表现为生命周期延长、产品黏性增强、消费提升等（非稳定指标）。

③时间维度新用户增长。产品不同时期新增用户数不同，产生的价值存在很大差异。

④产品维度老用户升级。随着生命周期延长，用户行为（频次、客单价）发生变化，老用户升级是LTV预测中不可忽视的变量。

由于LTV预测的复杂性，为能及时计算LTV的变化，需要应用预测类算法（如回归、决策树、神经网络等）进行计算。

当用户对企业的产品、品牌或者个人卖家产生足够的信任感之后，在用户的心目中同类品牌就只有一个店，那就是企业的店。就像很多男性在购买衣服时，只选择去海澜之家，这也是海澜之家长期的品牌战略——“男人的衣柜”在用户心智中埋下的种子。

用户的终身价值会对产品营销策略起到决定性影响，在做品牌宣传和投放时，更看重的不仅有单次效果，还有长期用户持续的付费能力。

1.5.6　留存客户是企业私域流量池的根本

（1）企业需要自己的私域流量池

以一家餐饮店为例，这家餐饮店以前客户吃完饭就走人，店家很难再次找到在店内消费过的客户，只能等着回头客自己找上门才能产生复购。这家店和其他店没有区别，靠周边流量，同样人多时很忙，一周有几个时段生意又很少。过去店里做活动，有新品，都是在店门口竖个易拉宝。经过对私域流量有所认知后，店长以自己的名义开了个人微信号，开始的2个月，店里的客人添加他的微信，就送小菜或打8折，而且还专门定制了“朋友圈好友菜单”，凡是店长微信朋友圈的好友，下次来都可以点更加优惠的“朋友圈好友菜单”，享受会员价格。这样下来，那个微信号很快就积累了2000多位老客户。

同时，店长还搞了一个VIP客户群，通过群里预订优先有座，还多送半斤肉，不定期选一些实用、性价比高的产品在微信群内进行团购。他每天在朋友圈更新采购新鲜菜品的场景、产品上新、优惠活动、客户好评、点赞送菜等内容，在朋友圈展示门店的实时动态及店长个人的日常工作，让朋友圈的好友感觉更加真实。当朋友圈的好友有需要帮忙时，店长也会利用自己的人际关系提供一些力所能及的帮助。店长在空余时间会单独给好友的朋友圈认真写评论、点赞互动，偶尔还会闲聊几句。就这样店长坚持做了3个多月，门店的微信好友对门店有了更多的黏性和信任度，老客户也越来越多了。

在餐厅经营策略上，在空闲时间段消费有更多优惠，既缓解了高峰就餐的压力，又增加了营收。这样做看着花时间，但确实有效，毕竟餐厅在客户眼前曝光多了，顾客回头来就餐的机会就变大了。

可能看完这个餐饮店的小例子有人会认为，只有高频的消费场景才适合做私域流量，消费的频次越高，私域流量越有价值。其实，私域流量的价值衡量指标有多个，包含消费频率、产品利润率、运营投入成本、风险控制等因素。消费频率决定了用户是否经常与企业产生购买关系，产品利润率取决于企业的投入成本。经营私域流量需要付出更多人工成本，企业所投入的运营成本同时也受用户价值的影响。

任何行业和产品，都适合用私域流量去进行改造，当用户通过单一产品的购买对企业产生信任后，会对企业的其他产品产生同样的信任和价值认同感，也就是可以通过多个维度扩充用户所需的品类，提升用户的全生命周期价值。

这里用另一个例子来加以说明，有一个客户是中高端厨具用品的品牌代理商，锅具价格2000元起，属于低频、高利润产品形态。这位代理商通过朋友圈卖钻石，一年在朋友圈销售的钻石抵得上一个专柜的销量。她是怎么做的呢？因为锅具的购买频率低、价格高，她就设计了一款引流产品，通过中档浴巾（单价200元左右）来吸引用户产生单次成交信任，所有购买过的客户都加上微信进行统一售后维护。

她每天会在朋友圈里发使用她所代理的锅具制作各类美食的方法，都是很精致的视频教程。平时客户到店之后，她还会让用户自己亲自体验产品，偶尔还会在店内给客户准备一些小礼品。她对待用户特别有耐心，时间久了用户更愿意把她当作自己的朋友、闺蜜，会跟她分享自己的家庭秘密，比如婆媳关系等。这位代理商属于高情商人士，很擅长帮助客户处理各类婆媳关系、夫妻关系、亲子关系。当与用户建立起可以分享秘密的朋友信任关系时，企业与客户之间除了销售与消费者的关系之外，还多了一层情感陪伴的关系，所以这个代理商除了能够在朋友圈里面卖自家产品，还可以卖钻石。

从以上两个示例可以看出，大大小小的生意都需要具备建立私域流量池意识，留存住自己的客户并加以经营，才能够在竞争激烈的市场中，占有一席之地。

（2）“留量”客户，让生意更持久

过去商家一直认为营销就是不断拉新，但如今时代不一样，对商家来说用户留存会更重要。没有留存一味拉新，难以为继，留住用户才是让生意持久的法宝。要留住老客户，除了做好产品，企业还应该经常唤起客户们的记忆。

私域流量对于企业的价值：一是离用户更近，低成本增加了产品曝光；二是每一次曝光和互动都是在增加用户的信任，信任越深消费越多。

以前当顾客购买行为结束后，品牌方缺乏主动维护，通常品牌方与顾客之间的关系也基本终止。但在私域流量时代，品牌方可以持续经营用户关系，让客户不断地信任你、记住你，提到某个产品时就记起你，这就延长了用户整体的消费周期，也就抢占了顾客份额。

把用户沉淀在私域流量池只是第一步，这还不是精细化运营，精细化运营一定是有选择、有筛选的。第二步称为培养超级用户。超级用户是指在未来时间有明确意向持续消费产品和服务的老用户。他们有高复购率、高消费力、高忠诚度，还愿意分享。现在，超级用户主要是通过付费会员制识别。他们对企业的品牌、产品的认可度很高，在付费掏钱的一刹那，其实已明确告诉企业，未来他要再次消费。

关于老用户价值，我们可以来看以下5组数据：

一是客户之所以离开企业，1%是因为死亡，3%是因为搬家，5%是因为受朋友影响，9%是被竞争对手引诱，14%是对产品不满意，68%是因为部分员工的冷淡态度。员工的冷漠会给用户造成没有受到良好对待的感觉。很多品牌在做用户流量运营时，都会忽略终端执行者的认可度与执行力。如果你的员工没能热情、周到、专业地服务客户，同样留不住客户，更谈不上复购了。

二是1个客户向企业投诉，意味着还有另外26个不满的客户保持沉默。企业的产品有客户投诉时企业会怎么处理？是否往往会认为投诉只是一个单一的事件，而不去考虑潜在的客户满意度如何？

三是平均来说1个受到冷遇的客户，会把他的感受告诉8～16个人。如果是在互联网环境下，一个对企业产品不满意的客户，可能会影响到上千人。这也是很多电商商家为了得到产品的好评不惜花重金“刷单”“刷好评”的原因。如果一家餐厅被用户给出了差评，会对用户的选择造成很大的影响。

四是91%的不满意客户，不会再购买企业的产品或服务。

五是吸引新客户的成本是保留现有客户的5倍。与其花费100万元去拉新用户，还不如用20万元去维护老用户。

通过这几组数据可以得出结论，私域流量要经营，经营的核心是用户关系，而且是长线的用户关系。信任是一段关系的开端，服务是维持信任的关键。企业想做的是百年老店，用户想的是长期相伴。私域流量经营的最高境界，是用户视企业为“专家+好友”，把每一方面的需求都交给企业打理。

在互联网时代，私域流量就相当于“私有土地”，在流量竞争的时代，拥有自己的私域流量池，就是拥有了自己的”私有土地”。这也是现今很多运营者呼吁的企业需要流量，更需要“留量”。流量让企业有接触客户的机会，但“留量”却让用户将客户留下来，让企业的产品和服务不断被客户所消费，让生意更持久。具体来说，“留量”是存留客户，与流量存在着很大不同。

①流量是流动的，留量是固定的。

随着各行各业深入发展，在流量红利不再的大环境下，获客成本不断上升。线下线上流量来之不易，同时用户黏性下降，成为了阻碍行业发展的一大障碍。

既然流量来之不易，为何不把它“留”下来呢？

知名财经作家吴晓波说：“传统营销的核心不是一次性购买，而是重复购买。”简而言之，流量思维是想办法把一个产品卖给1000个客户，而留量思维则是思考如何让一个客户购买我们的1000种产品。我们既要把一个产品卖给1000个客户，也要设法让每个客户回来购买我们的1000种产品。

所以说，“流量”和“留量”，企业缺一不可。有“流量”才有“留量”，而只有把“流量”转化成“留量”，“留量”才能吸引更多的“流量”。不管对于B端还是S端，这都是一个良性的闭环。

②流量在消费端，留量在生产端。

纵观互联网发展史，通过改变消费端的消费行为和方式，往往可以获得丰厚的流量红利。然而，这些流量只存在于消费端，游走不定。面对流量获取成本越来越高的未来，花钱买流量并非长久之计。

对于生产端的生产商来说，需要建立起“留量”思维。生产商不仅需要做好产品和服务，更要提升品牌的影响力与美誉度。这样，才能提高客户黏性与复购率，建立起属于自己的“私域流量池”。

③流量可以收割，但留量需要服务。

留量是以服务为导向的，需要为客户提供精准、有效、满意的服务。我们需要改变以销售产品为导向的思维模式，转为以提供服务为导向的思维模式。这样，才能引起客户重复购买的欲望，以获取更多的成交收益。

无论对于生产商，还是经销商，可以通过“聚”“养”“留”三个步骤，将流量转化为实实在在的留量。“聚”——前期聚集流量，把流量吸引并导入；“养”——经营流量，服务好客户，让客户逐渐产生信任与依赖；“留”——通过信任与好感，客户产生重复购买行为，客户价值进一步放大，实现“流量”至“留量”的蜕变。

在“流量即将见顶”的时代，企业需要流量的加入，更需要“留量”的维持。当留量成为新零售发展的生命线，掌握了留量，才算是掌握了企业持久发展的关键。

第二章

如何基于微信构建私域流量池

2.1 微信营销方式解析

以微信为代表的移动互联网时代，人们把微信个人号的好友称为微信私域流量，“私域流量”是指以个人为主体所连接到的人的关系数量，又称好友数量。常见的私域流量有微信个人号粉丝、微信公众号粉丝、淘宝微淘粉丝、微博粉丝、抖音粉丝、线下店的客户及会员等。

2.1.1 为何选择微信作为私域流量池载体

这里选择微信作为私域流量运营工具是因为微信的活跃用户数量在2018年超过了10亿，个人或企业用户都会使用微信。相比微信的公众账号和小程序，微信的私域流量运营工具被确定为微信个人号，那是因为：

①微信个人号在添加微信好友时必须得到对方同意。在用户心态上，接受一个人成为好友是独有的和私密的，这种方法更有利于建立双方的信任关系。运营者和用户是一对一的好友关系，在关系上是对等的，各自都掌握着社交主动权，双方都有结交权和绝交权，这样的机制对用户是友好的，一旦一方骚扰另一方，则被骚扰方可随时拉黑、删除好友或屏蔽朋友圈展示。微信在其设计中，称这是保护接受信息方的行为。

②微信个人号独有的朋友圈功能。在传播信息时，只有微信好友能听到看到，私密性很好，避免了公开传播中的各种不可控因素。运营者可以通过创作及发送好的朋友圈内容，影响好友对自己的认知，这样更容易建立良性关系。好友在看朋友圈时亦无压力感，因为发送朋友圈者不知道谁在看，看的人也是静悄悄地无压力浏览，有感而发时还可以点赞及评论互动，告知对方自己的感受，互相感谢并激励。同样的场景，作为运营者也可以主动浏览用户的朋友

圈，对用户做深度了解，便于做出用户画像，更能够通过经常为用户朋友圈点赞和评论互动，获得用户的注意、喜爱和信任。

③微信个人号的好友关系，只属于经营者和用户。这种关系相互之间看得见、连得上，彼此独有和私密，其他人看不见、连不上，也拿不走这个关系，竞争对手无法获取这种私有的用户信息；在自己的私有领地里，用户的安全性得到极大的保证。

同时对微信私域流量池的运营还具有三大优点：

①聚集性。微信个人号可以吸引线上线下的一切流量。常用的公域流量，比如淘宝、百度、今日头条等，这些网站的用户以及有私域流量属性的企业自建APP用户、微淘粉丝、微信公众号粉丝、微博粉丝、抖音粉丝、实体门店用户、商铺等线下渠道的用户，都可以汇聚到微信个人号上，把普通用户变成微信好友。

10个、20个、100个，甚至1000个微信个人号同时掌握在运营者手中，就会形成私域流量池。在进入微信个人号的私域流量池后，原有的关系依然存在，运营依然可以相互支撑。

②裂变性。微信个人号流量池并不是死水一潭，运营者和用户成为好友后，运营工作才刚开始。运营者通过社交互动，让关系的流动和信息的流动持续不断，从而激活用户产生信任，产生购买行为。用户体验好就会主动传播，推荐自己的好友成为运营者的新用户，完成以老带新的社交裂变。

③进步性。主要体现在运营思想上，利用微信个人号打造私域流量用的不再是传统的“流量收割”理念，运营者面对的不再是冷冰冰的流量数字和金钱数字，而是活生生的人。从关注“流量”到关注“人”是运营理念上的一大进步。经营者在微信个人号上可重建自己与用户的关系，他们可利用微信朋友圈的内容和私聊沟通与用户产生互动，你来我往，彼此关照，互惠互利，让关系产生品牌价值，加固守望相助的强信任关系。经营者与用户之间的关系不再只是利益关系，还有情感关系，有了共同的文化归属感，可保持长期、持续、稳定的社交关系。

综上所述，用微信个人号打造私域流量池是运营者独有的、私密的，且具有聚集性、裂变性和进步性的运营优势。

2.1.2 微信私域流量池分析

（1）微信号

一个淘宝卖家可以先将淘宝作为鱼塘，之后再将粉丝引流到微信个人号上建立自己的流量池，并通过有价值的朋友圈进行推广或建立各种粉丝社群，直到最终形成一个活的流量池。这时候的微信号无疑是最好的私域流量入口，但也有缺点，就是每个微信号只有5000个好友的上限。

（2）公众号

企业通过微信可以把流量吸引到自己的公众号上，并通过推送反复触达粉丝。当然，公众号也有分两种类型：一种是订阅号，另一种是服务号，订阅号比较适合做资讯类信息的推送，好处是可以一天推送一次，但弊端是无法进行支付。如果推送的是服务，可以通过服务号来完成，特别是希望通过内容带货的内容，更加适合用服务号。

（3）小程序

小程序是微信商业化的重心，微信为小程序开放了几乎最好的流量红利，有60多个免费入口。而小程序的类APP体验也让用户在手机端的体验更顺畅，是企业构建微网站和微商城的最好载体。

（4）微信群

通过微信群，可以进行客户的社群运营，这也是一个不错的触达核心用户的手段。但群运营对运营者的要求较高，持续提供有价值的运营是关键。另外，每个群有500人的上限。

通过以上四点可以看出，微信针对企业提供了公众号+小程序的载体，进行流量获取和变现，而微信个人用户又可以利用微信朋友圈和微信群进行流量获取和变现。所以，从企业流量池的角度看，企业的流量来源可以是企业的流量（小程序+公众号）+每个员工的流量（微信流量）。

最后，这些流量不论是来自小程序、公众号还是每个员工的微信，最终都需要一个可以沉淀的载体。而这个沉淀综合流量的载体的最佳形态就是APP，但单一的APP其实很难推广，亦很难从微信上获取流量。将APP与小程序+公众号这两个天然的微信流量载体打通，并且装备到每个员工身上，就解决了流量获取、变现（小程序+公众号H5），以及流量沉淀（微信）这个闭环问题。

综上，在实践的过程中，发现脱离APP而存在的不论是小程序、公众号还是个人微信号，都无法成为真正意义上的企业私域流量池。而小程序+公众号+APP的产品矩阵才是切实可行的企业私域流量池落地方案。

2.2 以微信为基础构建社群私域流量营销

依托于微信平台，如何才能够快速高效地建立社群私域流量，需要做好哪些方面？可以从下面几点进行展开。

（1）线下门店、展会，将线下流量转成线上流量

很多线下门店缺乏互联网运营思维，只做“一锤子”买卖。其实企业可以在客户下单时，告诉客户添加店铺微信可以领取优惠券，免费送手提袋等，有群有趣APP通过扫二维码就可以建群，不像微信必须加上好友。群是企业裂变客户的支持基础，有了基础粉丝客户，才可以做复购，做拉新。

（2）自建账号，做好内容营销，构建私域流量

公众号、抖音等新媒体主内容，可以和粉丝建立很好的黏性。一篇高质量的文章或者一个有趣的视频都可以带来大量的粉丝。当然，做内容是一个苦差事，持续高质量的内容，定期、持续更新才能获得更好的效应。

（3）重视品牌IP的打造，存量带动增量

什么意思呢？其实就是人拉人式的裂变。邓巴数理论认为，一个人可以拥有稳定社交人数为150人，当企业能深度触达到一个粉丝时，企业就有潜力触动粉丝身后的150人。高质量的产品和有趣的IP，往往是能激发粉丝分享裂变的关键。

（4）花钱引流，获得初始用户

如果店家自己没有运营自媒体的能力，或者打造高质量文案的功底，那不妨去找一些当地相关行业的大号去合作。还有另外一种方式是通过朋友圈广告，有能力付费推广的老板，不妨一试。

流量不止用于成交一个目的，要知道每一个流量的背后，都是一个有血有肉的用户。搭建完流量池并非大功告成，而只是第一步，长期的运营才能将你的私域更高效持续地变现，做好一对一的沟通是最基础的操作。

微信30%的朋友圈，70%的一对一聊天，通过沟通去发现用户潜在的需求。一个微信客户的90%利润都靠后期的运营，第一次成交仅仅只占客户终身价值的10%左右。而在有群有趣APP里，当自己社群的二维码被分享之后，入群的人就已经是目标客户群体了。

2.3 企业微信做私域流量的优势

2.3.1 企业微信基础功能优势分析

（1）好友数量上限

微信个人号好友数量上限是5000人，而且一般建议好友数量上限不要超过3000，不然容易被限流，一次添加好友过多还有可能被封。企业微信号最少可以加50000个好友，超过后还可以扩容无上限，不容易被封。具备一定规模的公司可以在自己的较新客户群迅速积累到百万千万，客户数量破亿也是可能的，变现效率极大提升。

（2）微信群人数上限

个人微信群的人数上限是500人。目前企业微信群的人数上限是2000人，群的数量没有上限。

（3）群发限制

微信个人号发给个人一次最多9人，发给社区一次最多9个群，消息数量没有限制。企业微信的群发分为个人群发和企业群发两种，规则是：每个客户每天可以收到一次来自企业成员的个人群发，每个客户每个自然周可以收到一次企业群发。虽然看上去只能群发1次有点严格，但是企业微信这样设置是为了鼓励商家对用户进行精细化管理，做好标签分类，给不同的用户群发不同的内容，虽然用户只收到一条消息，但是群发质量更高了。

（4）封号可能性低

封号可以说是企业做私域流量最大的痛点，辛辛苦苦搭建了5000人的用户流量池，一不小心就被封了，而且还是永久。这个损失可想而知有多大。相对于微信个人号的封号，企业微信就安全多了，每天加个200~300的好友都没事，顶多就是被限制加好友。

（5）自动回复

自动回复这点可以大大的节省运营成本，当添加用户以后，企业可以设置自动回复消息，包括文字、图片、小程序、链接等。对于在私域流量里做活动来说简直就是太方便了，可以想象如果没有自动回复，都是人为去操作这得有多麻烦，而且效率还低。还有其他功能的限制条件也不一样，这里不一一列举了。单从数量上限看，企业微信能给企业做私域流量的空间更宽松，从群发限制看，企业微信更加从用户管理角度做考虑。

（6）好友关系稳定

员工离职后，其个人企业微信上的好友可以被其他同事继承，企业好友关系永远属于企业。换言之，好友关系可以转化为企业稳定的资产。

（7）自带运营功能

企业微信有欢迎语、消息群发、快捷回复、群防骚、离职资产继承等功能，可以帮助企业管理客户，进行私域流量运营。如图2.1所示。

2.3.2　企业微信第三方工具优势分析

（1）使用场景分析

企业微信管理工具的使用场景是非常贴合私域流量的应用场景的。从业务场景看，可以搭建私域流量池去做流量、销售和客户服务。从管理场景看，可以对员工、数据、绩效和客户资源进行管理和监控。如图2.2所示。

①用企业微信搭建私域流量池。

流量—拉新：企业微信有活码功能，商家可以将活码的二维码放在营销活动的宣传页，比如海报、官网、公众号等，用户看到活码二维码扫码进来，添加的用户数就可以不受单个企业微信号好友的限制，1个号加够了，活码就可

图2.1　企业微信自带的运营功能

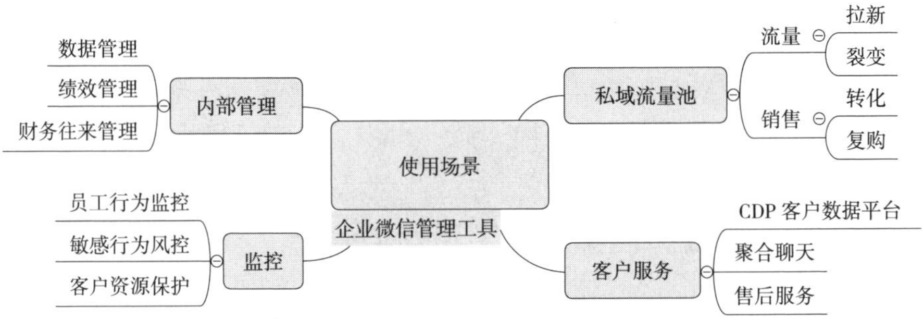

图2.2　企业微信管理工具使用场景

以换下一个企业微信号继续添加用户。

流量—裂变：企业微信可以和小程序、公众号做组合拳，进行裂变活动，也可以在企业微信群里让老用户裂变新用户，玩法很多。

销售—转化：企业微信里可以用小程序直接进行订单成交。

销售—复购：通过对用户数据进行管理，可以对老用户进行针对性的营销活动，增加复购。

②用企业微信做客户服务。

CDP客户数据平台：企业微信为我们提供了CDP（ Customer Data Platform，客户数据平台），把企业的客户留在企业微信号里，同时也把客户数据化，真正做到营销数字化。

聚合聊天：企业微信的第三方工具是有后台系统的，可以将多个企业微信号聚合起来，工作人员统一管理，提升工作效率。

售后服务：企业微信除了用来做售前管理，增加交易，也可以为用户提供售后服务，提升用户体验。

③用企业微信做公司内部管理。

数据管理：企业微信第三方工具提供的后台支持数据统计分析，比如用户数据，订单数据，消息数据等。

绩效管理：可以统计各员工的订单绩效，会话质量等各项KPI数据。

财务往来管理：企业微信有发放红包和优惠券功能，优惠券的发放计划，实际发放和实际使用的数据可以进行记录，对红包的发放和使用也可以进行记录。

④用企业微信进行监控。

员工行为监控：可以保持会话记录，如果会话回复超时也会报警。

敏感行为监控：可以设置敏感词，如果出现敏感词，会进行报警。

客户资源保护：如果员工离职，不会流失客户，客户数据还是公司的。

（2）功能分析

企业微信第三方工具的功能使用，从营销看，可以加好友，邀请用户进群，群发消息，和用户互动，做活动，交易成单；从会话管理看，有会话记录，会话质量，员工聊天质检统计，聊天工具栏；从CDP用户管理看，有用户画像，用户标签，用户行为轨迹，全域用户数据，绑定电商平台订单数据，并且企业微信还可以和小程序进行互通。如图2.3所示。

展开xmind，功能点如图2.4所示。

图2.4中微信个人号管理工具的这些功能，随着企业微信发展起来之后也都具备。除了企业微信还不能看用户的朋友圈这一个非常关键的功能点外，用企业微信来搭建私域流量已经接近达到微信个人号的效果。所以，想要尝试企业微信的朋友们，可以试一试。

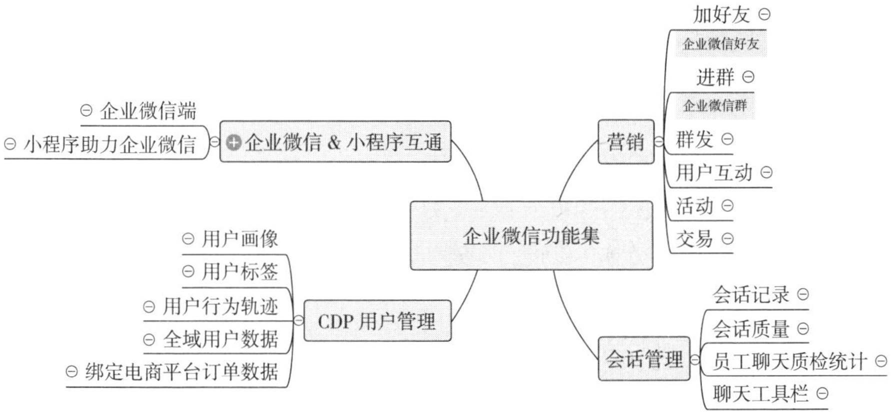

图2.3　企业微信功能集思维导图

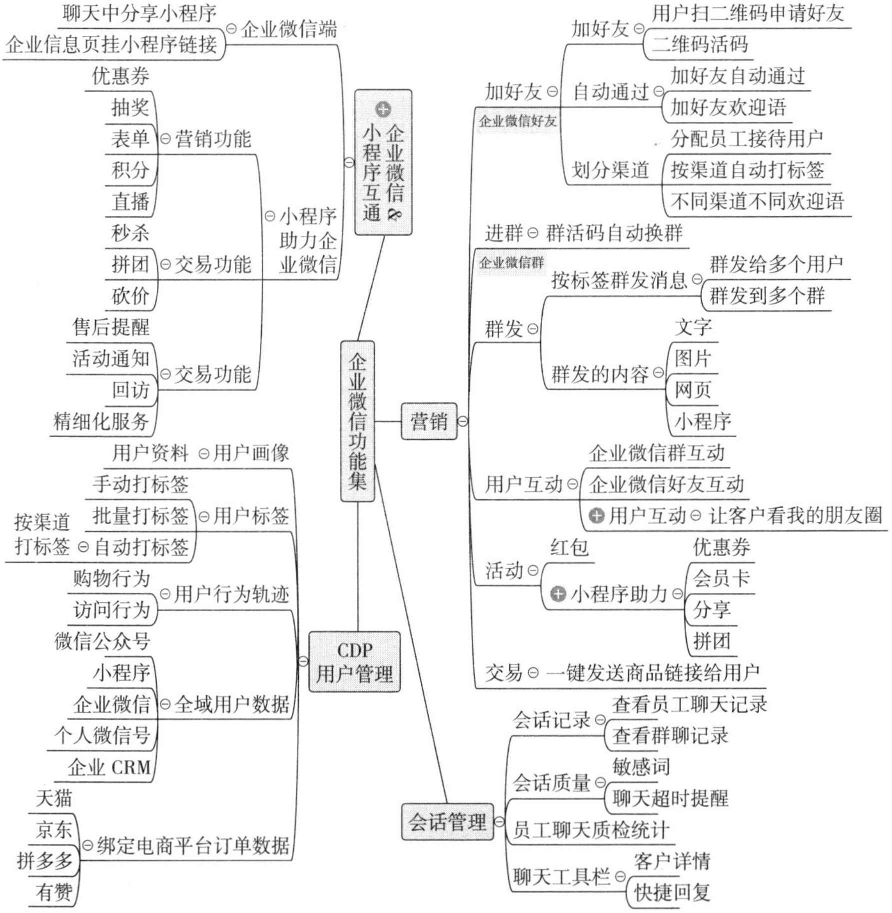

图2.4　企业微信功能集思维导图详图

在企业微信第三方管理工具的功能里，有几个非常强大的功能分享给大家：

①全域用户数据。

企业微信工具基于微信平台，现在可以做到打通微信生态的数据，可以看到微信公众号、个人号、小程序的用户数据，再结合企业自身的CRM进行打通，可以做到全域用户数据覆盖。可以想象，如果将用户在各个平台的行为轨迹和用户记录打通，一个更加完整的用户画像就有了。这样可以更好地服务用户，提升用户体验，就能产生更高的效能。

②绑定电商平台订单数据。

根据调研，有的企业微信管理工具能做到接入其他电商平台的订单数据。一旦接入，从电商平台引入企业微信的用户就可以跟踪到用户的订单历史，进行了解用户的购物偏好和行为，方便企业更好地进行订单转化和复购。

③企业微信朋友圈。

企业微信开通朋友圈后，目前只能是由商家发朋友圈，用户来看，企业微信还不能看到用户的朋友圈。企业微信朋友圈可以成为向用户展示企业风采和产品的地方，可以好好利用。

④企业微信和小程序的组合拳。

过去一年，企业微信在发展，小程序也在极速发展，小程序拥有了更多营销和销售功能。近期小程序又上线了直播功能，在微信生态里又多了一环。如图2.5所示。

在企业微信的介绍页、会话中，都支持展示小程序二维码。企业微信可以作为小程序的入口，用户进入了小程序就可以有很多玩法留住用户，提升转化。

小程序的功能是由企业自己定义的，可以做营销，市场上的营销功能都可以用，如优惠券、抽奖、表单、积分、直播。交易功能可以有秒杀、拼团、砍价等。服务功能也可以有售后提醒、活动通知、回访和其他精细化服务。

企业微信虽然功能很强大，但是如何运营好产生更大的效能是我们进入企业微信时需要深度思考的。在全面考察了企业微信的功能之后，建议做企业微信一定要和小程序进行有机结合，把企业微信和小程序作为一套组合拳来打，才可以有更多的玩法。

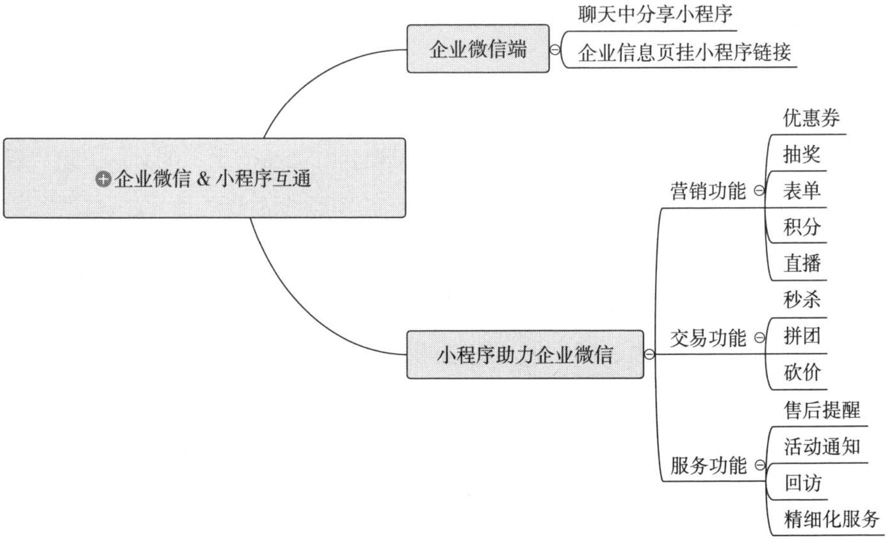

图2.5 企业微信&小程序互通思维导图

（3）现有工具测评

调研了市场上5家企业微信的第三方管理工具，有的企业是在微信大封之后转型做企业微信工具，有的企业是从小程序工具再兼做企业微信工具，有的企业是成立以来只专注企业微信工具。为防止广告嫌疑，笔者把这些工具名字换成ABCDE。每家工具笔者都亲自体验过，测评总结如表2.1所示。

表2.1 企业微信第三方管理工具测评结果

		A	B	C	D	E
公司背景（来自天眼查）	注册资金	1111.1111万人民/币	571.911万人民币	555.5557万人民币	100万人民币	135.1351万人民币
	成立日期	2015/8/24	2015/1/16	2017/6/2	2019/11/5	2017/1/10
	参保人数	128人	117人	29人	暂无	90人
	最近一轮融资日期	2018/11/30	2018/6/21	2020/1/25	暂无	2019/3/18
	最近一轮融资金额	战略融资700万人民币	A轮数千万人民币	股权融资未披露	暂无	B轮3000万美元
是否做过微信个人号工具		没有	有	没有	没有	有

续表

		A	B	C	D	E
是否做过小程序工具供应商		有	没有	没有	没有	没有
功能	活码吸粉	有	有	有	有	有
	自动通过自动回复	有	有	有	有	有
	分渠道打标签	有	有	有	有	有
	客户画像	有	有	有	有	有
	企业群发	有	有	有	有	有
	红包	有	有	有	有	有
	导入天猫京东有赞店铺订单数据	没有	有	没有	没有	有
	一键发送店铺商品链接给客户	有	未提到	有	有	有
	敏感词	有	有	有	有	有
	聊天超时	有	有	有	有	未提到
	查看员工聊天记录	有	有	有	有	未提到
	小程序定制接入	有	没有	没有	没有	没有
整体评价		确认过不能接入电商订单数据，做电商的商家不用考虑。优点是可以提供小程序功能，能在微信生态里做闭环	做个微信个人号工具，现在也有企业微信工具，数据是可以打通的。如果微信个人号已经有用户了，可以考虑迁移到企业微信号里来	专做企业微信CRM工具	专做企业微信CRM工具	做个微信个人号工具，现在也有企业微信工具。擅长运营统计，除了有工具，还要会用工具

从整体评价来看，选择不同的工具要根据商家自身的情况来，市场上没有

最好的工具，只有最合适自己的工具。这里还要再强调一下，除了要选一个适合自己的工具，怎么用工具才是企业更应该考虑的事情。工具只是帮企业提高效率，但是可以放大效率的那个内核，才是企业自己真正的竞争力。

2.3.3 企业微信与微信个人号做私域流量优势分析

接下来从私域操盘手角度，来分享企业微信（简称企微）与微信个人号的区别。对两者进行详细对比后，发现在具体运营实操层面上有5大区别，以此来进一步分析企业微信构建的私域流量优势在哪里。

（1）人设打造阶段

在人设打造阶段，企微私域注定与个微私域分道扬镳。为方便对比，我们做了个表格，可以看到在人设打造效果上，主要存在的差异是在品牌背书+每日朋友圈+朋友圈聊天记录+朋友圈双向互动能力四方面，如表2.2、图2.6所示。

表2.2 企业微信与微信个人号在“人设打造”阶段效果对比

核心诉求	功能场景	企微	个人号	场景提供的价值
人设打造	品牌背书	自带企业品牌认证	可以通过人设打造增加品牌背书	增强用户信任度
	每日朋友圈	每天一条（可分标签推送不同朋友圈）	不限次数，但过于频繁会被限流	日常动态+营销触达
	朋友圈历史记录	无历史记录（第三方工具可提供高仿朋友圈）	完整历史记录	人设打造最强的利器
	朋友圈双向互动	不能查看用户朋友圈	支持双向互动	无法了解用户社交动态信息

①自带品牌背书，引流效率更高。

企微最突出的优势还是企业品牌背书，这份信任在初次引流客户时优势非常明显，可以有效提高引流的转化率（优质门店的引流率可以提高到50%以上）。但在后期还是需要靠产品、服务和内容来跟用户建立良性互动关系，相比之下缺少了个人号所能营造的生活、工作的真实场景感。

图2.6　企业微信与微信个人号朋友圈功能对比

②每天只有1条朋友圈，克制还是让步商业化。

企微会限制每日朋友圈条数，至于为什么？

企微团队为了避免过度打扰用户：企微的定位是服务属性，如果可以无数次触达用户，那肯定会造成对用户的打扰。

影响朋友圈广告收入：对于品牌而言，企微朋友圈就好比每天1条免费的朋友圈广告。微信官方一直到2020年5月才开放朋友圈第三条广告位，用户体验和商业化的权衡下，企微是不太会给企业开放更多的免费朋友圈。尤其是2021年3月底开放了微信广告+企微获客链路，导致未来全面开放企微朋友圈的可能性极低。

③缺失的朋友圈历史记录。

做私域流量的人都知道，朋友圈历史记录是我们私域流量运营最强的利器，可以塑造和展示个人过往生活、工作轨迹。由于历史记录自带时间沉淀功能用户信任度非常高，可以通过构建高维人设来降维打击用户心智，为后续成交铺平道路。

既然企微的朋友圈人设比较难沉淀，那么发广告就成了必然之选。试问这种朋友圈历史记录就算开放了，你也不会愿意看吧。

④朋友圈的分标签推送能力。

针对不同标签用户推送不同朋友圈，也是非常强有力的精细化运营利器，实现不同人群的不同运营诉求。

⑤用户朋友圈互动。

企微并不能查看外部好友的朋友圈，就无法通过朋友圈资料来了解用户，也无法主动跟用户产生朋友圈的弱关联，极大地限制了跟用户的互动能力；

总的来说，人设打造是私域打法中至关重要的一环，决定了目标用户和选品的效果。而由于企微的朋友圈限制、强品牌标示，导致企微的使用场景会跟个微私域差异巨大，如表2.3所示。

表2.3　企业微信与微信个人号在“人社打造”阶段对比总结

类型	对比
个人号	非标定制（个性化、私人顾问式服务） 高客单、高毛利（价格不透明、加价率高） 供应链落后行业缺乏信任（人设有了发挥信任的空间），适合美妆、服装、海产品、珠宝等
企微	品牌导向（大品牌优势明显）、标品（标品比较容易出知名品牌）、供应链成熟行业透明

这里建议是企微私域不能照抄个微私域运营，为什么？

①由于企微的强品牌导向定位，适用行业有限。

企微的适用行业范围直接被推到了供应链成熟、服务和产品都高度标准化、受众基数大且具有一定品牌效应的大品牌。新零售是企微的主力军，“出逃淘系”的品牌也是刚需。

②企微定位是服务属性，而不是社交属性。

扫码添加了企微后，你不会觉得你认识了一个 × 行业的朋友（大咖、专家、老师），而是认识了 × 品牌的一个高级员工（客服、店长、顾问）。所以，通过塑造人设来降维打击用户的能力在企微里被极大地限制，导致企微必须回归品牌调性、回归服务、回归零售。

③企微为传统企业数字化转型赋能，而不是个人号私域玩家。

企微也为品牌管理自己的客户资产提供了非常好的基础能力，把品牌跟用户之间的距离被无限缩短，品牌可以将粉丝笼络在自己身边，提供了跟过往的个人号私域相对公平的竞争环境。

但是相比之下，企微并不适合个人号私域玩家，企微的诸多合规限制会让个人号玩家分分钟想撤退。

（2）引流阶段

在引流阶段，企微毫不逊色于微信。

先说引流，这可谓是私域的第一个环节，没有引流和高质量的引流，后面的私域运营就无从谈起。

其中有一个重要观点："企微不是红利，企微是吃红利"，对于自带稳定流量来源的品牌而言（如包裹流量、线下门店流量），企微是非常非常有红利的。但是对于没有稳定流量的品牌，企微几乎没有红利可言。所以，手握着流量而不入场企微的品牌方，就有点暴殄天物了。

通过企微工具引流，把原来品牌无法反复触达的用户拉到自己身边。再通过精细化运营来拉用户的复购（复购率、复购频次）、关联购买是非常有效，而且可以看到立竿见影的效果。

具体如何操作，从加粉、粉丝去重、活码这三个维度分析，也可以参照公司的需求，确定适用的沉淀流量载体的功能适用边界是什么？即加粉+去重+活码。这里企微和个人号是有极大不同的，如表2.4所示。

表2.4　企业微信与微信个人号在"引流打造"阶段功能对比

<table>
<tr><th>核心诉求</th><th>功能场景</th><th>企微</th><th>个人微信</th><th>场景提供的价值</th></tr>
<tr><td rowspan="4">加粉到个人号</td><td>用户主动扫码添加</td><td rowspan="5">支持</td><td rowspan="5">支持</td><td>用于门店引流、包裹引流、海报裂变</td></tr>
<tr><td>从微信好友中添加</td><td rowspan="3">鸡肋，加粉效率低</td></tr>
<tr><td>搜索对方手机号添加</td></tr>
<tr><td>外部群在群内添加</td></tr>
<tr><td>加粉到群</td><td>用户主动扫码进群</td><td>用于扫码进群领福利等方式</td></tr>
<tr><td rowspan="2">粉丝去重</td><td>个人号粉丝去重</td><td>支持，需第三方工具</td><td>不支持，需第三方工具</td><td rowspan="2">减少运营成本</td></tr>
<tr><td>群粉丝去重</td><td>支持</td><td>不支持，需第三方工具</td></tr>
<tr><td rowspan="2">活码</td><td>个人号活码</td><td>支持</td><td>不支持，需第三方工具</td><td rowspan="2">提高加粉效率</td></tr>
<tr><td>群活码</td><td>支持，仅支持5个群替换</td><td>不支持，需第三方工具</td></tr>
</table>

1）企微加粉，请放弃主动添加好友。企微和个人号都支持加粉到个人号和微信群，差异不大。企微主动添加外部用户时，会以一条企微客服消息通知的形式告知用户，而不是在通讯录中显示小红点，添加通过率极低。

有去重功能，企微提供粉丝查询的接口，可以通过技术开发来实现粉丝去重，尤其是在矩阵号场景避免同一个用户添加了多个企微账号；同时支持把重复用户移除群聊。

企业微信活码功能，可以非常有效提高运营效率：

优势：活码功能强大：普通群二维码7天过期后就无法添加，而企微活码可以避免这个问题。

不足：一是企微提供的群活码是群裂变中最常用的裂变功能，目前企微自带活码，但支持5个群，5个群满人之后可以用新的群来替换这5个名额，不断向前滚动，相比无限群裂变活码，效率还是低了一些。

这里要讲一个企业活码使用容易踩的“坑”，有运营人员在使用时不清楚一个活码绑定的5个群是可以替换的，策划的一个抽奖活动刚发不久用户就反馈群满进不了，把已经发出去的群码删掉，然后生成新的活码这样用户才能进群，其实直接在后台用新群来替换旧群就可以，无需更换“物料”。

二是所有群裂变中，最重要的不是活码，而是群机器人。由于企微限制自动回复和群发能力，导致群裂变场景中需要额外的人工介入，运维成本较高。（企微群的自动回复需要群成员@管理员，但是借助第三方工具可以实现群关键词自动回复）企业微信活码裂变建群示例，如图2.7所示。

图2.7　企业微信活码裂变建群示例

2）加粉限制（企微防封能力更强）。

企微加粉同样会存在限制，如果忽略也容易导致无法添加用户而白白损失了用户，这部分做一个对比分析如表2.5所示。

表2.5　企业微信与微信个人号加粉限制对比

核心诉求	功能场景	企微	个人微信	对比分析
加粉限制	被动添加限制	500~5000，被限制12~24h	200左右，被限制24h	企微的加粉上限相比个人号已经宽松了很多，尤其是个人号的粉丝总量从5000到20000，节省了养号的成本
	主动添加限制	60人~300，被限制12~24h	20人左右，被限制24h	
	个人号粉丝上限	5000~20000，超过5000需要扩容	5000，建议3000~4000	
	频繁拉群限制	频繁拉群，被限制24h	10个群，被限制24h	
	新注册账号限制	注册不到30天被频繁主动、被动添加	刚注册就频繁主动、被动添加，容易被封号	

企微绑定实名个人号：在做流量较大的活动时，运营者一定记得提前扩容，由于企微号需先绑定已经实名验证通过的个人号，且手机号码需要一致，否则也会出现好友无法添加的情况；设置完成后，个人号也设置了自动通过，但是用户却添加不上，就是因为没有扩容，因此也可能会损失了一批用户，所以运营者后续可以留意下，在即将满5000人的时候要提前做好扩容。

企微私域注定与个微私域分道扬镳，因为企微跟个人号一样会限制主动添加、被动添加、拉群的频率，具体的限制规则跟账号的权重有关。另外，个人号里面很重要的养号，对于企微也是一样的，运营者可以在这3个方面留意一下：

- 企业主体和个人实名都要认证。
- 多使用企微的考勤和审批功能，每天在公司员工群聊天。
- 养号周期：新的企微需要养1周以上。

3）招呼语+关键词回复（私域运营的基础设施）。

自动招呼语是与引流衔接最紧密的一个环节，根据引流场景来分别设置对应的场景化招呼语是运营的一大刚需。

另外，关键词回复是用户权益交付、用户打备注/标签以便分层运营的关键手段。因此，能够自带关键词回复也是提升运营效率的刚需能力，但目前个人号的关键词回复只能通过第三方工具来实现。企业微信与微信个人号“招呼语+自动回复”功能对比，如表2.6所示。

表2.6 企业微信与微信个人号“招呼语+自动回复”功能对比

核心诉求	功能场景	企微	个人微信	场景提供的价值
个人号招呼语	自动招呼语	自动招呼语（通用+场景）	不支持，需第三方工具	提高运营效率
	关键词自动回复	不支持，第三方工具支持	不支持，需第三方工具	
群招呼语	自动招呼语	支持	不支持，需第三方工具	
	关键词自动回复	支持	不支持，需第三方工具	

这里补充说明落地操作和可能会出现的踩坑点。

①如何在企微设置个人号自动招呼语。

一是企微默认打开全员的客户管理配置，导致所有员工都必须使用同一欢迎语。

踩坑点——单独场景招呼语：实际项目中用户是通过多个渠道引流进来的，有门店、包裹卡、老带新裂变、渠道投放等，但由于当时无法配置不同场景的招呼语，而不能多个渠道同时引流，会耽误整个项目的引流进度。

二是如何设置单独的欢迎语，需要单独设置管理员权限，具体如下：

首先在网页端：客户联系-配置-配置使用范围和管理规则；设置好了之后再打开，手机端：工作台-客户联系-配置-欢迎语。

群招呼语也有两大模块：自动招呼语、关键词回复。

● 群招呼语过于频繁，导致退群率过高。

群招呼语和关键词回复，也是我们运营日常高频使用的功能，但如果每个用户进群都会触发群招呼语，会比较打扰用户，导致用户退群、屏蔽群消息，对后期的群活跃非常不利。因此，群引流场景下必须能够支持关键词回复才能够避免过度打扰用户，企微自带群关键词回复能力，对于零售门店场景的使用率比较高。

踩坑点——群招呼语：运营者在运营中往往先通过让用户添加到个人号后，再拉用户进群领券，运用在门店引流中的话，就会出现高峰期进群的人很多，然后招呼语频繁弹出，就会造成对用户的困扰，导致进群的人多，退群的人也多。

②关键词自动回复太慢，导致用户流失。

踩坑点——关键词回复：用户添加企微后，关键词自动回复过慢会导致领券率极低。同时，企微不仅无法在用户添加后自动拉群，也无法通过链接直接进群，只能让用户自己扫码进群。如果拉群动作间隔比较久的话，用户进群率会比较低。

总的来说，个人号和社群招呼语是运营人常用的高频功能，也是用户添加企微后的第一个操作，招呼语环节的顺畅度关系到流量转化的效率；分场景设置和优化自动招呼语、关键词自动回复是提升运营效率、用户分层运营（精细化运营）的必要功能。

（3）日常用户触达

企业微信在日常用户触达上，被微信个人号无情甩出了几条街。引流阶段完成后，就是日常对用户的运营和触达了，也是运营的重头戏。用户的触达方式非常丰富，可以分为以下几个方面，如表2.7所示。

表2.7　企业微信与微信个人号“用户触达”功能对比

核心诉求	功能场景	企微	个人微信	场景提供的价值
群聊触达	群发群聊	管理员每月4次，个人账号每日1次；需第三方工具提高群发次数	无次数限制，但过于频繁会被限制	增强和用户的情感联系
私聊触达	群发用户			
朋友圈触达	群发朋友圈	每日1次（可分标签推送不同朋友圈）		
群聊管理	防骚扰	防广告、防刷屏、客户黑名单	不支持，需第三方工具	提高运营效率
会话侧边栏	快捷回复	支持，需第三方工具	不支持，需第三方工具	
	标签体系	支持，需第三方工具	不支持，需第三方工具	
	素材库/运营SOP	支持，需第三方工具	不支持，需第三方工具	
	客户旅程/订单信息	支持，需系统打通	不支持，需第三方工具	
多账号聚合管理	多账号聊天聚合	不支持	不支持，需第三方工具	
	多账号客户分配	不支持	不支持，需第三方工具	

企微和个人微信在用户触达方面的对比分析：

①群聊触达：每日1次。

企微的触达次数限制可谓是“卡脖子”的功能，导致部分个微玩家无法进场。

常规的社群运营（签到、早晚报、打卡、接龙等）操作都会被企微严格限制，为了保证日常群触达任务的完成，团队不得不增加额外的人力成本。

②私聊触达：私聊群发是一把双刃剑。

触达效率是最高的，但被删粉率也是最高的。一次粗暴的群发可能会导致10%以上的大规模掉粉，要知道企微粉丝可比公众号粉丝值钱多了，这掉粉看着都肉疼。

③朋友圈触达：只剩下“朋友圈广告”功能。

企微朋友圈的实际运营效果跟在朋友圈里投了一条广告似的，曝光时长、双向互动能力都被极大限制，权当是企微送的免费广告位了。

④群聊防骚扰：防火防盗防广告。

对于防止竞争对手和广告党是非常必要的，尤其是双十一淘宝的叠猫猫刷屏，设置自动踢人规则可以帮助维护群秩序。

⑤会话侧边栏：销售利器。

会话侧边栏的能力集中在快捷回复、素材库、客户信息，但是需要第三方工具与自有电商系统的打通，才能把用户标签和成交数据传递到面板里。

⑥多账号聚合管理：企微突然不香了。

多账号聚合管理应该算是个微私域中非常香的能力了，但是没有多账号聚合的企微管理多个企微账号非常吃力。整个运营体系的前后端人员分工、会话过程监管、多账号批量操作都会受阻，集中运营粉丝的效率骤降、人工成本剧增。

踩坑点——多账号聚合管理：有运营者体验了企微第三方工具，但发现多账号聚合管理不够完善灵活。在群发的时候只能根据企业号主体分发消息，不能做到根据账号聚合或者是根据事件筛选、多账号的聚合与分配。

总的来说，企微主张的是“真人服务”。既然是真人，企微就不会开放很多自动回复、群发触达的能力，不仅避免被滥用而过度打扰用户，也是跟真人的主张相违背；既然是服务，企微希望的服务模式应该是像小程序一样的“用完即走”，而扫街、扫楼式的触达方式肯定是企微不想看到的。所以，等企微开放更多的自动回复、群发触达能力是不太现实。

（4）运营转化阶段

在第四阶段会发现电商化程度越高优势越明显。说到运营转化，要看品牌自身的电商程度，电商程度越高的品牌越容易发挥优势，具体也从首单复购和用户促活两方面分享一下：

①用户首单/复购。

企业微信与个人微信的“首单/复购”需求功能对比如表2.8所示。

表2.8 企业微信与个人微信号“首单/复购”需求下功能对比

核心诉求	功能场景	企微	个人微信
首单/复购	品类补贴	需第三方工具	
	单品秒杀		
	拼团		
	砍价		
	抽奖		
	晒单		
	集卡		

有点遗憾地说，想要在企微实现整套成交系统，必须依靠自有的电商系统来完成，且为了后续的精细化运营必须将自有电商系统与企微第三方工具打通。但是这里存在两个难点：一方面打通的成本比较高昂，另一方面企微的诸多限制，导致品牌投入大量技术开发资源打通企微SCRM（Social Customer Relationship Management）的意愿并不强。最终，企微实际的精细化运营效果也会大打折扣，不得不通过更加多的人工来去弥补数据不互通的割裂。

②用户促活。

企业微信与个人微信号“促活”需求下功能对比如表2.9所示。

表2.9 企业微信与个人微信号“促活”需求下功能对比

核心诉求	功能场景	企微	个人微信
促活	群话题互动	仅支持群活跃数量统计	群精华、群打卡、群发言关键词
	朋友圈互动	仅单条朋友圈互动	历史朋友圈均可互动
	客户聊天会话互动	仅快捷回复	关键词标签、自动回复、重要信息提醒
	群活跃积分统计	不支持	不支持，需第三方工具

用户复购来自于用户活跃，促活是企微私域的非常重要的功课。然而，现实是企微目前几乎没有任何促活的能力，完全需要第三方工具来支持。如果运营了100个群，那么每次群活动的人工成本就非常高了，高到你分分钟想放弃。

群活跃统计的能力企微也非常粗糙，由于企微不会去监控用户聊天，所以，很难知道群里的每个用户的活跃数据。在精细化运营转化方面，判断企微有两个“坎”：

一是订单系统与企微SCRM的打通，是摆在企微私域精细化运营的第一道坎。

没有订单数据、没有活跃数据，只能靠人工去一个个打标签。对于几万量级的用户还好，但是对于大几十万的用户，技术才是第一生产力啊。

二是私域促活能力，是摆在企微私域精细化运营的第二道坎。

对于零售行业而言，能够跟用户互动的方式非常有限，而把微信里已经非常成熟的各种社群玩法搬到企微里会是下一阶段促活的核心诉求。

（5）裂变拉新阶段。

在这个阶段企微毫无压力。企微现在可以跑通的裂变玩法主要有3种：群裂变+任务宝裂变+红包裂变，企微与个人微信号“裂变活动”需求下功能对比如表2.10所示。

表2.10　企业微信与个人微信号“裂变活动”需求下功能对比

<table>
<tr><th>核心诉求</th><th>功能场景</th><th>企微</th><th>个人微信</th><th>场景提供的价值</th></tr>
<tr><td rowspan="2">群裂变</td><td>自动切换群</td><td>支持</td><td>不支持，需第三方活码工具</td><td rowspan="6">提高运营效率减少用户流失</td></tr>
<tr><td>群发消息触达</td><td>群关键词自动回复</td><td>需第三方群机器人</td></tr>
<tr><td rowspan="2">任务宝裂变</td><td>邀请关系</td><td>借助公众号邀请关系</td><td>支持，需第三方工具</td></tr>
<tr><td>群发消息触达</td><td>招呼语自动回复、公众号自动回复</td><td>公众号自动回复</td></tr>
<tr><td rowspan="2">红包裂变</td><td>邀请关系</td><td>借助小程序邀请关系</td><td>支持，需第三方工具</td></tr>
<tr><td>群发消息触达</td><td>招呼语自动回复</td><td>小程序模板消息</td></tr>
</table>

①群裂变。除了机器人管理群的能力以外，企微可以满足基本的群裂变需求；只是裂变完的群不能批量管理，必须手动操作。

②任务宝裂变。企微已经开放了查询好友列表的接口，但是没办法突破个人号自动回复的限制，所以，企微很难当作裂变的机器人来用，还是要借助公众号来实现邀请任务的审核。

③红包裂变。目前红包裂变也是可以在企微上跑通的，借助公众号、小程序的邀请审核能力，通过H5、小程序给用户发红包是完全没有问题的（见图2.8），而且体量相当大，只是用户质量就要见仁见智了。

裂变对于私域而言是一把双刃剑，一边是拉新的规模，另一边是拉新的精准度，两者间的矛盾似乎不可调和。所以，裂变必须基于实际的业务场景和用户圈层，通过合适的运营策略来调控还是可以“跑出”非常优质的老带新活动。

图2.8　企业微信“红包裂变”活动流程示例

④分销裂变。通过分销活动也是一种将用户沉淀到企业微信的方式之一，这家公司是“社区团购”的模式，总部配送鲜奶到小区门口的便利店（便利店老板是兼职团长）、用户到店自提。

包装了这个“9元喝3瓶鲜奶大礼包”对C端用户来说非常超值，付费率非常高，分享给小区的人购买还能赚5元。因为“吃”的关联销售率一般是

50%以上，所以用户支付完后，会引导进入企业微信地区的社群，社群每天有优惠券，基本上能养成用户复购习惯。

综上所述，基于在运用中的认识，已经把一些企微号和个人号做了一个大致的对比，还有一些可能的踩坑点也做了罗列。

结论1：企微对个微私域玩家并不友好。

企微的很多功能还是显得非常鸡肋，尤其是朋友圈互动限制、群发触达次数限制、多账号聚合管理限制、聊天信息监控，也难怪身边很多个微私域的玩家，尝试企微之后都退回到个微私域。

结论2：对于没有私域运营的品牌，企微还是首选。

过去wetool（一款微信社群管理软件，功能强大稳定，基本的社群运营场景都能满足）开了挂一般的个人号管理能力是微信团队所禁止的，所以，转到企微还是早晚的事情。

结论3：不是纠结要不要做企微，而是以什么姿势最大限度发挥企微的价值。

单独拿企微跟个微作对比，尤其是已经对wetool形成了功能依赖，想把企微真正用起来确实比较难；但是如果把企微跟公众号、小程序真正打通，实现标签、数据、运营策略的互通，结合实际业务场景和用户偏好，能够把企微的价值发挥到最大。

同时，还要看各家把企微私域放在什么样的高度，试错（看看能不能跑出惊喜）、战略（给予战略级的支持来探索）、被迫转移（不转没有活路），不论抱着什么目的，企微私域仍然是品牌绕不过去的课题。

第三章

如何基于私域流量搭建组织架构

3.1 如何构建企业门店私域流量池

企业门店的核心是产品，产品的核心在于定位。如何抢占用户心智，通过品牌与产品的调研分析，来重新梳理和定位门店品牌与产品，让用户产生更有效的认知，是构建门店私域流量第一步。产品包含用户在门店内享受到的服务、环境、体验等。

3.1.1 企业品牌定位

这里以线下门店中最具代表性，同时也是门店数量最多的类型——餐饮门店来进行分析。定位是客户对门店的第一认知，有一家餐饮门店主打碳烤，这个不属于品牌定位，只是进行了品类定位。接下来需要进行品牌、产品的整体调研分析，之后再确定门店品牌和产品的精准定位。

品牌调研的方向主要有两个：

一是门店周边餐饮门店调研。包含本区域内餐饮品类分布、价格分布、优惠活动、主打产品等，调研考察方法为进店、拍照、询问调查、专门访谈，通过这些方法来了解门店周边的竞品，知己知彼。

二是本地区全区域（以区县为单位）内烧烤店调研。包含本区内所有烧烤店的主打菜品、客户评价、主打口号、门店名称、门店分布图等，以此找到门店在本区域内的差异化定位，抓住其他门店没有的、本门店擅长的方向进行精准定位。

最后，根据调研数据与分析，来确定门店的主打产品、定价方案、定位、口号等。

3.1.2 打造企业门店个人号

门店个人号的打造需要将门店与创始人或者门店负责人进行结合，融合打造，单纯以门店名称或者头像来制定门店个人号微信，会让客户感觉与门店之间拉开距离。

（1）个人号“四件套”

个人号是门店与客户持续产生关系的平台，是微信端的门脸，更好地展示了个人微信形象，能够有效与客户产生触达关系。

● 头像

头像禁忌使用单纯门店照片、风景照片，应该使用门店负责人或者门店创始人的写真照或者生活照作为微信个人号的头像，头像中需要体现出创始人的产品，如在农场中拍摄的生活照，这样能给客户一种真实感，更容易建立客户信任。

● 昵称

门店的个人号，为了方便用户在添加之前了解这个号的信息，所以昵称最好设置成姓名+门店名称+职务，比如“王涛—天天烤肉创始人”。

● 个性签名

个性签名应该与个人的发展和门店品牌结合在一起，如：天天烤肉创始人，健康餐饮，放心烤肉品牌开创者。

● 主页背景墙

背景墙需要具备的要素有品牌名称、个人简介、产品照片等，背景墙是客户了解门店个人号的展示窗口。

（2）个人号定位

就像任何公司、产品都需要进行定位一样，门店微信个人号也需要进行定位。

①创始人访谈。

在进行个人号定位前，需要对创始人进行深度访谈，来了解创始人做这件事情的初衷、核心价值观及对门店发展的未来规划，需要更多地了解门店创始人的主要经历，有经历就有故事可以写，有故事的创始人才是有灵魂的。

②创始人个人故事提炼。

通过人物访谈的形式对创始人的故事进行提炼，筛选可以引发客户共鸣的故事，写出个人故事和简介的文章。

③人设定位。

针对餐饮业，味道自然重要，但核心是健康、安全。同样，创始人的人设定位也要围绕这一点，所有故事都围绕创始人追求产品健康、安全的核心点来写。例如，主标签：天天烤肉品牌创始人；辅助标签：美食达人、营养专家、健康、安全食品的追梦人，有梦想的创业者，有价值，正能量，有思想

④个人号人设使朋友圈落地。

朋友圈内容发布规划：30%为门店价值输出（朋友圈发30%跟食品、餐饮相关的价值输出，怎么选择优质牛排、优质猪排，什么样的肉才是好肉等），15%为产品火爆程度（门店到店人数、客户反馈），15%为个人生活（个人的生活日常），10%为段子（视情况而定，可以是有趣的段子内容等），10%为个人创业感悟和个人思想输出（如深夜还在思考门店业务的发展，创业不容易，对客户的真诚付出），20%为发布新产品或者新活动的内容。

3.1.3 门店客户转化路径

（1）门店外展示内容

门脸最显眼的地方要放最重要的信息。这句话看似是简单，但是企业是否真正认真调查和思考过：哪儿是门店最显眼的地方？什么是企业最重要的信息？如何摆放？如何呈现？线下店要思考如何摆放与呈现其最重要的信息，线上也是一样的思路。企业卖货的主要平台在朋友圈、淘宝、微店、有赞商城、公众号、小程序等，信息载体不是实体的广告牌和纸质资料，而是网页，企业要考虑如何摆放与呈现最重要的信息，最重要的信息都是相同的：品牌logo、名字、价目表、爆款、新品、优惠、广告语、名人背书等。

（2）门脸设置

门脸需要根据品牌、产品定位进行调整。比如养殖场直供，新鲜好牛排。这句话能表达出门店品牌与产品的核心价值与特点。

（3）橱窗布置

橱窗是非常重要的门店设置，很多门店花大力气布置橱窗，当然不止是为了好看。一个“符号”是拉近注意力和熟悉感最强而有力的手法，这就是“视

觉锤”概念，而最大的“符号”就是橱窗。

在竞争激烈的市场上，橱窗不仅要有好看的陈设，而且在包装、宣传、策略、产品等方方面面都需要重视，还要融入故事，也就是情景。精心布置的橱窗设计，能够让顾客感觉很有“诚意”，门店的品牌价值感也就这样在无声润色中树立起来。

橱窗布置中要注重元素的统一性，最好选择一种坚持使用1~3年的色彩、道具造型、图案组合、特殊场景元素及形式可以根据潮流变换，但以上4种元素不要随意改变，这样才能在客户心中形成鲜明的品牌辨识度。

（4）进店服务

客人被门脸、橱窗或门外展示牌吸引后，进入店内需要配套的进店服务。例如在门口设置会员信息，进店后在顾客明显的视觉地方放置门店不同主题的会员信息海报等。

（5）消费服务

顾客在门店消费的过程中，店员可以提供优惠信息，引导顾客主动询问服务员有关会员信息。例如餐饮店推出会员专享的免费品尝菜品，在餐巾纸购买上也可以刺激顾客转化为会员。总之在进店之后的各个环节设计上，尽可能刺激用户形成转化。

（6）送客离店

在送客离店时，客人会签单付款，这时店员可以准备一套话术，询问顾客的消费体验，引导其成为会员，强调用餐费用优惠等相关信息，积极转化用户为忠实客户，并且良好的服务也能够在顾客心中产生积极影响，利于转化。

3.2 如何设计与建立私域流量运营团队

3.2.1 私域流量运营团队

很多品牌方学习了私域流量体系后也意识到应该重视私域流量的运营，并且应该去落地实操，但在落地执行时遇到了很大的问题，最关键是运营团队的组建。

（1）私域流量运营团队常见问题

● 没有独立团队公司

内部没有可以执行的人，学习再多的理论也是无效的。有些团队是多个部门共用，造成团队成员职责不清，落地困难。

● 没有绩效考核体系

一个连锁水果店品牌，把私域流量体系的落地执行明确到了门店店员和店长，但是绩效考核体系只看重用户到店消费和门店整体业绩量，没有明确考核门店导流量、线上销售量、朋友圈社群互动量，这往往会导致执行团队还是在之前的考核体系下进行之前的工作，没有正确绩效考核激励的团队是没有战斗力的。

● 能力不匹配

有些品牌看到一线品牌在做流量体系运营，也希望能够有一线品牌的运营状态，但团队能力跟不上。不建议中小品牌仿照一线品牌来搭建运营组织框架，品牌力本身就是影响私域流量体系很强的决定性因素。

（2）私域流量运营团队考量范围

那么在搭建合适的私域流量运营团队前，需要进行哪些考量，笔者总结为以下几点：

1）私域颗粒度。

在进行私域流量体系运营之前，需要先明确私域流量的颗粒度，对应精细化程度来搭配相应的团队能力。如果私域颗粒度与团队能力不匹配，也是无法形成持续循环变现能力的。

颗粒度是对品牌私域流量体系搭建精细化运营的分级描述，这里将私域颗粒度分为四级：

①一级颗粒度。指具有私域流量认知、有流量入口、引流至微信个人号，完成了这三个部分，才可以认定私域流量颗粒度是一级颗粒度。认知是前提，如果对私域流量没有一个正确的认知，很难达成高质量流量体系的运营规划。其次还要拥有流量入口，如线下门店、线上网站等，没有持续的流量入口，就没有持续的私域流量变现的能力。有了流量入口之后，最基础的就是先将已有

流量尽可能多地导入微信个人号体系内，就像很多餐厅或者电商企业，一开始并没有想好之后怎么运营变现，依然先将流量导入微信个人号体系内留存。

②二级颗粒度。二级颗粒度需要具有个人号矩阵、拥有两个以上的流量承载体。在一级颗粒度的基础上，首先要建立自己流量池的个人号矩阵，比如客服号、专家号和VIP服务号，不同微信个人账号对不同的用户进行服务。其次是要拥有至少两个以上的流量载体，比如微信个人号、企业微信、订阅号、服务号、小程序等，不仅要将用户留存在微信个人号体系内，还要将流量同时留存在不同的流量载体中，实现对用户的反复触达和影响。

③三级颗粒度。在前两级的基础上，需要对私域流量所针对的产品形态进行品牌定位，改进人设定位、朋友圈内容发布、私聊和互动能力，不同的个人号服务不同的用户群体，需要根据产品形态进行定位。人设服务于定位，其中包含主标签、辅助标签、性格、故事、语言风格等内容。朋友圈是触达用户的关键点，可以对用户进行潜移默化的影响，以及通过朋友圈进行发售卖货。私聊是对不同用户进行分层和打标签的关键所在，针对不同的客户要有不同的成交话术。互动是指在朋友圈内对用户进行点赞、评论，与朋友圈好友产生不断的连接。

④四级颗粒度。四级颗粒度需要具备运营微信群、塑造专家形象、IP有情感陪伴的能力。社群是私域流量留存、激活、变现、复购、裂变的核心载体之一，微信群的运营属于高阶的私域流量载体运营。塑造专家形象、打造有特色的IP形象，都是对运营团队能力的一种考验，因此是更进阶的团队建设要求。

2）运营力。

运营力指私域流量团队的运营管理能力，对应于五级私域流量颗粒度，运营力也划分为五级。大部分运营团队拥有的是三级运营力，可以满足基本的私域流量运营体系。

①一级运营力。指有时间、精力和执行能力。很多小型产品、品牌都没有对应的私域流量执行团队，大多数老板会自己或者在运营团队中找人兼职做，重点在于负责人有没有足够的时间、精力和执行力。

②二级运营力。指熟悉微信个人号的规则与风控体系、产品定位分析能力。在进行私域流量运营过程中，如果不懂得微信风控体系，就像没有安装杀毒软件的计算机，随时会有被大面积封号的风险。同时团队还需要产品定位分

析的能力，能够分析并且描述产品对应的用户画像，包括用户在哪儿、他们喜欢什么、如何获取用户的关注。

③三级运营力。指具备内容运营、活动运营的能力。用户留存与运营是通过内容来进行的，用户的激活则要通过各种活动来进行，内容小组产生朋友圈、微信群、私聊文案，活动小组负责策划各类用户促活的活动。

④四级运营力。需要具备各类工具的使用能力、精细化运营能力、SOP标准化执行手册制订能力、团队管理与激励能力。

⑤五级运营力。指在前四级的基础上还要具备工具开发技术与数据分析能力。

3.2.2 运营团队的岗位与职责

很多品牌决定要做自己的私域流量池时，并不清楚应该配备什么样的团队，需要几个人、都负责什么、各个岗位需要具备什么样的能力等。根据数百个品牌搭建私域流量管理团队的经验总结，一般需要配备以下团队成员。

运营负责人。相当于整个项目的“操盘手”，由他来主要负责整个项目的推进。这个岗位需要熟悉微信个人号、公众号、企业微信、小程序、分销平台、营销工具等，拥有微电商的运营思维，同时具备一定的微电商运营功底和全局操盘能力的人。平时主要负责把控项目整体运营的战略方向，项目团队人员管理与资源协调，大型、常规活动的策划与执行推进，定期做项目数据分析与复盘反馈。

社群、个人号运营。主要负责品牌私域流量微信社群、个人号、朋友圈的日常维护，促活与变现，具有线上活动组织策划能力、用户运营管理能力。

设计师。主要负责产品的日常海报、各类活动图片的设计工作，需要有良好的设计审美能力，以及熟练使用各种设计软件。

文案。需要具有一定的文字功底、广告属性强、有较强的撰稿能力，负责各类转化文案、朋友圈内容、微信群文案，以及各类海报设计图的文案内容的准备。

客服。具有良好的沟通协调能力，能够比较熟练地解决售前、售中及售后的各种咨询问题。

销售。主要负责流量的转化，针对不同类型的产品匹配不同的产品销售策略，线上销售能力主要考验销售人员的社交沟通能力。

早期团队的人数不需要太多，主要工作内容是验证产品、流量的转化模型，最基础的团队中只要有运营负责人、销售、社群或个人号运营这几个岗位，就可以启动早期的流量体系搭建了。

3.2.3 运营团队建实操

如果你是一家企业负责人，需要从零开始搭建私域流量池运营团队，应该从哪儿着手？对运营团队要不要设立KPI考核？如果要，该如何考核？这里将介绍搭建私域流量池运营团队及设定KPI考核时的注意事项。

事实上，在企业发展的不同阶段，企业的规模、目标和任务有所不同，因此搭建私域流量池运营团队的方式也存在一定的差异。

下面将介绍不同发展阶段的企业搭建私域流量池运营团队的方式。

（1）初创企业运营团队建立

对于初创企业，需要重视以下事项。

目标：根据企业自身情况来决定是否要成立私域流量池运营团队。

挑战：产品还未完全成熟，市场接受度尚未可知。

考量与建议：对于早期的初创企业而言，企业的重心应放在产品的研发与打磨上，不建议大规模获取新用户。如果产品还未打磨好就开始不断获取新用户，一是会造成资金、资源的浪费；二是会形成用户增长的假象，看着用户不断增长，但却留不住，浪费了很多时间，还影响了团队的信心；三是会扩散负面评价，对产品后期的推广非常不利。

因此，在这个阶段企业可以借鉴小米早期创业时的做法，向种子用户征集反馈，根据反馈及建议不断改进产品，等产品打磨成熟并获得市场的良好反馈后再开始搭建私域流量池运营团队。

成功关键：打磨好产品，推向企业已有的用户，根据他们的反馈优化产品，让产品适应市场的需求。

（2）小型企业运营团队建立

小型企业人数在30人以内，已经拥有了一些成熟的产品，但企业人数较少，因此搭建私域流量池运营团队时，要根据企业的实际情况来匹配团队人员。

目标：可以建立一个1~3人的私域流量池运营团队，在控制团队运营成本、降低企业投入风险的情况下，搭建私域流量池。按照精益创业的理念，这些运营团队属于“最小化可行性”运营团队。

挑战：资源有限，人手有限，经验不足。

考量与建议：“最小化运营团队”的核心岗位主要包括项目负责人（也可以称为首席流量官）、文案和销售型客服。如果条件允许，可以增加推广策划、数据分析师、创意设计等岗位。

项目负责人是运营团队的核心，如果企业CEO有产品或市场的经验，可以先由他担任。如果企业条件允许，可以专门招聘一个项目负责人。项目负责人拥有分配资源的权力，同时他也是一个多面手，在用户获取方面拥有一定的经验或成绩，拥有数据分析能力，能进行增长实验。

“最小化运营团队”建立后，需要找到目前成本低、影响较大的获客渠道开始进行测试。小团队的好处在于，内部沟通方便、高效，无需太多会议。通常情况下，如果没有紧急事宜，团队每周召开一次会议即可，参会人员包括“最小化运营团队”及企业负责人。开会的目的，一是为了总结上一周工作的进展；二是做好下一周工作的规划；三是让企业负责人了解运营团队的工作情况及进展。

成功关键：最大化利用企业的现有资源，成立“最小化运营团队”，通过反复测试、优化、迭代，积累运营私域流量池的经验。

（3）中型企业运营团队建立

中型企业人数规模通常为30～200人，已经有了成熟的产品，且企业拥有一定的资金、资源、人才，因此搭建私域流量池运营团队时具有一定的优势。

目标：可以建立一个6人以上的专业运营团队，快速搭建私域流量池，获得业绩。

挑战：企业已经有了产品和较为成熟的市场团队，他们对私域流量池运营团队会产生质疑，甚至可能会为了部门利益与私域流量池运营团队争利或阻挠其开展工作。

考量与建议：可以从企业内部挑选适合的人员组成运营团队，团队成员主要包括项目负责人、文案、销售型客服、推广策划、数据分析师、创意设计等。

运营团队的项目负责人和其直接上级刚开始要明确聚焦的方向，制定明确的指标来评估工作进展。刚开始的聚焦方向最好是其他市场团队未涉及的，这样可以减少部门之间的冲突，同时还有可能找到新的潜在机会。随着运营团队规模的扩大，团队之间的定期沟通就显得尤为重要。除了每周的例会，还可以增加一个每天的简短例会。

项目负责人除了要做好运营工作，带着团队不断开疆拓土，还要做好宣传工作。当团队做出一定的成绩后，要通过多种方式（如公司大会、海报、微信群、钉钉群等）将团队的付出与成绩分享给其他部门及企业管理层。

直接负责整个私域流量池运营团队的企业管理层则需要经常为运营团队发声，在企业内部强调私域流量池运营的重要性，并宣传运营团队的努力与取得的成绩，有利于团队早点在公司站稳脚跟。

成功关键：快速找到一个有潜力的渠道，快速做出一定成果，并让企业内部的其他部门及管理层知道运营团队的付出与成绩，以争取到更多的资源支持。

（4）大型企业运营团队建立

大型企业人数规模通常在200人以上，这对私域流量池运营团队提出了更高的要求。

目标：运营团队人数扩大到50人以上，成立细分团队，对不同阶段的用户进行精细化运营。

挑战：进入这个阶段，运营团队已经有了比较成熟的方法和流程，此时需要保证和提升团队之间的协作沟通效率。

考量与建议：在该阶段，运营团队需要将工作细分，成立多个细分的运营团队，分别负责AARRR模式（Acquisition、Activation、Retention、Revenue、Referral）分别对应用户生命周期中的5个重要环节，即用户获取、用户激活、用户留存、获得收益、推荐传播的相应部分。

例如，可以将运营团队按照用户获取、用户激活和留存等用户主要职能来设置岗位。细分团队可以制定自己的目标、计划，除了参加部门大会，还可以安排自己团队的小会。

部门总负责人此时起着举足轻重的作用，需要平衡各个团队之间的资源分配、利益分配，并通过召开会议来保证各团队之间的沟通与协作。

成功关键：梳理出一套比较成熟、系统的运营私域流量池的方法和流程，并将之复制下去。部门负责人要尽量平衡好部门内的资源、利益分配，保证和提升团队之间的协作沟通效率。

3.2.4 运营团队KPI考核设计

搭建好私域流量池运营团队之后，需要开始认真考虑设定运营团队的KPI考核。

（1）为什么要设定KPI

设定私域流量池运营团队的KPI，一是企业管理的需要；二是可以让运营团队看到阶段性工作产生的结果和价值，通过量化的数据来激励运营团队。

KPI是量化工具，也是私域流量池运营工作的指南针。当数据朝好的方面发展时，说明运营团队的工作有效，战略方向是对的。反之，说明运营团队需要调整自己的工作方向。

因此，合理的KPI可以促进私域流量池运营团队的成长、提升和快速做出成绩。

（2）如何设定KPI

KPI可以分为两种类型：效果型KPI和运营型KPI。设定KPI时，要根据不同的类型制定适宜的考核机制。

①效果型KPI。效果型KPI能直接反映私域用户的增长情况，也是企业想要获得的结果。设定效果型KPI时，可以重点考虑以下几个指标。

私域用户的数量：私域用户的数量是考核私域流量池运营团队的重要指标，也是预测用户营收增长率的有效指标。

私域用户的营收增长率：即私域用户消费的增长情况。

私域用户的续费率：私域用户（尤其是超级私域用户）是否留下来继续为产品和服务续费，这是衡量私域流量池运营效果的重要指标。

付费私域用户成为超级私域用户的转化率：付费私域用户中，有多少可以转化为超级私域用户？转化率越高，表明这部分私域用户运营得越好，对搭建私域流量池越有利。

②运营型KPI。运营型KPI主要用于评估某运营工作的效果，通常不直接反映商业结果。常见的运营型指标包括新增用户数、用户活跃度、互动人次、平均互动量、内容互动数等。

运营型KPI如何设定？以运营团队常见的岗位为例来具体说明。

文案：与销售不同，文案可以带来转化和业绩，但属于间接的，因此评估时较为复杂。但仍然需要对文案进行考核，具体考核方式如下：在运营过程中，会发现文案的效果可以通过用户点赞数和评论数来反映。点赞和评论多的文案往往会带来更大的曝光度，产生更大的价值。因此可以用用户互动量、互动次数等指标来评估文案的质量。比如，这个月的文案产生的用户互动量比上个月低30%，表明这个月的文案质量需要优化，文案人员需要弄清楚数据降低是写作水平、内容规划方面的问题，还是文案调性没把握好的原因。

销售型客服：这个岗位除了看销售业绩，还要看互动人次、回复数量。比如，小张每天与150人沟通，而小李只与80人沟通，这样能明显看出每个人的工作量与效率。当然，也要结合这两个人当月的销售业绩来综合考核。具体考核时，销售业绩占的比重要高于沟通质量。

推广策划：考核推广策划的主要指标有活动频率、活动曝光度、新增用户数、付费用户数。计算活动的投入与实际产出比，便能评估推广策划工作的质量。

3.3 如何设计分销体系

分销模式是当下企业和商家快速裂变私域电商的重要玩法。为什么现在很多企业和商家开始热衷于分销体系？主要原因是线下线上获取流量的成本不断攀升，而借助分销模式，可以迅速低成本获取用户。此外，分销模式还可以帮助企业快速获得大量的现金流，分销模式的这些优势足以吸引众多玩家涉足分销游。

这里将介绍如何快速从0到1设计一套产品分销体系，帮助企业迅速裂变私域流量。

3.3.1 什么是分销体系

与会员积分体系类似，分销体系属于电商体系中可以形成独立闭环的业务模型，其最大的优势是可以像病毒一样迅速裂变。

企业和商家借助分销体系，可以充分借力各级分销商的资源和渠道，拓展商品的销售渠道，实现业绩倍增。基于社交网络的多级分销体系，可以借助社交分享裂变分销商，因此可以用低成本迅速裂变私域流量。这方面的典型代表企业有云集等社交电商平台。荔枝微课、千聊、网易公开课等知识付费平台通常采用一级分销来获客拉新、推广课程。

目前法律规定分销体系的等级最多为三级，超过三级会涉嫌传销。此外，之前有很多分销型社交电商借助微信平台起家，迅速裂变出数万、数十万规模的私域流量，但现在微信已经加大了对分销的监管和打击力度。因此，企业和商家要搭建分销体系时要注意两点，一是要合法合规；二是在自己的APP平台玩分销裂变更安全。

在常见的分销体系中，分销商的等级结构如图3.1所示。常见的分销模式如下：一级分销商发展二级分销商；二级分销商发展三级分销商；各级别分销商均可零售，发展C端客户。

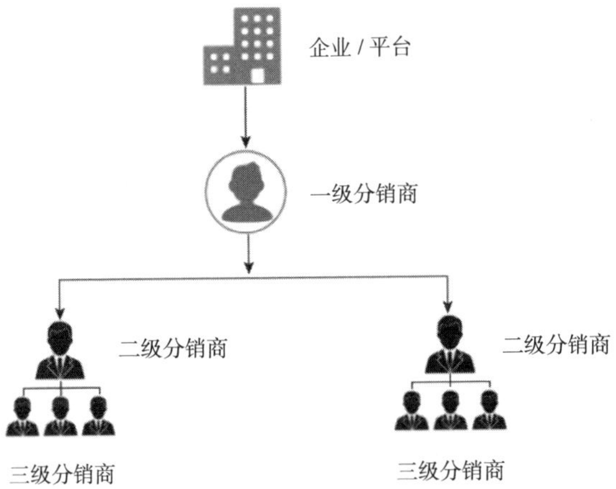

图3.1 常见的分销体系模型

3.3.2 如何获得分销裂变效果

分销裂变要想获得好的效果，需要具备四大要素。

（1）有效的供应链体系

企业（平台）无论销售的是实物产品，还是虚拟产品，其供应链能力、供应链能否形成闭环是分销裂变模式能否成功以及持久的重要基础。如社交电商平台云集，其能短时间聚合大量私域流量，不仅在于其发展良好的分销模式，还在于S2b2C模式中的“S”，即供应链能力。云集整合了众多上游资源，拥有很强的供应链能力，能够为分销商提供内容、IT系统、培训、客服、物流、供应链“六朵云”服务，让他们有能力、有精力服务好平台的用户，将更多精力放在推广和服务方面。而很多供应链能力跟不上的分销平台，存在资金盘嫌疑，分销商往往会被当作“韭菜”收割。

（2）让分销商持续获益

让分销商持续获益是分销裂变能够持久的关键。这里说的获益，可以是物质奖励，也可以是精神奖励。因此，企业在设计分销模式时，要平衡好分利与成本之间的关系，在保证企业盈利的情况下尽量多分利。

（3）适中的分销门槛

分销门槛太高，会限制分销商的数量；门槛太低，会导致分销商质量参差不齐。因此，制定适中的分销门槛很有必要。分销门槛主要分为产品门槛和流程门槛。

①产品门槛。目前市场上的分销模式，涉及产品的门槛低的有几十元，高的有数千元，但总体以几百元的产品门槛居多。如云集、贝店、每日一淘、粉象生活等社交电商平台，其产品门槛（购买大礼包）一般为200~400元不等。

②流程门槛。获得分销资格的流程不能太复杂，否则会限制分销模式的推广效果。如有的平台在推广分销模式时，要求用户下载APP后按照要求完成注册才能获得分销资格，结果分销商的招募效果一般。为了提升分销的效果，该平台调整政策，用户在落地页注册后即可，后期再设法引导其下载APP。这样平台就可以获得大量注册用户的信息，并招募到大量分销商。

此外，云集、贝店、每日一淘等很多社交电商平台会做好选品、素材设计、一键分享设计等工作，大大方便了分销商的分享。分销商只要复制、粘贴、转发，便可完成分销行为，这就大大激发了分销商的分销意愿和行为。

（4）找到精准的分销商

找准分销商，并通过适宜的策略维护、激发这群合作者，是分销裂变有效和持久的关键一环。

如何找到精准的分销商？可以通过以下措施来获取。

种子分销商。很多企业和商家，已有一定的资源积累，可以将这些原始的资源（如经销商、实体店店员）发展为原始分销商。

借力机制。在运营过程中，借助分销机制筛选出合适的分销商。

与KOC、KOL合作。这些人往往在某些领域拥有一定的影响力和自己的私域流量池，与他们合作，借助他们的影响力和私域流量分销产品，可以在短时间内产生较大的影响。

借助服务。通过服务，积累一批忠诚的用户，时机成熟时再设法将他们转化为分销商。如某些母婴平台，通过为宝妈宝爸提供亲子育儿等课程，抓牢他们的心，等时机成熟时，向他们推广分销政策，获得了大量分销商。

3.3.3 分销模式的设计

本书介绍的分销模式是三级及三级以内的分销，侧重于对二级及二级以下分销模式的介绍。

（1）分销体系设计的基本原则

设计分销体系时有两个主要的方向：一是激励分销商不断向下发展更多的分销商；二是激励分销商不断向更高级别发展。因此，在设计分销模式时，需要设计好激励机制、奖励机制、晋升机制，激励分销商朝这两个方向发展。同时，分销模式的制定也要平衡好企业、平台与分销商之间的利益，无论是哪一方利益受损，都会导致分销玩法无法持续下去。下面具体谈一下分销的奖励机制、晋升机制的设定。

①分销的奖励机制设定。奖励机制能满足不同层级、不同能力的用户。比如有些用户有分销渠道或很容易建立分销渠道，有些用户更愿意自购，而有些用户则属于混合型的。因此在设定奖励机制时要能综合考虑不同用户的情况，设计一套能实现最大价值的驱动机制。

具体设计时，可以参考以下几点原则：

及时分利润：每一单买卖，分销商都能在短时间内获益。

周期奖励：对产生交易且达到一定交易额的分销商，给予持续性、周期性奖励，可以按月、季度。

年度奖励：以情感类奖励为主，可以奖励荣誉、返现、海外游等福利。

②分销的晋升机制设定。晋升机制主要是为了促进用户裂变新用户或做出业绩。“分销等级设置”部分会进行具体阐述。

（2）分销等级设置

企业设置分销等级时，通常在三级以内。不同等级分销商的招募条件和晋升或升级要求存在差异。级别越高，获得的分销佣金越高，以此来激励低级别分销商花钱做出业绩升级。在设置升级条件时，目前通常有三种做法：

花钱可直接升级。用户只要支付一定的费用，便可以成为相应级别的分销商。

靠业绩升级。用户可以申请成为低级别分销商，但想成为更高级别的经销商，则需要业绩达到相应的要求才能升级。在考核业绩时，有些企业要求分销商当月业绩达到一定量才能升级（类似某些直销品牌的规定）；有些企业（如蒙牛社交新零售项目）则没有时间限制，分销商累计业绩达到一定量即可升级。

混合式。有些企业会采用混合式玩法，花钱或业绩达到要求都可以成为相应级别的分销商。这也是现在很多企业进行分销时采用的模式。

3.3.4 分销商的招募

目前分销商的招募条件主要分为“无条件”“申请”“消费次数”“消费金额”“购买商品”等几种类型。根据需要，有些企业和平台会安排后台人工审核分销商的资格。

（1）分销商招募渠道

分销商的招募渠道如下。

①平台宣传。很多平台会在自有平台最显著的位置（如平台顶端的横幅广告位）发布招募信息。如喜马拉雅FM招募其分销商——“知识大使”期间，

平台顶端的横幅广告位不断宣传该招募活动，吸引了大量分销商。笔者的朋友当初就是看到该信息联系到喜马拉雅FM，经过申请、筛选，成了喜马拉雅FM江苏地区的核心经销商。

②投放广告。有些企业和平台会与微信、今日头条等拥有海量公域流量的平台合作，在上面投放招募分销商的广告。部分企业（如母婴类企业）会选择与一些垂直领域的平台合作投放广告，以提升广告投放的精准度。除了线上，某些企业还会选择在线下招募分销商，如通过线下门店、核心商圈、企业之间推广招募活动。

③拓展社交渠道。有些企业则选择了当下最为火热、高效、低成本的社交渠道来招募分销商。该种招募玩法主要有以下几种。

其一，企业借助自身拥有的社交流量，创建微信群，邀请微信好友进群听招商会，并通过一定的话术和福利设法请这些好友帮忙邀人、在朋友圈宣传招募活动。

其二，有些企业会与部分在某个领域拥有一定影响力的KOC、KOL合作，借助他们的资源和影响力来宣传招募活动，迅速裂变分销商。这些KOC、KOL拥有一定规模的粉丝，借助其影响力将粉丝发展为分销商的效果更好、效率更高。前提是，要与这些关键人物事无巨细地谈好合作方式。

（2）团长招募

1）招募对象要求。

社区团长在运营时需要付出足够多的时间和精力，要求具备的条件是有时间、认可购物中心品牌，并且渴望通过社区团购提升个人收入。可以优先从购物中心员工内部招募，内部员工很多都是本地区的人，熟悉购物中心，同时也熟悉所在的小区，他周边的人也会更加信任他，方便市场推广和后续培养。招募完内部团长之后，再面向其他小区进行招募，优先选择宝妈或有过微商从业经历的人。

2）招募渠道和方式。

内测期，团长招募可释放少量名额，优先内部申请，能够让内部员工更加珍惜和看重社区团长的价值。一般可选择10个位置相对集中、且有代表性的小区作为试点，试点时间为期1个月左右，期间根据团长和客户的反馈不断调整和优化服务体系。打造出完整的团长培养体系、团购执行标准化流程之后，再进行规模化放大。

公开招募期，可通过购物中心宣传物料、音频、视频等形式进行宣传，同时可以通过与小区物业进行合作，投放小区广告宣传资料。线上可以推送公众号软文进行招募宣传。

3）招募团长的优势。

社区团购是未来新零售的发展趋势，加入团长可兼职赚比工资还多的钱。

品牌背书，本地知名购物中心的社区团购，增加用户信任感。

品牌流量支持，购物中心每天自然人流量在5000人以上，都是各个团长的流量池。

完善的培训体系，对加入的团长进行一对一的培训。

完善的综合服务体系，用户团购的每一件产品，购物中心都会负责跟进售后服务，如果用户不满意，3天内无条件退货、退款。

4）团长培养。

①公司各个内部群的管理规定。

小区团购群：由公司建群后邀请团长加入，团长再邀请小区内邻居加入。社群群规：本群是团长用来销售商品、和邻居互动交流的群，群内禁止发布广告，禁止互相加人，禁止发布消极负能量的内容；平时群内消息较多，邻居们可将群设置为消息免打扰，每天抽空看看群里产品，挑选有需要的产品。群名称：××小区团购群。团长名称：某某小区团长。

团长群：是团长相互间交流信息的平台，大家对使用产品和心得可以互相交流沟通，禁止发布与公司无关的产品信息、砍价链接，售后问题联系客服单独解决，不允许在团长群发布负面消极的信息，影响整体氛围。团长名称：团长小区团长。

②团长拉人入群操作。

加本小区内邻居入群，以年轻女性、宝妈为主。

加满100人的群就可以开团，人数越多，收入越高。

找到本小区亲戚、朋友，请他们帮忙加熟人入群。

业主群加人，生成自己的二维码，发到业主群，说明群功能，发红包，让业主扫码加入；基础用户很重要，尽可能精准到小区邻居。

在群内请群友帮忙加小区邻居入群，每加1人可以给予小红包（1元抵扣券）奖励。

小区楼宇内每户扫楼，发送传单，扫码加人。

在小区道路广场大门口发送传单，邀请邻居扫码进群。

需要注意的是，每个进群的人，团长都要将其加为好友，备注好用户信息，方便沟通互动，建立信任。具体上门邀请小区邻居入群的话术参考如下：

（敲门3下）您好！我是小区××栋××的业主，我们现在在和××购物中心做团购活动，每周都会定期上架几款水果、蔬菜、衣服等秒杀商品，还有各种吃喝玩乐的优惠券，价格也很便宜。您可以进群团购，现在已经有很多业主加进来了。我们现在是每周开6次团，你可以进群选购，看看有没有你喜欢的产品。

③线上社区的日常维护。

一个群的活跃度和销量是成正比的，所以做好群的日常维护是非常重要的。群规定在建群初期和有新人加入的时候要及时发布，群内禁止发广告，禁止群员之间互加，发现群内有人大量加人的时候及时通知群主踢人，防止群成员因反感而退群，造成群成员流失。要培养群成员购物习惯，教会大家自己下单。人都有从众心理，看到其他人都买自己就会跟着下单。可以找家人或者朋友来暖场，活跃气氛，为其他有效顾客的下单做好引导。营造热销氛围也很重要，平时多互动、多晒单、多分享。

④产品上架发布及营销。

在产品上架前请所有团长仔细了解产品信息，对产品属性做到大致了解，在顾客提出疑问的时候及时做出解答，以显示团长的专业性。发布产品信息之后，发1个小红包，并在红包上写“关注某某产品，抢红包”。抢红包已成为人们的一种习惯，大家不在意多少钱，一个产品发出去至少会有30个人关注到。掌握互动时间节奏，一般9:00~10:30，12:00~14:00，20:00~22:30都是群内互动产生单量的高峰期，这3个时间段团长应做好互动和群内气氛的调节。

⑤售后。

退换货夏季24小时，其他季节48小时。要向客户宣导到位，告知其拿到物品后第一时间检查，包赔包换，公司有完善的售后体系，让顾客放心购买。（售后问题联系客服单独解决，请客户不要在团长群发布负面消极的信息，以免影响整体氛围。）

⑥售后处理技巧和方法。

客户在收到产品之后，团长要及时跟进，收集客户的反馈意见，好的反馈要截图发送到小区团购群中，让其他未购买的客户看见，增加对产品的信任度；如果有客户反馈产品质量问题，尤其是拍照反馈问题时，团长在收到客户质量反馈后，要先了解详细情况并给予解答，如确有产品质量问题，应第一时间和客服联系。

⑦大群建群要求。

小区团购群建群要求：公司管理员建群，加入市场经理和团长，修改群名称和团长群备注。

群名称：××社区××购物中心小区团购群

团长群昵称：××小区团长

群功能：销售产品、沟通答疑、晒单分享团长群

群名称：××社区团长群1群

团长群昵称：某某小区××期团长

群功能：公告通知、沟通答疑、晒单分享文案群

群名称：文案群（××社区）

团长群昵称：××小区团长

群功能：发布商品销售文案，优秀团长培训分享群要求：此群禁止发言，违者发红包

5）如何成为优秀团长。

①一个基础条件。

心态：团长与公司合作共赢，积极推动公司产品销售，遇到问题一起面对解决。

基础：操作技能+售后服务。熟练基础操作，配合公司配送，贴心理性的售后服务。

②两个攻略。

上人攻略：

产品上人：9.9元和19.8元产品、梯度价策略、爆品推动。

推荐上人：老客户邀请5位新人，邀请1位得1元红包。

业主群上人：团长找业主群群主或者意见领袖进行推广。

分货上人：每天在人流集中时间点，进行统一分货上人。

地推上人：公司提供支持、团长积极在小区进行地推。

扫楼上人：按栋拜访邻居，交流推广加人，可带样品。

销售攻略：

预热到位：社群与朋友圈同步预热产品，增加关注度。

热销氛围：将四种常见热销氛围做足。

客情培养：培养客户关系、做好售后服务。

优秀团长分享：定期学习优秀团长的销售经验。

③三个关键。

高效团＝团质量×热销氛围×有效人数团质量

团质量指标有以下两种。

基础客户结构：亲戚好友“神助攻”、基础客户“抓质量”。

群销售规范性：五项群规不断教育、打造绿色购物环境、群销售规范到位。

热销氛围则指以下两种。

购买互动：调动下单互动，形成交易氛围。

销量证明：接龙数量、购买记录、大单诱惑。

好评如潮：好评图片、好评视频，多多益善。

库存与截单提醒：库存提醒、截单提醒、售罄公告。

有效人数团质量指以下两个方面。

上人策略：常见的6种上人策略组合实施。

消费引导：平台服务与产品理念引导，建立信任。

优秀团长分析：定期学习优秀团长的经验。

④四条线。

群规线：主要是“五项群规”，即群介绍、购物流程、售后承诺与流程、群纪律、摆事实。

氛围线：欢迎仪式、红包活跃、有奖竞猜、点赞有礼等活动形式，接龙数量、购买记录、大单诱惑等销量证明，以及调动购买互动等，形成交易氛围。

产品线：积极全面转载公司的文案信息，清晰产品的卖点和促销点，以文字、图片、视频、用户晒单等内容进行信息流介绍，抓住重点，推动购买。

晒单线："口碑传播是最好的营销"，充分调动用户的晒单习惯，以及经常将各类相关优质晒单内容分享到群里与客户互动。

⑤供应链。

根据团购的种类和规模，在早期可以根据各个小区的团购情况，由购物中心配货车统一配送至各个小区团长分发点。购物中心在每次团购前需要预估团购数量，提前备货。需要解决的只有两段供应链，一是产品从工厂或者品牌方到购物中心的供应链；二是从购物中心到小区团长的供应链。对群的销量预期需要进行准备的评估，才能够使供应链能够有时间反应。

销货：一个活跃的300人小区团购群单次团购金额一般在1000~5000元，按照一般覆盖100个小区的200个团购微信群的规模计算，单次团购销量可达到20万元，销售的金额与团购活动中的选品策略有关。

宣传：当构建起覆盖100个小区的200个团购微信群时，将直接影响区域内10万人，间接影响可达到百万人。不仅可以销售购物中心内合作的产品，还可以推广本地区的特色产品，比如本地当季的蔬菜、水果、特色小吃等。

导流：通过将流量中心转移到小区内，引流大量小区用户后，会有更多的用户得知购物中心的最新优惠活动、品牌信息，也就能够更加有效地向购物中心导流。

3.3.5 分销商管理

在微信刚兴起的那些年，很多商家直接通过微信管理分销商，借助微信红利期他们赚得盆满钵满。然而，这样的管理方式效率低下，容易出问题，无法长久。

（1）分销管理体系

现在的企业会研发出一套管理和结算的体系来保证分销模式的实施。如喜马拉雅FM专门研发了新的APP，借助一套系统来绑定、管理分销商和结算佣金。

分销商管理系统的一大核心用处是绑定分销商与分销商、分销商与用户之间的关系。绑定关系是社交裂变的基础，这是看似简单但容易被忽视的环节。笔者曾经参与过某传统饮品巨头的社交新零售项目。按道理说，传统大品牌有资源、有资金、有人才，做分销应该很有优势。然而事实并非如此。某天早上，该品牌的很多分销商发现，原本绑定在自己下面的分销商和用户竟然不见了。一时之间人心惶惶。究其原因，原来是系统出了问题，某些分销商链条上的合作伙伴和用户莫名其妙到了其他分销商名下。而据说当初该分销系统是花了几百万元请专业人士专门研发的，如此大品牌，竟然花了高价买了这么个“教训”，让人哭笑不得。

因此，企业在管理分销商时，要请靠谱、专业的人负责关键岗位，不忽视每个细节。

（2）业绩统计

在业绩统计板块可以看到平台分销商的业绩信息，主要包括分销订单金额、分销订单数量、累计佣金、打款佣金等；下级分销商数量、下级分销商累计佣金、具体分销商的推广订单等。结算方式如表3.1所示，结算时间如表3.2所示。

表3.1　佣金结算方式

结算方式	规则	好处
人工结算	由商家与分销商自行结算佣金，系统不参与	方式灵活，商家可以采用实物、权益、现金等多种方式来给分销商奖励
自动结算	系统根据事先设置的佣金比例，自动为分销商结算佣金	方便，快捷，无须算账
分级设置	系统将分销商分级，不同级别的分销商享受不同的佣金比例	能者多劳，可以充分激励分销商的积极性

表3.2　佣金结算时间

结算时间	规则	注意事项
交易完成结算	发货后7天完成交易，并结算佣金给分销商 如果期间发生退款，会自动扣除	若交易完成后出现退款的情况，已经支付的佣金不退回，商家需要承担一定的退款风险
售后维权处理期结束后结算	交易完成后再等15天，此时售后维权处理期已过，确保不会出现退款的情况，然后再将佣金结算给分销商	分销商结算周期延长了，但降低了商家的风险

3.3.6 社交电商的分销模式

分销模式是目前社交电商中主流的商业形态，由平台提供商品供应、仓储、发货、售后等服务，通过用户线上线下分享销售商品，用户还可以发展自己的分销商，并借此组建自己的分销渠道，赚取佣金。这种模式也称为S2b2C。在很多文章中，S2b2C也被写为“S2B2C”。但严格意义上来讲，后者的“B”指的是规模较大的商场、超市。传统电商平台的小商家、线下小卖部以及这里的分销商，用“b”表示更合适。

需要指出的是，分销商在不同的社交电商企业中也分别被称为代理、店主、团长、合伙人、合作伙伴，但它与传统的渠道商并无本质差异。

多级分销目前又分为一级分销、二级及以上分销两类。

一级分销这类社交电商主要有京东微选、网易推手、唯品会云品仓、有好东西、爱库存等，其仅有一级返利，很像线下渠道商的线上版。

二级及以上分销。微商、贝店、爱库存、楚楚推、花生日记以及转型前的云集等是这类分销模式的主要代表。根据级别的不同，这类社交电商分销商可以获得二级、三级的返利。

传统微商比较特别，其代理返利层级通常在二级以上，算是多级分销社交电商模式的先行者和元老，其鼻祖级品牌是俏十岁。与上述这些社交电商平台最大的不同是，传统微商以单品或几款产品为主，借助多级分销模式吸引了大量想借助移动互联网创业的中小微创业者。

前期微商创业者以宝妈、自由职业者、大学生等人群为主，随着微商的升级和迭代，微商开始转型，呈现出两种趋势：微商品牌化和传统品牌微商化。前者是大量微商企业开始重视品牌化并实施品牌战略；后者是蒙牛、娃哈哈、王老吉、格力、洋河、广药、云南白药等传统大品牌开始进军微商。这些品牌凭借其原有的影响力吸引了大量各行各业的精英人群的加盟。常见的分销型社交电商模式如表3.3所示。

表3.3 常见分销型社交电商模式

平台	定位	分销层级	门槛	邀请制
云集	由分销类社交电商转为会员电商	由多级转为会员制	已取消门槛	已取消邀请制

续表

平台	定位	分销层级	门槛	邀请制
贝店	分销类社交电商平台	由多级转为一级	已取消门槛	是
京东享橙	分销类社交电商平台	由多级转为一级	已取消门槛	是
环球捕手	分销类社交电商平台	三级	购买399元礼包即成为店主	是
楚楚推	分销类社交电商平台	三级	购买399元礼包即成为店主	是
花生日记	分销类社交电商平台	三级	缴纳99元即成为分销商	是
每日拼拼	分销类社交电商平台	三级	无	是

综合来看，社交电商分销模式的吸引力主要体现在以下三个方面：

一是利益：优惠和佣金。

二是社交：参与感、互动感和温度感。

三是方便：建立在信任关系上的推荐，减少或者降低了选择的难度。

第四章

如何运营
私域流量

4.1 私域流量运营与传统CRM区别

4.1.1 传统CRM的局限性

客户关系管理（Customer Relationship Management，CRM）是企业为提高管理效率，来管理客户的软件工具。为什么传统的CRM如今很难成功呢?

CRM并不是一个新鲜事物，最早诞生在美国，截至目前已经有将近20年的历史。CRM的鼻祖是新西兰的Coloefooo caleeforo，它是全球最大的CRM企业，其所服务过的企业超过几十万家，市值预估近1万亿人民币。反观国内，近5年来，随着国内企业（特别是中大型企业）对于销售管理和客户关系管理需求的激增，CRM也在蓬勃发展。但我们发现，国内大部分CRM的产品逻辑和业务逻辑基本都是参考国外CRM的模式来设计的，在落地方面，并不能完全适应中国的国情。主要体现在几个方面：

（1）传统CRM是管理客户关系，而不是运营客户关系

比如，企业要求销售人员录入客户信息，督促销售人员反复不断地跟进客户，只是希望确认客户的签单意向。但客户真正需要的，并不是来自销售人员的反复骚扰，而是持续接收对他们有价值的信息。

（2）传统CRM是管理和监督销售人员，而不是赋能和激励销售人员

大多数企业在使用传统CRM的时候，通常会关注以下典型问题：销售人员是否按时上班、是否按规定打卡、是否按照规定拜访客户、是否按规定给客户打电话、是否按规定跟进客户、是否将跟进情况及时录入等。企业花了很多精力、财力和人力，通过CRM制定了极其严密的销售流程，用来管控和监督销售进度，但收效并不大。

（3）传统CRM里的客户都是“沉睡”的客户，而不是“活”的客户

传统CRM里的客户信息都是销售人员手动录入的，录入的核心资料中有客户的姓名和手机号码，以及购买偏好等。为什么会有“沉睡”的客户呢？因为销售人员通常只会选择最新的客户去联系，所以大量存量客户几乎都“沉睡”在企业CRM的通讯录里。通过传统CRM触达客户的手段通常是电话或短信，但如今的客户已经对电话营销和短信营销产生了强烈的抵触心理。因此，传统CRM的客户触达率非常低。

4.1.2 私域流量运营与传统CRM的关系

如果说公域是坚持不懈地从大鱼塘捞鱼，掌握“多鱼”区域。那么私域就是从大鱼塘捞出鱼之后自己养着、不断繁殖，通过社交方式建立连接的用户资源。要了解私域和CRM的区别，首先要了解私域与CRM的关系是什么。

目前，如大家的认知那样，私域=SCRM（SocialCRM，社会化客户关系管理），是中国移动社交化发展的必然趋势，是CRM的进阶和发展。

传统的CRM一般是以加强销售管理，提升销售效率，帮助企业保留住顾客来维持企业利益的最大化，以提高顾客满意度为终极目标，通过记录客户的信息来提高对目标群体的行销效率，是一种单向的行为。

随着移动化、社交化的互联网大趋势越来越明显，在中国，城市消费者的社交媒体使用几乎贯穿整个客户购买生命周期的始终，与以往相比，消费者的决策路径已经被大大地缩短。

因此，打通社交媒体、电商等各个品牌触点，构建真正以用户为中心的品牌体验已经变得空前重要，社交元素已经成为CRM（客户关系管理）的基本组成部分。在此背景下，凭借着能将社交数据和内部客户数据打通的优势，社会化客户关系管理系统（SCRM）受到了很多品牌主的关注。

SCRM的目的就是满足顾客的真实需求，通过网络社交媒体来实现企业与客户之间双向的关系管理，以一种更加积极主动的方式去寻找企业与顾客之间的新价值所在为核心，最终将这些对顾客有价值的服务转化为企业的策略。

4.1.3 私域流量运营与传统CRM的区别

两者之间的区别如下：

CRM注重流程优化和提升内部效率，SCRM注重打通社交网络实现外部连接开发客户。CRM偏重于数据记录与分析，SCRM在数据记录与分析的基础上，更注重插入社交网络去做营销、找商机。

SCRM是以管理对象的社交价值为核心的CRM管理，更加以消费者为中心，并且以如何充分发挥每个消费者的社交价值为业务流程创新的重点，更注重了解客户需求，获取潜在客户。

在社交渠道到达和互动的管理能力上，传统CRM触达是单向，而SCRM更注重双向互动沟通。

传统CRM注重管理客户关系，SCRM更侧重与运营客户关系，传统CRM注重匹配目标消费者需求并进行精准内容触达，SCRM从触达到激发上进行了转变，更注重于营销方式的转变，刺激消费者需求。

与客户互动的思维提升。SCRM可以有效地聆听客户，与客户互动。企业从“管理客户”的思维转变到“客户对话”上进行转变。

管理和监督销售和赋能激励销售的区别。SCRM从会员招募、商品推介、优惠券分享、业绩分润、分销机制到客户自动化关怀等营销工具上，为企业员工赋能，与顾客之间建立强绑定关系。

触达能力大幅提升。在传统CRM原有的渠道触达方式基础上，基于微信端做延展，用消费者更喜欢的社交触达方式与消费者产生连接，精准触达社交顾客，大量服务场景的创造、直播、内容营销、群内活动，都决定了私域在前端运营复杂度上远高于CRM，私域一定至少是更高效触达用户的CRM渠道。

SCRM在传统CRM的基础上，有着将社交数据和内部客户数据打通的优势，顾客画像也更精准。通过社交数据的累积来丰富用户画像，促进与消费者的沟通和互动，这也是目前大部分公司使用SCRM时的刚需。

其实两者都是为企业管理客户，提高企业效率服务。而SCRM只是随着社交电商的发展形成的一种更有趣、更高效的新型营销关系，是客户关系管理的社交转变。

4.2 如何挖掘私域流量痛点

4.2.1 客户关系运营的本质是不断帮助销售向客户传递价值

如何定义一款有价值的CRM呢？有个很形象的比喻，“如果吃饭是人最大的刚需，那么企业最大的刚需就是销售”。所以，能够帮助企业解决销售难题的CRM才是真正有价值的CRM。销售的本质其实就是不断向客户提供价值，销售的过程就是不断向客户传递价值的过程。

真正有价值的客户关系管理的流程应该是怎样的呢？如图4.1所示。

图4.1　有价值的客户关系管理流程

（1）帮助销售人员更高效地建立客户关系

见面是建立客户关系的基础，所以销售人员一定要有提升见面效率的工具，比如加推的智能小程序名片。在每个销售的小程序名片里，都会把公司的官网、产品、动态等一并整合进去。当销售人员每次递出名片的时候，可以在很短的时间内让客户建立起完整的第一印象，知道你是谁，你的产品是什么，对他有什么价值。只有让客户对销售人员建立了信任，客户才愿意把自己联系方式留给销售人员。

（2）帮助销售人员更持久地维护客户关系

那么问题来了，客户都离开了，通过什么来维护关系呢？以往维护关系的方式基本都是通过电话或短信，久而久之，陌生电话和短信的骚扰让客户不胜其烦，不仅没有换来良好的客户关系，反而引起了客户的防范和抵触。

维护客户关系的基石是持续传递价值，既然客户都在微信上，那么在微信上传递价值的最好形式就是内容。企业可以为销售人员研发第二款工具：智能公文包。通过智能公文包，市场部就可以统一把公司的品宣素材存进去，比如文章、海报、宣传册、视频、文件、案例库、话术库、朋友圈图文等。销售人员可以很方便地在手机端通过智能公文包取出所需要的推广素材，在微信上进行推广。

解决了内容的问题，这里又会遇到了新的挑战，以前销售人员给客户发资料，很多时候都石沉大海，并不知道客户是否会阅读和感兴趣。为了解决这个问题，企业可以为销售人员研发一个AI雷达。通过AI雷达，销售人员可以知道客户是否阅读了他们发的内容，对什么内容感兴趣。这样就能更好地知道哪些客户是真正的意向客户，他们的需求点在哪里。这样，销售人员就能更有针对性地进行客户关系的维护了。

（3）帮助销售人员更方便地促进客户关系

在线下，为了促进成交，销售人员通常会通过各种打折促销的活动来跟进客户。有没有更加高效的手段呢？既然客户都在微信里，企业可以为销售人员研发一系列基于微信的营销插件，比如优惠券、拼团活动、满减活动、多种格式的活动表单以及各种营销小游戏，帮助销售人员更方便地在微信里发起多种多样的促销活动。

（4）帮助销售人员更高效地达成客户关系

达成客户关系的核心指标就是成交。为了帮助销售人员在微信上更高效地与客户达成交易，企业可以针对不同行业的成交特点，为销售人员打造一套商城系统，这个商城与销售人员使用的所有素材都无缝整合在一起。比如说，在发送一篇文章的时候，可以把相关的商品直接植入到文章里；在发送一个视频的时候，可以把相关的产品或表单也无缝植入到视频中。通过这种软性植入的方式，客户在通过内容充分了解产品价值的时候，就可以很方便地下单购买。

所以，与传统CRM相比，一款真正有价值的CRM应该具有以下特点：

与客户的关系：是运营客户，而不是管理客户。

与销售人员的关系：是赋能和激励销售人员，而不是管控和监督销售人员。

客户的属性：是“活的”客户，而不是“沉睡的”客户。

4.2.2 符合国情的CRM特征

销售成功的基石在于客户信任，而客户信任的基础在于价值认可。销售过程的本质就是不断说服客户接受价值的过程，因此销售的达成最终取决于客户的信任。客户信任的达成，可以是方方面面的，但万变不离其宗，都是基于对于价值的认可。可以是对产品价值的认可、对公司的认可、对品牌的认可、对服务的认可、对背后投资人的认可、对销售人员的认可、对管理团队的认可、对案例效果的认可、对口碑的认可等。传统CRM与新型CRM对比如图4.2所示。

传统CRM vs 新型CRM

传统CRM	新型CRM
管理客户	运营客户
沉睡的客户	活的客户
管理和监督销售人员	赋能和激励销售人员
“静止的”私域流量池	“活的”私域流量池

图4.2 传统CRM vs 新型CRM对比

（1）赋能和激励销售人员，通过持续传递价值来运营客户

既然销售成功的基石是客户信任，那么真正有价值的CRM，就应该帮助销售人员解决向客户持续有效传递价值的核心问题，而不是不间断地骚扰客户。

销售人员与客户见面时，企业应该考虑如何帮助销售人员更好、更全面地展现自己和自己的产品，让销售人员通过电子化、智能化的手段把产品、公司和自己进行更好地包装和展现，给客户留下良好的第一印象。销售人员与客户见面后，哪怕留下了再好的第一印象，也要持续跟进，因为销售周期往往很长。

如果企业可以提供更多有价值的内容帮助销售人员更好地跟进，比如有价值的文章内容、视频内容以及相关的客户案例等，就能更好地赋能销售人员。销售人员可以通过持续向客户传递价值，更自然、更高效地建立起客户关系，再转化为客户信赖。

因此，长期运营客户不是为了“收割”客户，而是为了与客户建立长期的信任关系，最终客户会把你当成专家和好友，会把他的一些需求交给你来打理。这就是客户关系管理的精髓所在。

要实现以上的效果，不能通过监督和管控的手段来完成，而是要基于赋能和激励去实现。现在大部分的年轻员工都是“90后”，都非常有想法，传统的自上而下的管理模式已经逐步失效，从内心深处激发他们的原动力，才是管理的“王道”，赋能和激励更有效。

授人以鱼不如授人以渔，企业通过赋能的方式教会每个员工本领，获得收益，并通过微信组织团队PK，这样更容易激发员工的主动性和能动性。充分调动员工的主观能动性以后，员工自然会发自内心为客户提供更好的服务。

（2）基于微信进行触达和转化，构建企业的私域流量池

由于客户都在微信上，所以触达和转化客户的阵地自然也要发生转变，以往的电话和短信将不再是主要的阵地。这意味着销售这件事，绝大部分会基于微信完成。

比如说，见面时通过微信递出一张小程序名片和智能宣传手册；跟进的时候，通过朋友圈发布与企业相关的文章、案例、产品和视频等。由于客户使用微信的频率很高，因此客户很容易在不被打扰的情况下，主动阅读销售人员发的各种有价值的内容，这些内容可以通过CRM关联相关的产品。如果客户感兴趣，就可以直接通过微信咨询销售，还可以直接下单。

4.2.3 重视私域流量运营

很多的企业或者品牌建立私域流量池时，就是简单地以为把自己的客户全部导入到一个微信群里，然后就以放养的姿态去运营，这是很多企业挖掘私域流量时常犯的错误。偶尔发发咨询、干货或者案例分享，在社群促活、维护和活动策划上一点不上心，结果基本是分享任何内容时，群内基本无反应，相当于一个“死群”。

社群不活跃，就无法增加用户对你的私域流量池的黏性，没有黏性就无法打动用户去转化你的付费产品或服务，没有销售额，你的私域流量池基本属于无价值。

所以，做私域流量池的运营，一定要做好促活和提高服务质量。要以多样化的形式来激活你的私域流量池中的用户，然后通过精细化的服务来俘获用户的心，获取用户的信任感，增加它对你的私域流量池的归属感，复购转化就会简单很多。

4.3 如何提升私域用户留存数量

管理大师彼得·德鲁克曾说，“商业的目的在于创造和留住顾客。这说明了用户留存的重要性”。道理很简单，企业吸引了再多的用户，但没有把用户留下来，这意味着企业之前付出的很多心血、成本都白白浪费了，并没有为企业创造太大的价值。此外，没有足够的留存用户，企业搭建的私域流量池就缺乏足够的根基，并不足以成为企业的竞争壁垒。留住足够多的用户，企业才能打造出属于自己的私域流量池。

4.3.1 用户留存的定义

关于用户留存，需要明确：怎样才算是用户留存？用户留存的关键阶段有哪些？如何发现用户的天然使用周期？评估留存效果的指标有哪些？

（1）怎样算用户留下来

所谓用户留存，简言之，就是用户留下来了。即一段时间之后用户还会继续使用企业的产品和服务。这种评估用户留存的方式是基于用户的登录行为。对于很多产品，如游戏、互联网产品，这样的指标足以用来评估用户的留存效果。

如星巴克的微信小程序，用户用完之后，下次还会继续登录并产生消费，则表示用户已经留下来了。用户注册完健身应用Keep后，后期一直在用它健身，这表示用户已经成为Keep的“真正用户”。

对于个人微信号而言，定期检测发现好友没有拉黑或删除你，算是评价其留下来的一种简单方式，但其实这种评估方式比较初级，即使这些留下来的人依然是你的好友，不代表他们就有很高的价值。

那怎样评估他们的价值？或者如何才算是有价值的留存？可以通过两种方式评估，第一种是他与你之间有互动，比如贺留言，或者发私信向你咨询产品或服务；第二种，用微信个人号发布一些信息（文字、图片、视频等）到朋友圈，第三方软件每天会告诉企业哪些人查看了这些信息。这些看企业朋友圈信息的人一直在关注企业，他们的价值显然要高于那些沉睡的死粉。

（2）用户留存的三个关键阶段

针对不同的阶段，可以采用不同的用户留存策略。用户增长专家布莱恩·鲍尔弗强建议，用户留存可以分为三个阶段：初期、中期、长期。

①留存初期。

留存初期决定了用户后期是会继续购买或使用企业的产品或服务，还是变成僵尸粉，因此该阶段对于用户留存至关重要。目前，很多企业和运营团队将用户留存率作为评估用户黏性的指标。

当然，目前用户留存初期并没有一个统一的时间标准。对于APP而言留存初期可能是一天，对于社交平台而言留存初期可能是一到两周，对于电商平台而言留存初期通常是三个月，对于实体产品而言其留存初期通常是一到三个月。企业可以根据自身的产品特点和用户的行为习惯来确定留存初期的时间。

数据显示，用户在留存初期从产品或服务中获得的价值感越强，其长期留存或使用产品和服务的可能性就越大。此外，企业可以根据留存初期用户的体验和反馈来改进产品和服务，且机会成本很低。而到了留存中期之后，改进产品和服务的机会成本就很高了。

当然，企业还可以先让一部分老用户（铁粉）试用新品，根据他们的反馈来改进新品，这样付出的机会成本更低。比如小米公司，在推出新品之前，会让米粉先体验产品，请他们提出建议，据此对产品进行优化和改进，取得了良好的效果。

用户留存初期更像是用户激活的延伸，因为该阶段主要是想办法提升用户的活跃度，保证他们继续使用产品或服务。如果这个阶段用户没有从产品或服务上获得足够的价值感，很可能会选择离开。因此，企业可以增加用户留存初期的投入，确保用户认识到产品或服务对他的价值。

②留存中期。

由留存初期进入到留存中期，需要将重心放在培养用户使用产品或服务的习惯上，让他们从中获得满足感。

比如，抖音用户体验过抖音之后，每天吃完饭或睡觉前会习惯性地刷一会儿抖音。小红书的用户会在午休时看主播的节目或推荐的产品。得到、樊登读书会的用户则在上下班途中、睡前听会儿栏目或讲书，利用碎片化时间汲取知识。

企业想培养留存中期用户的产品使用习惯，就需要了解一定的互联网用户心理学，并将它们用于用户的运营上。

③长期留存。

要想让用户长期使用产品或服务，企业和运营团队需要持续为用户带来更大的价值。

互联网企业可以改进或升级现有产品的功能，也可以推出更多新的功能。如微信团队除了不断优化现有的微信功能，还会定期推出新功能，一是避免新功能红利期消退后用户出现审美疲劳，二是为了满足用户的新需求。

实体企业则可以推出一些新产品或新服务，让用户获得更大的价值。如蒙牛社交新零售项目，刚开始只有代餐奶昔慢燃这一款产品，但后期又陆续推出了凝纯水解胶原蛋白肽、益SHOW等新品，满足用户的不同需求，同时拓展新的用户群体。

（3）发现用户的天然使用周期

牙刷是天天用，因为要刷牙。但所有产品都需要天天使用吗？未必。不同的产品，其天然使用周期是不一样的。

通常情况下，实体产品中快消品属于高频产品，基本是每天都用，如牙刷、牙膏、卫生纸等，其天然使用周期以天为单位。但像洗发水等产品，则是2～3天使用一次，其天然使用周期以周为单位。互联网产品中，某些产品一周使用几次，如得到、樊登读书会、喜马拉雅、游戏产品等，其天然使用周期以周为单位；有些产品则基本是每天都用，这类产品以社交类产品为主，如微信等，其天然使用周期则以天为单位。

除了参考行业数据，企业还可以分析自己的用户数据，从中确定用户的天然使用周期。企业可以观察一段较长的时间，如两个月，然后找出一组近期有过两次关键行为的用户，观察他们两次关键行为之间的间隔，其平均值就是用户的天然使用周期。以知识付费类产品为例，用户平均每两次使用该产品的间隔是5天，这就是该产品的用户天然使用周期。当你定义留存和画留存曲线时，以周为单位比较适宜。

（4）评估留存效果的指标：用户留存率

通常使用用户留存率来评估私域用户增长的效率和效果。常用的指标有次日留存率、3日留存率、7日留存率、15日留存率和30日留存率。

用户留存率=（新增用户在第N天仍然在使用产品的人数/第1天的新增用户数）×100%（N=2，3，4，5）

不同的用户留存率，其意义有所不同。这里主要分析次日留存率、3日留存率、7日留存率的价值，如表4.1所示。

表4.1　不同用户留存率的意义

留存率	意义
次日留存率	分析该指标，观察新产品或新功能推出后对新用户的吸引力、用户的黏性 可以通过新用户引导、新用户转化等策略来减少用户流失，提升用户留存率
3日留存率	该指标可以用于观察和评估获客渠道的质量，便于筛选获客渠道和优化获客渠道
7日留存率	通过该指标，可以看出用户在完整体验周期之后的去留情况，评估用户的忠诚度

4.3.2　留存之后如何长相厮守

留住用户之后，如何提升用户的活跃度，增强用户黏性，让用户长期留下来，并贡献更大的价值，这是很多传统企业和互联网企业在运营私域流量过程中经常要面对的问题。

下面介绍几种方法，可以让企业与留存的用户长相厮守。

（1）提升参与度

用户参与度是衡量用户的个体参与程度和活跃程度的指标。比较理想的情况是用户留存率高、参与度深。

比如，小米用户留在了小米商城，他们还会定期给小米产品提出一些建议，参加新品发布会，并宣传小米新品。这样的用户是小米的铁粉，也是核心用户。

①用户参与度的“1、9、90”原则。

可以根据参与度的不同将留存用户分为三类：

普通用户：这些用户使用产品的频率比较正常，但并未按照最理想的方式和频率使用产品，参与度较高。

核心用户：这些用户使用产品的频率正常，使用方式正确，参与度高。

超级用户：这些用户使用产品的频率很高，经常使用和研究产品的功能，甚至会使用产品（以互联网产品为主）的进阶功能，是产品的资深用户。

网络社区里有一个“1、9、90”原则，按照这个原则，普通用户、核心用户、超级用户分别占比90%、9%、1%。以得到APP为例，该学习平台上，90%的用户平时处于潜水状态，只看帖不回帖；9%的用户会回帖，或者学习完之后写学习笔记；只有1%的用户，除了积极发帖，还会第一时间支持得到的最新活动，购买新的课程。

②用户的参与度阶梯。

为了提升私域用户的价值，在正常运营的过程中，企业在将新用户转化为普通用户的情况下，要根据“1、9、90”原则设法将已留存的用户向超级用户转化，以提升其参与度和价值，如图4.3所示。

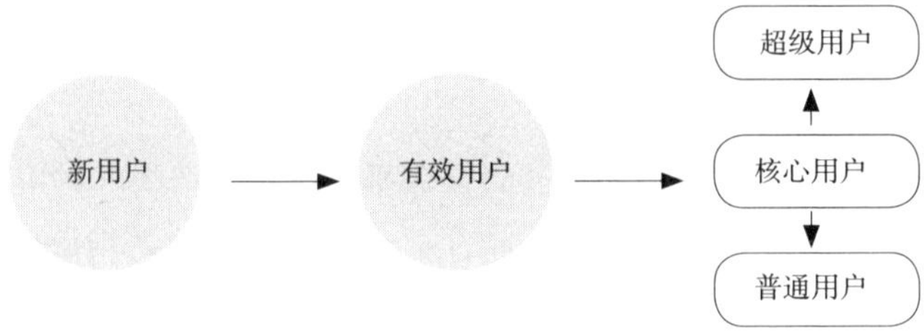

图4.3 用户的参与度阶梯

（2）持续引导用户

在将用户留下来后，要设法通过引导，让用户保持现有的等级，并愿意不断升级。具体而言，企业可以通过以下方法来持续引导用户。

①鼓励用户正确使用产品。

同一款产品，不同用户的认知和使用方法是有差异的。这时候需要企业设法引导用户朝企业希望的方向来使用产品。

这里以一家移动互联网公司研发的一个线上教育平台为例，该平台的主要目的除了学习，就是希望扮演合伙人角色的会员能将平台产品分享给更多创业公司或创业者，从而将平台尽快推广开来。但很多会员加入后只是想在上面学习，并不太愿意分享。公司的运营团队为了引导用户朝公司希望的方向行动，开展了线上线下的内部培训，反复向这些会员灌输平台的理念和发展方向，最终有效提升了他们的积极性，实现了会员的迅速裂变。

再如，娃哈哈曾经推出一款叫纤细佳人的代餐奶昔产品。很多用户饮用后，觉得减肥效果并未达到预期，因此很多人说纤细佳人没有效果或效果差。对此，纤细佳人运营团队开始向用户了解情况。调查后发现，原来是这些用户并未按照要求的疗程使用，而且本来在晚上饮用纤细佳人后要求少食或节食，但这些用户以为吃了代餐奶昔，可以不用控制饮食数量和种类，照样胡吃海喝。于是娃哈哈纤细佳人运营团队加强了对经销商客户服务方面的培训，让他们做好用户食用方法方面的服务和监督，提升用户使用产品的效果。

②增加同一用户使用不同产品功能的数量。

企业可以设法让用户多使用产品的功能，以提升产品对用户的价值及用户的参与度。

很多使用得到APP的用户，在使用得到APP时，基于写作需要，会经常使用得到的搜索功能（见图4.4）。因为得到将平台内容都打通了，用户输入关键词，就可以搜到相关内容，这些内容可能是在课程、听书中，也可能是在电子书中。而这些搜索功能是当当云阅读等平台所不具备的。对用户中经常写作、写书的人来说，这种功能就相当有用。每次当用户需要搜索相关写作素材时，除了用百度、搜狗、知网、万方，就是用得到APP（尤其是搜电子书的内容）。这无疑会增强用户的参与度和黏性。由此可见，得到APP是真正站在用户角度来思考产品功能设置的。

③让用户使用多个客户端。

对于互联网企业而言，鼓励用户使用多个客户端，可以提升用户黏性和参与度。

因为工作缘故，很多用户使用微信时，除了使用手机端微信，还会登录微信的电脑端。这样很多重要资料用户就可以直接保存在电脑上，避免手机内存不够或被微信清理掉。同时，借助电脑端，用户发信息也方便很多。

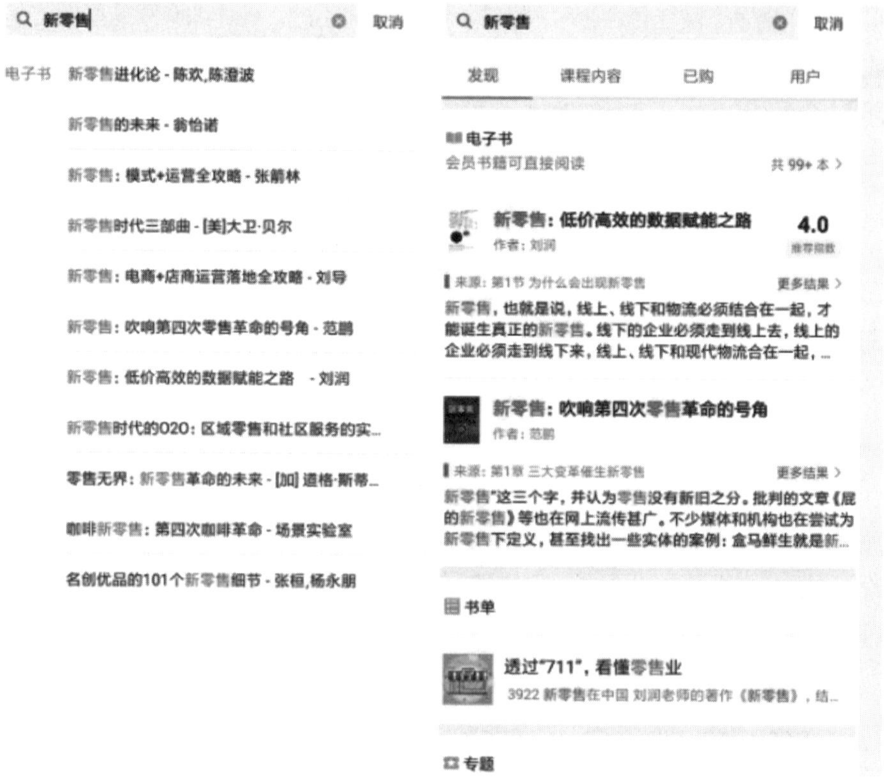

图4.4　得到平台的搜索功能

使用有道云笔记也是如此。平时想到什么，用户会打开有道云笔记的手机端，记录下这些灵感。如果用户在使用电脑办公，他会同时登录有道云笔记的电脑端，方便记录信息和调用资料。

在使用上述互联网产品时，用户经常会使用多个客户端，这就增强了用户的黏性及参与度。因此，企业在研发产品时，要想到用户使用产品的可能场景，并增加客户端，让用户能方便地使用这些产品，提升他们的参与度。当然，在移动互联网时代，基于智能手机的企业小程序、公众号或APP已经成为标配了。

④适时向用户介绍新产品、新功能。

当企业推出新品或新功能时，需要及时介绍给用户，这样可以增强用户的价值感，提升其参与度。

得到APP在推出新课程、新电子书、新功能时，会在APP轮播板块、罗辑思维公众号等最容易触达用户的平台及时通知用户，并详细介绍这些新产品或新功能的价值。这就让众多用户能感知得到APP的价值，提升了用户的黏性。同时，很多新产品或新功能，需要用户参与并反馈，这也能进一步提升用户的参与度。再如蒙牛社交新零售平台在运营期间，会定期推出新品，并邀请经销商和用户体验新品，从中搜集反馈，优化新品。

4.3.3 如何留住用户

留住用户，减少流失，可以提升营销效率，降低营销的成本。下面分享几种常见的留住用户的玩法。

（1）关注回复

这种留住用户的方式在微信公众号中用得比较多，当然小程序、APP也可以采用。当用户注册或关注平台之后，会收到自动回复，内容是告知用户该应用可以为他提供哪些价值，如何成为会员，可以获得哪些优惠，定期会举办哪些活动等。

“关注回复”这一玩法，一来能够让新加用户及时获得反馈，二来可以建立与用户的联结，三来可以提升用户的体验。

如果为了提升用户体验性，可以在用户关注时，回复信息中含有奖励或游戏玩法。这样做，让用户一开始就对企业充满了好感，可以延长用户留存的时间，提升用户使用产品或服务的概率。

（2）积分留存

微信商城、小程序、APP等平台为了留住用户、提升用户的活跃度，喜欢采用积分体系，即用户平时消费、完成指定的任务，可以获得积分。

积分体系的玩法很多，如签到送积分、完成任务送积分、推荐好友送积分、消费金额换算成积分。此外，还可以设置一些有趣的游戏，玩游戏花的时间、游戏的级别都可以兑换成相应的积分，这样就能让用户将上下班途中、午休、睡前这些碎片化的时间花在上面，提升用户对平台的黏性和活跃度。

积分能变现可以提升积分对用户的吸引力。当用户积累了一定的积分后，这些积分可以用来兑换奖品，或消费时可以折算成现金。这就完成了积累积分到购物消费的闭环。比如“学习强国”APP便设有成长积分体系，用户每天登录学习都可以获得积分，从这些积分可以推算出用户在上面学习的时长。此外，这些积分可以兑换强国商城的福利。

平台的积分如果能够实现更多的用处，无疑可以提升积分的吸引力和用户的黏性。

（3）签到留存

签到留存是现在很多企业和商家APP、微信小程序、微信商城采用得比较多的方法，该方法可以帮助企业提升用户留存率、增强用户活跃度。但在具体实施时，如果设置成每天都要签到，则效果有限。比如我经常使用当当云阅读看电子书，刚开始为了获得叮当币还会坚持签到打卡，但时间一久也就没有耐心和动力打卡了。

那怎么办？为了提升签到效果，可以采用7天、14天、21天三个签到等级，提升用户签到的参与度。当用户陆续签到7天、14天、21天之后，除了获得积分，还可以分别获得不同的奖励。一来这种活动坚持完成的难度不高，二来在奖励的驱动下，用户参与的意愿会很高。奖励的内容建议与产品相关，这样可以增加用户使用产品的机会，也可以是能折算成现金使用的虚拟币。

（4）内容留存

内容留存，就是用户关注微信公众号、小程序、APP后，界面或菜单中的内容能吸引用户，延长其停留的时间，甚至让他成为真正的用户。这些内容可以是文字、图片、视频，也可以是赏心悦目的页面布局。但它们有一个共同点，就是能为用户提供价值。

比如微信小程序星巴克用星说的页面很悦目（见图4.5），尤其是跃入眼帘的几米的漫画很吸引人。我看到后，会忍不住点击进去了解详情。我在上面停留的时间越久，留存率就越高。

某些大健康产品会提供一些健康养生类的知识，或者“肥胖测试”等内容，为用户解决现实生活中遇到的健康问题。如果用户觉得这些内容确实可信、有用，那么他在上面留存的时间和概率会增加。内容留存的关键是通过价值留住用户。

（5）社群留存

打造私域流量池，需要通过多种工具不断触达用户。其中，社交化的社群可以将信息传达给用户，让企业与用户产生互动，从而提升用户的留存率。要

图4.5　星巴克用星说小程序页面（资料来源：微信小程序“星巴克用星说”）

想提升用户的留存率，社群的运营和维护至关重要。作为社群的载体之一，微信群是目前社群运营和维护常用的载体和工具。

图4.6是社交化社群运营的常见步骤。

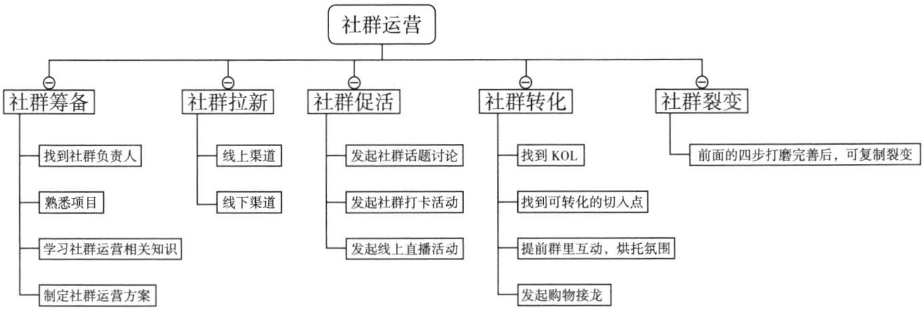

图4.6　社交化社群运营的五部曲

具体而言，运营和维护社群时需要做好以下几点。

其一，社群要明确定位。企业的社群具体是一个什么样的社群？能为群成员提供哪些价值？比如耐克的跑步社群，其定位就是为耐克用户和爱好运动的人士提供一个互相交流、促进运动的纽带。

其二，群名称要规范。无论是社群总名称，还是微信群名称，都要规范化。当然，微信群的名称可以适当灵活些，比如企业的社群，举办活动或发布课程时会将微信群名称改成与活动或课程相关的名称，这样有助于吸引学员的注意力并提高其重视程度。

其三，微信群要分群。对于一般的社群，根据目的的不同，可以将微信群分群。比如企业的社群分为学员群、上课群、交流搭讪群，以满足学员的不同需求。

再比如蒙牛社交新零售的经销商群（这些经销商除了是企业的私域流量，还是私域电商），根据级别分为经销商群、核心经销商群。前者是由核心经销商自己组建的，群中是其团队成员。后者由运营团队组建，只有那些高级别经销商才能入群。根据群的功能，经销商群又分为A群和B群。A群平时禁言，只用于传达重要信息。B群除了传达信息，经销商还可以在群里发言、互动（见图4.7）。

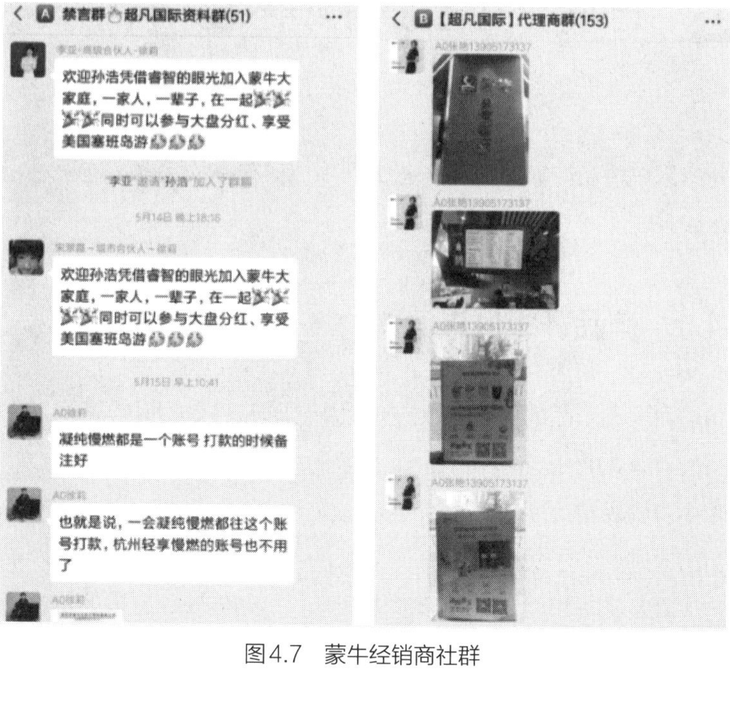

图4.7　蒙牛经销商社群

其四，社群要有社交互动。社群要想提升用户黏性，需要有社交互动，否则社群就冷却了。社交互动，可以是在微信群里定期发布一些社群举办的活动信息，社群参与的一些活动信息，也可以定期设置一些拼团、游戏。在一些重要节日，如中秋节、国庆节、品牌成立周年庆等，社群可以举办相关的活动或游戏，一来可以提升用户的参与度、黏性，二来还可以塑造仪式感。

比如蒙牛的经销商群每天都会发布和蒙牛相关的信息，或者是团队参加经销商晚宴、美博会等重要活动的照片等。此外，当有新的经销商加入或升级时，群成员会一起欢迎或祝贺对方，烘托群内气氛。通过这些不断吸引团队成员的注意力，增强其对品牌的信心，提升其黏性。

其五，社群要有规则。俗话说，没有规矩不成方圆。家庭也好，社群也好，都要制定一些明确的规则，让成员遵守。有了规则，才好管理社群。否则一旦出了问题，在相关规则缺失的情况下，企业对成员进行奖惩，是没有依据的，效果也不好。

4.4 如何提升私域用户活跃度

国外有用户增长专家总结了一些提升用户留存率的武器，这里对它们做了一些优化和补充。

4.4.1 产品升级促进消费

对企业而言，产品的优化和改进是重中之重，也是提升投资回报率最具性价比的措施。好的产品能增强企业的竞争力，提升其对用户的吸引力及价值，进而增强用户的黏性。

产品的改进，除了优化其原有的功能，还要不断改进用户使用产品时的体验。总之，就是让用户能从你的产品上获得更好的体验、更多的价值感，并培养用户的使用习惯。然而，很多企业只注重不断推出新品或增加产品的新功能，但原有的产品或功能只能打六七十分，这就会导致老用户的体验不好，黏性不高，渐渐流失掉了。因此，企业要不断优化产品，让它由60分、70分变成80分、90分甚至100分，企业的付出终将会获得巨大的回报。

以小米为例。雷军等创始团队刚开始创办小米时，为了打磨MIUI系统，专门建立了小米社区论坛，请网友试用系统，并在论坛上提出优化和改进建议。

当系统正式推出时，小米会让这些米粉进行新品体验，对产品进行改进，并不断完善产品功能，小米这套做法也用在了小米手机等产品上。就这样，小米通过不断改进产品，在用户中建立了良好的口碑，而用户的社交网络传播，为小米赢得了更多的用户和更大的影响力。

4.4.2 教学引导用户购买

用户是需要教育和引导的。因为熟悉产品、养成使用产品的习惯需要一个过程，这期间对用户进行循循善诱的教育可以帮助他们加深对产品的了解，让他们习惯使用产品，并获得良好的体验，进而提升用户的留存率。

有些用户在初次使用某款智能产品时，因为对产品不熟悉，一时不知道如何入门。仅由小部分用户会有点耐心，主动联系客服，但是能联系上客服的用户又是极少数。在此情况下，最后仅剩有耐心的用户会对这款产品彻底失去耐心，申请退货退款。

可见，企业如果想留住用户，就得让他获得好的体验，这需要增强对用户的教育和引导。为了做好这方面的工作，企业可以提升客服团队的服务能力，增强他们的服务意识。

此外，除了做好对用户的教育，企业还需要加强对私域电商的教育培训，这部分工作尤为重要。私域电商既是企业的用户，也是合作伙伴，而且往往还肩负着服务用户的担子。因此，他们的服务能力、服务意识便至关重要。这就需要企业加强对他们的培训，让他们重视服务，同时非常熟悉产品，养成使用产品的习惯。

4.4.3 服务提升用户购买体验

新零售的大背景是消费升级、新消费时代的到来。如今用户已经由“买产品”转变成了“买品质”“买服务”“买体验”。要想留住用户，就得满足他们的新需求。这就对企业服务用户的能力提出了更高的要求。

母婴童品牌孩子王是单客经济理念的遵循者和实践者。为了留住用户，孩子王深挖老用户的终身价值，已经由重视“开拓增量”转为注重“深挖存量”。孩子王打通线上板块、线下板块、社交板块，通过全渠道零售来服务现有的几千万用户。为了增强用户与品牌的黏性，提升品牌服务的溢价能力，孩子王还将员工打造为IP，将他们培养为育儿顾问，让他们以专家的身份服务孩子王的用户和会员。这不仅留住了用户，还增强了孩子王的服务溢价能力，大大提升了每个用户对企业的价值。孩子王用优质服务击穿了单客经济，成了单客经济的典范。

4.4.4 促销拉动消费动力

定期举办促销活动，是企业和商家吸引用户和留住用户的常用武器。

做事都得有缘由。举办促销活动时，也要有名头，这样更符合用户的消费心理。具体而言，可以结合某些节日、某些特殊时刻来举办促销活动。这也是为什么现在类似七夕、父亲节这样本来影响力甚微的节日也开始被商家重视和炒作起来，因为他们需要搞促销的名头。此外，中国还出现了“双十一”“双十二”“618”这样的节日，其背后都是利益在驱动。

4.4.5 研发新品或推出新功能

不断推出新品或新功能，一来可以让用户相信企业的研发能力和企业实力；二来用户会觉得你可以持续给他带来更多的产品和服务，他留在你这边可以获得稳定而持久的价值和回报；三来让用户形成对新品的关注和期待。出于这几点，用户便不会急于寻找同类替代品，成为企业忠诚用户的意愿会增强。

在微信公众号打开率不断下降的大环境下，部分用户现在在同领域只会关

注2~3个微信公众号。比如商业方面，有用户仅关注《新零售》一书的作者、润米资讯创始人刘润的公众号“刘润”以及“见微评论”，用户知道这些公众号每天都会更新，而且确实干货很多，能为其带来很多价值。

4.4.6 培养消费习惯

要想留住用户，需要培养用户的使用习惯，让用户对产品上瘾，巩固其对产品的忠诚度。当然，这里提到的忠诚，并非指用户使用产品的频率，而是指用户想使用某类产品或服务时，能第一时间想到企业的产品而非其他同类品牌。

培养用户的使用习惯，要让用户确信你的产品或服务确实能给其持续带来价值和好处。刚开始培养时，可能需要某些提示和触发机制，但一旦建立了使用习惯，用户便不再需要提示和触发，而能自动自发地使用产品，离不开企业的产品。

4.4.7 激发用户消费频率和黏性

有部分用户过段时间使用产品的频率会降低，甚至某段时间干脆不用了，但他们并非卸载或完全放弃了该产品。对于这部分用户，如果不采用一些挽救措施，他们可能就流失掉了，或者被其他竞品吸引走了。这时候我们可以采用一些方法唤醒并激活他们，让他们继续使用产品。

方法一，提供奖励。给这些用户提供折扣、优惠券等物质或精神方面的奖励，激励他们继续使用产品。

方法二，社交激活。社交玩法是激活用户、提升用户活跃度、增加用户留存率的有力武器。通过社交互动等社交玩法，可以加强用户之间、用户与产品之间的联结。常用的社交玩法有点赞、回复、关注、私信等。

4.4.8 快速激活微信用户

微信个人号作为一种出色的CRM系统，很适合企业和个人用于搭建私域流量池。在获取新流量之后，要设法激活这些流量。对微信用户而言，激活流量的重要一环是运营好朋友圈。

（1）全流程梳理用户触点

在激活朋友圈之前，需要先梳理可能存在的用户触点，为激活用户和后期转化做准备。

微信个人号的触点有以下几种：微信朋友圈，一对一私信，群发，微信群。因此，在激活微信用户时，也要围绕这几个渠道设置触达用户的方案，激活流量。

具体设计方案时，需要考虑以下几点：

你想实现什么目标？

触达的用户有哪些特征？

在哪些场景触达用户？

在这个触点用户可以获得哪些价值？

如何提升触达率和激活率？

激活之后的转化方案有没有想好？

分析完这些，企业对用户的基本情况及可能激活的场景便心中有数了。

（2）用社交互动建立关系

触达用户之后，很多用户已经被激活，此时企业需要做好社交互动，来建立与用户的持久关系。一般的社交软件（如微博、QQ、微信等）都具备点赞、评论等社交功能。现在很多传统电商平台也开始向社交平台学习，强化了社交属性。为什么？因为社交互动是与用户建立连接简单而有效的方式。

具体操作时，主要从以下几方面着手。

①给用户点赞。

通常情况下，微信用户看到好友点赞的图标，都会忍不住查看。因此，给用户点赞，不仅可以赢得用户的好感，还能有效触达用户。这也是社交圈社交的一种常用方式。

当然，点赞也要分清场合。如果用户朋友圈发的是难过、沮丧等内容，这时候点赞便不太合适。因此，不建议用点赞软件，一来软件分不清朋友圈的内容；二来时间一久，用户便会知道这是软件点赞，会觉得企业不够真诚。

②给用户留言。

与点赞相比，在用户的朋友圈留言，是一种触达效率更高、效果更佳的激活用户的方法。但留言时，要具体、有针对性，让用户感受到企业的真诚。

留言的形式，可以是文字、表情包，也可以是两者的结合。像上面那种难过、沮丧的情况，企业发个“拥抱”“安慰”的简单表情已足以让用户知道你的心意。

③建立自己的点赞墙。

上面两者是主动在用户的朋友圈与用户互动以激活流量，建立自己的点赞墙则是邀请用户到企业的朋友圈互动，以达到更具针对性、更长久的互动。例如某作者在新书出版时，会群发信息给微信好友，请他们到朋友圈点赞。此时会有80%的好友给作者点赞，同时他们也收到了作者想传达的信息。

操作点赞墙时，需要注意以下几点事项。

其一，频率不宜太高。点赞墙因为涉及的用户比较广，因此最多一个月一次，而且最好是遇到上新品、促销活动等比较重要的事情时使用。

其二，使用频率要适宜。建立点赞墙后，你后期有新的消息还可以通过在点赞墙留言来触达用户，但不宜频繁使用点赞墙传达信息。上例中作者有个读者，在作者建立点赞墙后，隔两天便将新消息通过留言通知点赞的好友，次数多了，很多人会觉得被打扰了，便取消了点赞。因此对于任何好的方法，在使用时掌握好度是首要原则。

（3）完全快速激活好友方法

你是否有几千个微信好友但不知道如何有效管理？你是否群发信息后很快就被人拉黑、屏蔽、删除？你是否面对几千个微信好友却不知道如何去找到一个精准的消费者？你是否犯过把应该发给代理商的信息发给了客户的错误？你是否曾经用一条群发话术去轰炸不同行业、不同年龄、不同职业、不同需求的微信好友？

如何做好标签备注、分组、群发，让正确的信息到达需要它的人那里？

这里分享一套方法，让企业在群发的时候，不仅不会被人拉黑、屏蔽、删除，让收到信息的人不会觉得企业是在群发，而且他们还会爱上企业的群发，甚至如果企业不发，对方还不习惯，会催着要。

企业可以把微信好友按照角色的不同分为A、B、C、D、E、F类，针对不同的好友备注不同的标签，并提供不同的服务。

①A类好友。

A类好友：朋友圈点赞者（用营销手机批量专业点赞的除外）或评论者，表示这类人在关注企业，对企业有一定的了解，认可企业当下做的事情。

针对A类好友，在其昵称前备注A，并按照A1、A2、A3……这样进行排序，每次群发信息，按照顺序选满200名群发。

A类好友是企业在朋友圈发布与企业的职业和工作相关的内容时，他们为之点赞或者评论的，关注过企业，知道企业是做什么的，并且不排斥企业。他们就会成为企业首要的服务对象，并且有了前面的了解关注，拒绝的概率相当低。当企业的社群举办促销类活动的时候，第一时间可以给这类人群发信息。

同样，当社交电商创业者发朋友圈有人点赞的时候，可以先给他们备注一个标签，比如标签可以写“点赞的人”或者“潜在客户”。相应地，可以在昵称前面加一个“A”，并按A1、A2、A3进行排序。

当举办促销活动，有体验装发放，或者团队、品牌方有大动作的时候，可以第一时间把信息发给他们。当企业有利好消息或者能够帮助到他们的活动方案出来时，也可以第一时间把消息发给他们。A类好友属于潜在用户，是企业重点发展的用户，一旦其成为企业真正的用户，后期维护及转化为代理的难度将大大降低。

企业可以用一些群发的话术，来提高转化率。

群发话术1：

你好！我叫×××，是××品牌的合作伙伴，我们的使命是赋能中小微创业者。

为了表示我与您结缘的诚意，我会把我们商学院最珍贵的智慧成果提供给您，每天都会更新，一直更新365天。每一次我会问您需要吗。得到了您的答复我才会行动，避免打扰到我们的友谊。

感恩相遇！

群发话术2：

今天分享的内容是：《社交电商拼多多是如何用团购成为上市巨头的》。

如果您需要，请回复需要。

群发话术3：

早上好！我起床第一件事就是为您准备今天的分享：《如何100%激活你的微信好友》。

如果需要，回复“需要”，马上发给您。

群发话术4：

上午好！我是××品牌的合作伙伴，我的使命是赋能中小微创业者。

今天为您带来的分享是：《小白如何快速做好社交电商》。如果您需要，回复“需要”我发给您！

当企业通过这些话术，每天坚持服务这些潜在用户，7~15天后，这些客户就会习惯企业给他发信息，甚至哪一天企业不发信息，他会不习惯，甚至主动向企业发信息要资料。此外，因为他们从企业那得到了价值，或者还想继续获得价值，当企业需要他们在朋友圈点赞、投票或做其他事情时，大部分人会积极配合。其背后的原理就是企业通过为对方提供价值，让对方依赖上企业。

②B类好友。

B类好友：用过企业的试用装、体验过产品的用户。

针对B类好友，在其昵称前备注B，并按照B1、B2、B3……这样进行排序。

身份转换了，标签也随着更新，原来为你点赞的好友，因为体验过企业的产品，成了企业的真实用户，从此以后，企业要用心服务他们，让他们获得更好的体验。企业可以用B做备注，标签要同步更新。这样做的好处是，可以一键邀请进群。群发时快速找到同一类型的客户，以保证企业的信息及时快速到达需要它的人手上。而且，只要这样备注了，企业的信息都不会发错。

企业可以这样做：把所有用过企业产品的人，全部进行备注，无论是用户自己购买的，还是企业赠送的，还是地推时试过企业产品的人。企业在其昵称前统一备注B，再把他们全部放进一个标签里，然后不间断地为他们提供价值，并且还可以以此来增加互动频次，通过互动来增加彼此的了解和信任感。最后，只要我们开口，就有人愿意响应。

比如，如果企业是销售减肥产品的，则可以将如何调节饮食、如何锻炼、如何科学合理地吃且不胖等与减肥相关的注意事项，与客户密切相关的问题整理成一个资料库，每天给他们发一份资料。

如果企业是销售母婴用品的，则可以整理一套育儿方面的文章，如孩子成长中遇到的一些小问题及相应的处理办法，将它们做成一个无论是新手妈妈还是有经验的妈妈都会觉得有价值的资料库，每天或2~3天发一篇文章或者一段话给匹配的客户。通过这些方式，企业可以保持与客户高频的互动。

③C类好友。

C类好友：购买过产品的用户，是企业的VIP用户，主要是由B类用户转化而来的。

针对C类好友，在其昵称前备注C，并按照C1、C2、C3……这样进行排序。

在企业的用户中，有些可能是因为试用过企业的体验装并且因体验感好而购买的，也可能是没有体验过，直接就下单买的。做好标签分组，下次如果有优惠活动或者是免费试用的机会，企业可以给没有体验过而直接购买产品的用户寄一份。用户很可能会因为企业一个小小的细心服务而直接做企业的代理，或者收到企业的体验装他转手送给身边的朋友，从而帮你转介绍一个新用户。

④D类好友。

D类好友：我们的代理。

在D类好友的昵称前备注D，并按照D1、D2、D3.....这样进行排序。

企业的核心代理其实也相当于我们的WIP（Working In Progress，指为工作中心提供原材料、完成产品、半成品的储存货位，在这里指代企业和客户之间的代理商、中间商），是企业重点服务的对象，是企业手把手教、手把手带的对象，是企业的同行者。企业和核心代理之间的交流主要是品牌服务方案的具体细节流程落实、执行步骤讨论、未来的战略规划以及企业的服务体系打造。因为有了标签分组，企业的交流会更顺畅，执行会更迅速，彼此的距离也更近了。

在不同的时间段，需要不停地更新标签和备注，以便将最精确的信息传达给我们服务的对象。

⑤E类好友。

E类好友：在企业这里参加过学习的代理。

在E类客户的昵称前备注E，并按照E1、E2、E3.…这样进行排序。

作为品牌方或者团队长，企业可以将团队伙伴做好标签：哪些伙伴完成了哪些课程的学习；哪些伙伴完成了学习，可以给新人做分享；哪些伙伴在某个方面非常厉害，可以帮助到更多人。通过添加标签并进行分组，能够快速、精准地找到企业需要的人及需要企业帮助的人。

⑥F类好友。

F类好友：团队内部和品牌内部一些非常厉害的老师或者团队长。

在F类客户的昵称前备注F，并按照F1、F2、F3……这样进行排序。

社交电商创业者可以把团队里非常厉害的老师或者团队长标注为这类标签，当他们需要帮助时，无论是谁，只要自己能做的，就去帮忙。当我们需要帮助时，他们也会第一时间赶来支援企业。同时，每个人都有自己的长处，企业要跟团队更多优秀的人学习，相互支持，互相赋能，这样企业才会变得更优秀，才能帮助更多的人成长。企业通过这个方法进行分组，并不断进行更新，这样便于对不同的好友进行精确管理。

分组后，信息能快速、精准地到达需要它的人手上，无论企业怎么群发，都不会出现被大面积删除、拉黑的情况。但是有一个前提，即企业必须不断地提供价值。而且在不同阶段，对不同身份的好友，要用不同的话术进行沟通。

（4）激活微信用户的工具包

下面介绍一些激活微信用户的工具包。

模板一：找到价值时刻，如表4.2所示。

表4.2　找到激活微信用户关键价值时刻

第一步：定义关键行为 什么行为：登录即可，还是要使用核心功能
第二步：找到关键行为的完成者 谁：用户，设备，还是团队
第三步：明确时间和频次 多长时间内完成多少次关键行为
第四步：定义价值时刻 谁在多长时间内完成多少次（什么行为）

资料来源：《硅谷增长黑客实战笔记》（曲卉著）

模板二：找到关键行为如表4.3所示。

表4.3　找到激活微信用户关键行为

第一步：列出可能的关键行为 列出3~5个与产品价值密切相关的关键行为
第二步：根据数据分析，筛选关键行为 根据数据分析的结果，找到与用户长期留存相关程度最大的行为
第三步：对定性用户进行调研，并进一步确认根据用户调研，进一步确认关键行为
第四步：找到关键行为和价值时刻 上述结果是根据相关性得出的，还需要流量增长实验来进一步验证因果关系

资料来源：《硅谷增长黑客实战笔记》（曲卉著）

模板三：新用户激活漏斗，如表4.4所示。

表4.4　新用户激活漏斗

漏斗步骤	步骤名称	完成步骤的用户数	占上一步的百分比	平均所需时间
步骤1　下载产品				
步骤2　首次登录				
步骤3　注册第一步				
步骤4　注册第二步				
步骤5　注册完成				
步骤6　首次完成关键行为				

资料来源：《硅谷增长黑客实战笔记》（曲卉著）

模板四：社交圈互动内容，如表4.5所示。

表4.5　激活用户社交圈互动内容

星期一	活动预热，上新预告，买家秀，生产车间秀，商家才艺展示秀
星期二	新款首发，新款秒杀，新款特价
星期三	定制预告，买家秀，新款发货秀，秒杀中奖通知
星期四	上新款，成交付款秀，买家秀
星期五	研发团队秀，设计团队秀，新款活动倒计时
星期六	新品投票，买家秀，新品促销倒计时
星期日	生活秀，买家秀，发货秀

资料来源：《硅谷增长黑客实战笔记》（曲卉著）

4.4.9 用活动引爆用户活跃度

好的活动策划可以帮助企业激活流量，提升流量转化率。好的活动具备互动传播力强、受众广、可以打破时空的限制、见效快、有效提升品牌知名度等优势。

不同的活动策划可以产生不同的效果，有的活动策划可以帮企业用1万元的成本带来10万个精准用户，或获得100万元的订单。而有的活动策划，1万元的成本投入只能带来1万个用户，或获得1万元的订单。为什么同样的投入获得的结果差别这么大？

这与活动策划的执行有关。一场好的活动策划，可以通过以下六步来提升活动效果。

（1）确定活动背景，找准策划触发点

每场活动策划都有一定的活动背景。这场活动是为新的项目而举办，还是为已经运营的项目而办？活动是为了获取新的用户，还是为了激活或转化已有的流量？

背景不同，活动目的和方向便存在很大的差异。只有明确了活动背景，策划活动时才能做到有的放矢，后期执行时也才能确保活动的效果和效率。

激活用户的活动是面向私域流量池中的潜在用户，如何让这些流量保持活跃、长期留在平台，是后期将这些流量转化为私域用户的基础。

具体操作时，往往以线上流量池中用户的激活为主，很多活动方案也主要适用于线上，但这并非说明线下活动就没用。很多时候，线上线下结合的激活活动效果更佳，因为线下更容易建立信任，用户黏性也更高。而且，有时候通过线下渠道获客后，导流到私域流量池中，并当场设法激活这些流量，效果会更好。

（2）确定活动目标，找到策划切入点

在执行活动之前，先要确定本次活动的具体目标。活动想获取多少新流量？激活多少流量？将多少流量转化为用户？有了这些明确的可以量化的目标，在执行活动时才能有的放矢，取得更好的效果。

这里以某传统大品牌W的新品（某饮品）推广活动为例。W为了提升新品的影响力，在南京珠江路核心商圈投放广告，同时还邀请了政府领导、知名企业家、知名媒体等重要嘉宾参与，并发动了品牌南京运营中心的70%的人力来做这件事。本次活动花费不低，但效果并不是很理想。

广告投放的渠道、举办活动的地段不是很精准，活动的效果自然大打折扣。没有明确目的地举办每场活动，不以业绩为核心的活动，效果都比较有限。

此外，要想举办一场成功的活动，还需要明确用户的真实需求，找到精准人群。要想明确用户的需求，需要构建用户画像。

具体操作时，需要明确四个要素。

①用户是谁？企业的产品或服务的消费群体是哪些人？

②用户在哪里？在线上，用户常出没于哪些平台？在线下，用户常去哪些地方？

③用户需要什么？用户的需求是什么？

④产品或服务能给用户提供哪些价值？企业的产品或服务能帮用户解决哪些问题？

（3）确定活动主题，选好活动时间

确定活动目标，找到策划活动切入点的时候，再进行活动效果才会更好。接下来就是确定活动主题，选择活动时间了。

在具体制定活动主题时，可以根据以下几点来确定：项目实际情况，活动要达到的目的，根据市场情况确定，根据用户需求确定。

企业在举办活动时，要有一个全年规划，制定出举办活动的时间轴，围绕这个时间轴来执行。具体操作时，可以参考以下几个时间节点：

①传统节日。如春节、七夕、中秋节、端午节等传统节日。

②电商促销节日。如京东主导的“618”，阿里巴巴主导的“双11”“双12”等电商节日。企业和商家可以在这些已经具备足够影响力的节日配合着举办一些线上线下的活动。

③时事热点。企业和商家可以围绕一些常见的时事热点，如奥运会、世界杯、诺贝尔奖等来提前布局，举办一些活动，借助这些热点的势头，来获取流量、激活流量。此外，有些时事热点，如明星大婚、突发事件等，发生得很突然，很难提前获知，这就需要负责活动的团队具备一定的应变能力和快速策划活动、高效执行活动的能力。

（4）确定活动类型，分析其可行性

执行活动之前，需要先确定举办活动的类型。

在策划活动时，总原则是，活动要有趣、有料、能引人共鸣，满足新零售环境下新消费时代用户对活动的需求。这意味着，好的活动创意变得越来越重要。在此原则下，可以确定活动的类型。以微信营销为例，在此环境下常见的活动类型有：

直接送福利。用户可以直接获得优惠券、现金返现等免费的福利。

有门槛的福利。需要满足一定的条件用户才能获得福利。如用户消费后、消费满多少元、抽奖赢福利等。

话题传播。通过一些策划手段，让产品和服务成为用户讨论的话题，提升活动的传播效果。如“21天打卡”“7天减肥营”等话题。

确定了活动的类型后，带着团队进行头脑风暴，分析活动的可行性。在进行头脑风暴时，推荐用“六顶思考帽”这种思考模型来提升会议的效率和效果。

“六顶思考帽”是指使用白色、绿色、黄色、黑色、红色、蓝色这六种不同颜色的帽子代表六种不同的思维模式，它是由英国学者爱德华·德·博诺（Edward de Bono）博士开发的一种思考工具。具体操作时，由不同人员扮演不同颜色的帽子角色。运用方式如下：

白帽：陈述问题。

绿帽：提出解决问题的方案。

黄帽：评估该方案的优点。

黑帽：列举该方案的缺点。

红帽：对该方案进行直觉判断。

蓝帽：总结陈述，做出决策。

（5）评估活动费用，敲定活动方案

在完成活动策划案之前，运营团队需要预估本次活动的成本，做好活动预算。

- 线下活动的预算

激活流量的活动，营销成本占了大部分。可以用投入产出比来预估本次活动可能产生的营销推广费用。

确定活动推广费用后，要评估活动中物料的构成及成本。通常情况下，物料由宣传物料、展示物料、布置物料等组成，根据这些来计算相关成。活动过程中要用到礼品等，在评估费用时，要将相关的采购费用也计算进去。

评估人工成本的时候，要明确岗位、岗位分工、岗位人数及各自成本，还要将活动周期计算进去，这样便可以快速算出大体的人工成本。

● 线上活动的预算

线上活动通常是借助微信群、微信朋友圈来推广本次活动，激活流量。活动时间比较灵活，白天晚上均可，通常以晚上为主。确定好活动流程后，按照计划让团队乃至全公司的人员按照时间节点发微信朋友圈，同时建群，在群里对活动进行推广。

线上推广的主要成本是活动礼品的费用，一般来说企业有自己的文案、美工，海报等宣传资料的制作费用可以不算在内。

总的来说，线上激活流量的费用通常要远低于线下，但要求运营团队具备移动互联网思维，懂得微信营销的玩法。

（6）明确三大阶段，做好活动上线

活动执行主要分为三大阶段：活动预热期、正式活动期、活动执行。

● 活动预热期

通常根据活动的类型来确定活动预热期。

常见形式：签到+预约、优惠券、限时限量、秒杀等。

推广渠道：微信群、朋友圈、社群、地推等。

具体操作时，预热活动要与主活动相关联，这样可以提升主活动的效果。

● 正式活动期

活动页面的策划和设计、清晰的活动路径设计、营销版面的相互关联，是确保活动能正常进行、有效激活新流量的重要因素。

常见形式：满减、满赠、拼团、限时折扣等。

推广渠道：群发、朋友圈、社群等。

● 活动执行

①拆解内容：审核活动策划方案并确认；对推广的图文结构与内容进行确认；撰写活动方案；核对产品库存；设置后台的营销工具；做好活动人员的培训；准备好微信营销的素材等。

②责任到人：明确活动分工；传达活动环节信息；明确岗位和责任人；明确相关人员的工作内容；确认工作完成的期限。

③复审：对相关活动流程进行审核和确认。

④活动上线：正式开始活动时，要确保流程正常进行，工作人员要配合到位，保证活动成功举办。

4.5 如何不断挖掘私域流量价值

4.5.1 有效提升转化率方法

例如，线上，小米借助社交媒体来挖掘用户的价值。线下，小米则通过小米的新零售样板店小米之家，让小米的年坪效达到了27万元/平方米，借此提升了用户的转化率，提高了用户价值。线下的转化率，就是用户逛店后真正购买商品的人数。小米主要采用两种方法来提升小米之家的转化率。

（1）爆品战略

爆款产品是指那些高流量、高曝光量、高转化率的产品。某种程度上，爆品也起着引流的作用。如小米的某几款手机、手环便属于爆品，销量很高，为小米赢得了众多新用户。

虽然爆品的成交率和销量都很高，但价格亲民，利润率并不高，只能走量。然而，爆品的存在对企业和商家仍然具有很大的意义。一来爆品可以提升企业知名度，二来可以激活用户，三来可以提升用户活跃度，四来可以提高企业的成交额。

爆品适合走口碑营销路线，通过忠诚用户的社交口碑进行传播。在营销时，可以通过限时限量、饥饿营销等方式吸引用户的眼球、引爆销量。

之前让小米在互联网界声名鹊起的战略之一，便是“爆品战略”，即将一款产品做到极致，并引爆它的销量。爆品战略不仅仅用于产品，也可以用于服务。如火锅品牌海底捞的极致服务其实也是一种爆品战略。爆品战略让小米用高品质、高颜值、高性价比赢得了大量用户和粉丝。

和其他品牌同一个品类下有多款产品不同，小米的每个品类的商品只有几款产品，如箱子有两三款，雨伞则只有一款。小米之家将小米在线上取胜的核心武器也用到了线下，让这些优质低价的爆品吸引了大量线下流量，大大提升了用户购买率和转化率。

（2）大数据选品

坪效革命，意味着要不断提升坪效，即提升线下门店的使用效率。因为门店面积有限，对于商品的筛选便尤为重要。为了让不同的门店卖对商品、卖爆商品，小米之家根据小米之前积累的互联网数据主要从两个方面精准选品。

卖畅销品。小米之家会根据线上销量数据优先选择那些已经被验证过的畅销品，如手机、手环、耳机等。如果是新品，则根据用户口碑来选品。比如根据上一周的用户评论来确定哪些新品用户满意度高、比较受欢迎，优选这些商品。

卖当地受欢迎的商品。小米之家会根据大数据来安排不同区域和门店的选品。比如，线上数据显示，购买热水壶的江苏南京用户很多，那么小米在南京会多铺热水壶的货。同时，小米还会将甲地不受欢迎，但在乙地销量不错的商品在乙地多铺货。线下不好卖的商品可以放到线上卖。而某些因为需要线下体验后才能让消费者放心下单的商品，小米会优先考虑放在门店中销售，借助线下的体验性优势大大提升商品在小米之家的销售量。

小米通过大数据选品，将线上线下进行融合，提升了选品的精准度，极大地提高了用户的转化率。

4.5.2 引流产品设置

引流产品是指那些能给企业和商家带来客流量的产品。企业和商家一般会将用户刚需、使用频率高的产品作为引流产品，通过低价来吸引流量。

例如某顾客在宜家选购家居用品时，看到一款高颜值的白色插电板，插孔较多，一看价格，比超市里的同品质的插电板更具优势。买回去用了之后，感觉质量很不错，而且每天见到它都觉得赏心悦目。从此，这位顾客对宜家这个国际家居大品牌产生了好感，很多家居用品（如书架）会选择到宜家购买。这款插电板就是宜家的引流产品。

引流产品的利润空间通常在0~1%，折扣空间在30%~50%，因此商家通常会设置几款引流产品，一来可以引流，二来可以控制引流的成本。当然，为了提升引流和转化的效果，引流产品要根据季节来调整。如宜家在夏天会用1元的冰淇淋来引流，但到了秋冬季节，会调换成其他引流产品。

为了提升引流转化的效果，商家可以通过降价的方式来设置引流产品。比如某款产品本来卖69元，现在特价9.9元，用户购买的条件是3人成团。这样既能吸引用户购买，还能借助用户的社交分享带来一些新的用户。

当然，引流产品除了吸引流量，通常还起着赢得用户好感、暗示用户的作用。例如，某用户用过直销品牌安利的浓缩洗洁精产品，刚开始使用时，他觉得安利的洗洁精确实品质很好，而且价格实惠，可以说颇具性价比。这就让用户在没有认可安利的直销模式之前先成为了它的产品的忠实用户。但事实上，除了洗洁精等几款家居护理的引流产品性价比很高，安利的其他产品（如保健品、护肤品等）价格并不算低。

也就是说，安利正是通过牺牲几款引流产品的利润来赢得用户对它的认可和好感。其背后是对用户“爱屋及乌”这种消费心理的洞察。因此，企业不要忽视引流产品的质量和品质。引流产品是企业的形象代表，反而要更重视。

4.5.3 利润产品盈利

引流产品是为了获取流量，爆款产品是为了走量、建立影响力，利润产品则是为了盈利。

不同客单价的利润产品的成交方式存在一定的差异。客单价较低的利润产品适合线上销售，而客单价较高的利润产品则适合在线下门店销售。这是因为客单价较高的产品，如果放在线上销售，因为缺乏直观的体验，用户下单率并不高。具体操作时，可以让用户先在门店体验利润产品，然后在线上下单或门店付款。

以小米为例，其线上销售的很多引流产品、爆品，如小米手环、中低配手机等，是客单价较低的产品，而高配的手机、平衡车、小米电视盒等客单价较高的利润产品线上销售情况并不是很理想，因此这些产品倾向于放在小米的线下体验店小米之家销售。

这是因为用户在线下可以直观地感受产品的外观、颜值，体验到这些产品的性能，确定产品是否适合自己，然后再决定是否购买。一来可以保证资金的安全，二来避免线上退换高额产品的不便。因此，小米的很多利润产品在线下小米之家的销售情况要好于线上。像苹果、华为等企业也都很重视线下体验店的布局，借此来提升利润产品的销售业绩。

为了在平台大促或企业自己促销时有一定的调整余地，利润产品可以预留5%～20%的折扣空间。为了使引流和盈利最优化，企业和商家可以将利润产品和引流产品搭配起来销售。

4.5.4 微信号营销

微信号是运营私域流量的一款出色的工具，借助微信号的销售模式，结合一定的销售方式，可以提升私域用户的转化率。

微信号的销售模式主要有私聊、群发、朋友圈、微信群几种。但就像“人、货、场”是信息流、资金流、物流的万千组合一样，如果同时搭配着公众号、小程序、APP这些工具，再配合秒杀、团购、拼购等促销手段，可以衍生出多种基于微信的销售模式。

下文重点围绕上面提到的几种模式来阐述微信号的销售模式。

（1）私聊模式

与群发、朋友圈、微信群这些批发式零售模式不同，私聊模式属于一对一零售。

私聊这种销售模式的优势很明显，一是更精准，可以直接与精准的目标用户沟通，能有效提升成交率；二是因为沟通时有针对性，效果更好，用户黏性也更高。

但这种模式的弊端也很明显，就是服务效率不高，花同样的时间能触达和转化的用户数量很有限。

那么是不是意味着这种模式没有太大的价值？未必，要看企业销售的产品、产品客单价、产品利润。如果企业销售的产品属于客单价和利润比较高的，成交一个用户的利润要远高于走量的产品，那就很适合用这种销售模式。

例如某位作家平时忙着写书，写书之余也会有自己的项目。在精力有限的情况下，他会筛选项目和客户，以找到适合自己的创业模式和客户。他现在服务的客户以品牌方为主，一个项目的利润低则数千元，高则数万甚至数十万元以上，这种情况下，作家会倾向于直接与这些大客户一对一耐心沟通，用自己的专业度来服务他们，以提升其转化率。对作家来说，在这些大客户身上多花点时间和耐心其实是很划算的，一旦拿下这个项目，利润可观，而且后期还会与客户有其他的项目合作。

如果企业想少服务客户，还想多赚点钱，可以考虑用一对一私聊这种销售模式，前提是企业要选好创业项目，找到精准的大客户。同时，考虑到精力有限，可以用定量的方式与客户沟通，每天重点沟通8~10位客户，加强沟通效果，必要时请他们帮忙转介绍新客户。

（2）群发模式

与私聊相比，群发的优势很明显，就是一次可以触达200名用户。它比较适合用于营销、通知和筛选用户，用于直接成交，效果较差。

如果想提升群发的销售效果，可以采取以下几种方式。

其一，群发完之后，有用户主动回应。这时候可以转为一对一私聊。但从赚钱的效率来看，该种情况更适合利润比较高的产品。

其二，群发关注朋友圈。借助有营销价值的文案，请用户关注你的朋友圈，然后通过朋友圈的内容来转化用户。

其三，群发建群。这种方式是为了快速建群，在微信群中通过一套精心设计的成交流程，结合团队作战，来提升用户的转化率。这也是现在常用的一种销售模式。

（3）朋友圈模式

朋友圈这种销售模式，在微信红利期营销效果和转化效果非常明显，很多创业者（如社交电商）借助该销售模式挖到了“真金”。

但到了2019年，微信意识到了私域流量对微信平台流量的负面影响，同时也为了加快变现的步伐，开始推出了一系列措施。一是加强了朋友圈广告等微信平台社交广告的投放；二是通过好物圈等社交商业模式加快变现步伐；三是加大了对诱导分享、分销裂变等朋友圈营销行为的打击力度。

微信团队的这些做法带来的直接影响就是，朋友圈的营销价值大大缩水了。现在发朋友圈直接复制粘贴文字会被折叠，影响好友的阅读效果；转发的链接播放量超过一定阈值会被屏蔽；微信好友超过2000人的用户发的朋友圈只有一部分好友能看到；甚至微信还能自动识别海报图片上的文字，如果你想通过朋友圈营销海报裂变用户，则有被封号的风险......

在此环境下，虽然现在朋友圈好友阅读、打开的效果依然要远远好于其他社交平台，但以前那种一夜刷屏朋友圈的情况几乎成了传说。

在此情况下，借助社群进行销售的模式优势便更明显了。

（4）微信群模式

与点对点的沟通、触达相比，社群的半开放属性让其营销效果更好，转化效率更高。此外，社群还具有以下优势：减轻社交压力；促进用户互动；制造转化压力。

目前社群最常用的线上载体是微信群，在微信营销被严控的环境下，微信生态下的微信群在运营私域流量、提升私域用户价值方面的价值越发凸显。好的社群具有同好、结构、运营、输出、复制五大必备的要素如图4.8所示。

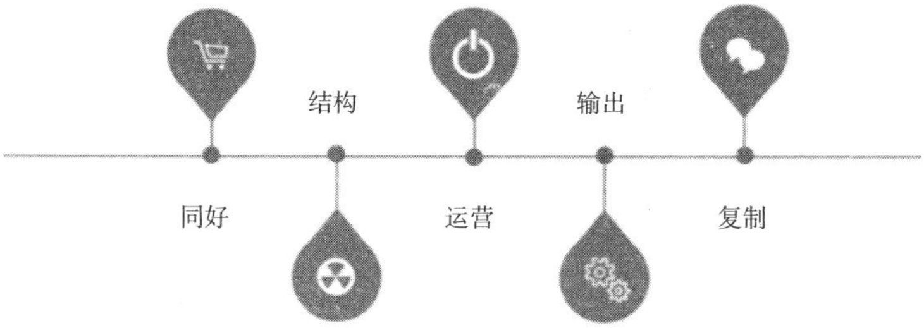

图4.8　好社群必备的五大要素

运营微信群、提升销售效果时，做好群定位、定好社群门槛、制定群规等是微信群运营的基础操作。同时，要想在当下借助微信群运营好私域流量，还需要注意以下几点。

①改变思维。

随着新消费时代的到来，新零售环境下的用户对服务和体验的要求越来越高。这就意味着再用之前盛行的流量思维、数据思维来运营社群很难奏效。那怎么办？用“用户思维”来运营社群，把用户当做真正的人，先交友再交易，通过走心的服务和体验建立用户对企业和商家的黏性，再考虑转化的事情。

②加强互动。

随着微信群裂变难度的增加，靠社群数量来促进用户转化的做法可能难以持久。“小而美”的社群将是未来的一个大方向。这就意味着运营者需要重视社群的质量、垂直化和精细化运营，加强与群成员的深入沟通。

4.5.5 如何促进成交

促进成交的方式有很多，下面介绍几种比较常见的促进成交的“武器”。

（1）秒杀玩转快速销售

秒杀也被称为限时抢购，通常用于清库存和提升用户活跃度。

孩子王经常在其平台上（APP、微信小程序、微商城等）搞秒杀活动，用户花较少的钱便可以买到一些童书、玩具、童装等商品。有时候还会举行“一元抢购”这样的活动。当然，这是有条件的，那就是在某个时间段（如上午10点开抢），参与人数达到一定量。这些活动的效果基本都不错。

个人微信号也可以玩秒杀，只是玩法稍有不同。定期在微信朋友圈发布秒杀活动，一来可以增强用户的参与感；二来算是给微信好友的福利；三来可以激励用户转发，带来新用户；四来可以结合私聊或群发来触达更多用户。

玩秒杀时，通常是根据商品属性、定位、价格、活动目的将“限人+限时+限量+限价”这几种门槛组合在一起设置不同的玩法。如热销商品搞促销，主要目的是为了提升用户活跃度，这时候可以“限人+限时+限量”。如果是为了清库存，则可以“限时+限量+限价”，价格可以设得比较低。

此外，秒杀活动比较适合新品，一个单品的秒杀活动不宜长期做，以10次以内为宜。

（2）分销让消费者更有推广力

分销的目的是建立销售渠道。随着互联网、社交网络的发展，加上消费者在零售业态中的参与度的提升，让消费者成为分销商，发挥消费商的价值，已经成为很多企业和商家的选择。

分销的优势在于，商家可以减少营销方面的投入，从商品的利润中分出一部分给愿意帮你分销的消费者，借助他的社交网络将商品传递给更多的用户。对消费者而言，他不需要付出创业资金，通过社交分享，便可以获取收益。因此双方是一种双赢关系。

分销的前提是分销商要认可你的产品或服务。这就要求企业和商家要提供让消费者满意的产品和服务，奠定分销的根基。

分销模式分为多种，拼多多等平台型社交电商采用的拼团模式以及荔枝微课、千聊等知识付费平台的分销模式属于一级分销，但大部分社交电商平台采用的是二级及以上的分销模式来获客拉新。目前微信平台只允许二级以下的分销模式，甚至有禁止采用分销模式来裂变的趋势。因此，如果企业和商家想借助微信公众号、小程序、个人微信号来玩分销，需要遵守微信平台的规则。

（3）预售让消费者产生期待

提前销售还未到货的产品也是商家经常采用的玩法。例如某新书在到货前在京东、当当、天猫等图书销售平台采用预售的方式销售，读者下单后20~30天便可以收到书。

某些电商平台针对某些特殊的商品也会采用预售模式。如水果这样的农特产品，有一定的季节性和保鲜期，如果产品准备太多，订单不足，水果容易烂掉；如果储备太少，万一订单多了，又会延迟发货时间，影响消费者的体验。通过预售，根据活动的热度来准备货物量，能大大减少损失。

小米、苹果的饥饿营销本质上也是预售的一种。只是饥饿营销对产品和品牌在消费者或粉丝心目中的影响力和认知度要求较高，并不适合所有商家。但一般的预售却是绝大部分商家都可以玩的游戏。

（4）控制好促销节奏

搞促销是很多企业和商家经常使用的促成交玩法，但搞促销需要控制好节奏，还得有些名头，否则促销效果就会打折扣。

例如某顾客家附近有个服装店，天天搞促销。一开始顾客还觉得比较新鲜，会进去看看。但时间一久，新鲜劲儿就过去了，还会觉得商家的衣服估计本来零售价就虚高，搞促销完全是套路。

此外，促销的玩法需要与时俱进。如社交时代，商家可以邀请一些与目标客户匹配的KOL（关键意见领袖）、KOC（关键意见顾客）在自己的社交圈中分享促销活动。因为这些KOL、KOC在其社交圈中具有一定的影响力，这样可以让活动获得更好的效果。当然，企业和商家需要与这些合作者提前谈好合作的方式。

（5）学会使用优惠券

优惠券现在基本成了商家的标配。用户在当当、天猫、京东上购物时，经常会领到优惠券，可以冲抵现金。优惠券的好处就是，会让消费者觉得占了便宜，能促进消费。

甚至很多电商平台上的优惠券还成就了一些导购平台。因为现在电商平台上的商家很多，但并非所有商家都设有优惠券，而且有些商家的优惠券还是隐藏的，这就导致很多消费者购物时不一定能享受到优惠券。于是有些创业者便通过技术手段，将这些设有优惠券的商家集中在自己的电商平台上，通过导购的方式让消费者直接在设有优惠券的店铺购物。导购型的电商平台主要是与淘宝、京东、拼多多等拥有一定影响力的电商平台中的一家或几家合作。导购型社交电商平台如粉象生活、花生日记等都属于这一类，只不过它们在自己的平台上还增加了社交板块，这就可以提升用户的黏性和平台传播能力。

当然，在具体运营时，优惠券玩法的一些细节仍然可以进一步优化。比如优惠券面额、领取数量、参与人数、领取门槛、领取时间等要素，要根据你的目标人群、平台规则、商品的定位（流量商品、爆款商品、利润商品）、商品的利润来设计。

（6）支付有礼促进复购

所谓支付有礼，是指用户消费后可以获得一定的福利，这样既可以增强其消费的意愿，又可以促进复购。

支付有礼的“礼”可以是折扣券、满减券、代金券，也可以是新品的试用装，或者用户积分、会员资格。如有些商家只要用户消费满多少元，便赠送他会员资格，赋予他一定的身份，让他产生归属感。

支付有礼不仅适用于企业和商家，也适用于平台（电商平台、社交平台等）。如用户使用微信、支付宝支付时，会收到某些与平台合作的品牌或商家的优惠券、代金券。这样做，一来可以促进用户进一步消费，二来促进用户继续使用平台的服务（如支付）。而品牌和商家则可以选择与平台合作，拓展自己的销售渠道，双方达成共赢。

第五章

私域流量如何成交和裂变

5.1 产品成交裂变策略

新零售咖啡瑞幸咖啡、连咖啡以及社交电商云集、拼多多能够在短时间内能实现爆发式增长，靠的是裂变策略。

在完成流量获取、流量激活、流量留存、流量转化这几个私域流量池搭建的重要环节之后，如何让私域流量池的规模持续扩大、倍增，成了私域流量池运营团队的重要工作。

本节将介绍一些低成本实现私域流量病毒式裂变的玩法。

5.1.1 转介绍让成交在风口裂变

转介绍是在现有用户基础上，低成本实现用户快速裂变的好方法，深受广大企业和零售商的青睐。

所谓转介绍，是指企业和商家采用某些措施激发老用户向社交圈的好友推荐产品和服务，从而获得新用户。

转介绍是传统企业常用的裂变用户的方法，现在很多互联网企业也开始借助这种方法裂变新用户。不同之处在于，互联网企业更喜欢借助互联网思维和社交玩法来促进转介绍，这样往往能产生类似于病毒裂变的效果。比如，社交电商拼多多在微信平台上采用拼团模式，借助用户的社交网络快速裂变，短短三年内便成了电商平台的第三极，并赴美上市。

转介绍可以是用户自发的分享推荐，也可以是用户为了获利而进行的社交分享，后者往往更具吸引力和传播力。

具体而言，转介绍具有以下几大优势。

其一，获取成本低。借助老用户社交网络的分享推荐，实现以老带新，一个老用户可以帮企业带来5个甚至10个新用户，获客成本几乎为零。即使是带补贴的转介绍，其获取新用户的成本也低于其他的渠道。

其二，用户更精准。老用户转介绍的新用户，其社交圈通常与老用户类似，因此更为精准，成为产品用户的概率大大提升。

其三，节约企业时间。新用户与老用户之间通过社交网络已经建立了一定的信任基础，企业不需要再次花费大量精力和时间建立用户信任。

其四，转化率高。有了老用户的推崇，新用户使用产品、成为长期用户的概率大大增加。

5.1.2 转介绍9大类型

在做好转介绍工作之前，我们需要先弄清楚转介绍的几大类型。

（1）口口相传

口口相传是最原始的一种转介绍类型，效果很好。这也是口碑营销的基础。

线下的口口相传，因为可以面对面向对方详细介绍产品和服务，所以效果好于线上。女性天性喜欢做分享，因此这种转介绍比较常见于女性之间。

线上的口口相传基于社交网络，虽然不如线下的口口相传深入，但优势是效率高、传播快。

要想实现用户的口口相传，前提是你的产品和服务要超出对方的预期，让他觉得“我必须要和好友分享”。比如海底捞火锅，顾客吃完之后未必觉得它的味道就比其他火锅强多少，但为什么顾客愿意口口相传？是因为它的服务超出了顾客的预期，他们在其他餐饮店没有体验过这样的服务，所以他们逢人就会介绍海底捞的服务和他的体验感。

小米手机刚推出来时被广泛传播，是因为很多手机用户之前用同样的价格买到的手机无论是品质还是颜值，都不如小米，小米的性价比超出了很多用户的预期，所以他们愿意分享给社交圈的好友。

在新消费时代、新零售时代，通过提供优质的服务和体验，促进用户之间口口相传，其重要性越发凸显。

（2）展示相传

所谓展示相传，是指用户在社交圈好友面前展示产品后，好友被吸引成为新用户。其传播动力是人对新鲜有趣的事物感兴趣，为了尝新他愿意去使用这款产品。

例如某位微信用户在朋友圈发了一个自己制作的抖音视频，里面的字幕很有特色，于是有朋友问他是怎么做出来的。这位微信用户便告诉朋友使用“字说”这款软件便可以做出类似的视频，朋友便去下载了“字说”。

当然，展示相传，可能是用户上传的照片、视频、图文等，也可能是他使用产品的过程吸引了潜在用户。比如用户使用微信的“摇一摇”功能时，好奇的人便会向其请教，并开始使用这一功能。

（3）补贴推荐

企业通过有偿奖励鼓励用户帮忙转介绍的方法称为补贴推荐。按照奖励的内容补贴推荐通常分为三类。

其一，物质奖励。用户将产品或服务推荐给社交圈的圈友之后，可以获得该企业的奖励。

其二，产品功能奖励。用户转介绍之后，可以使用更多的产品功能。

其三，服务奖励。用户转介绍新用户之后，可以享受一些特殊的服务，比如免除产品使用的等待期，或可以享受只有会员才能享受的免除广告的权限。

按照奖励的对象不同补贴，推荐可以分为两种。一种是单向补贴推荐。用户转介绍新用户之后，只有他可以获得奖励。比如现在很多开通了分销功能的知识付费产品，用户转介绍新用户之后，可以获得一定的现金奖励。另一种是双向补贴推存。用户推荐产品或服务给好友，好友也要参与其中从而双方均获得奖励。比如微信读书，用户和转介绍的新用户都可以获得一天的无限卡使用天数。现在很多企业倾向于使用双向补贴推荐，使新老用户都能受益，并促进新用户更有动力使用产品。

总体而言，无论是单向补贴还是双向补贴，产品功能、服务奖励都要比物质奖励的效果好，因为前者可以让更多用户使用企业的产品和服务，有利于产品的推广。

（4）社交网络推荐

老用户邀请社交网络上的好友成为新用户之后，可以增强原有产品的体验。社交网络推荐尤其适合社交产品。

微信是这方面的经典产品。微信用户通过不断邀请新的用户加入，不仅方便社交联系，还能一起参与很多好玩的游戏。比如在微信群内发红包，参与者太少没意思，参与者越多越好。

一旦用户规模突破某个临界点之后，社交网络推荐便会形成网络效应，吸引越来越多的新用户，这也将帮企业形成自己的保护壁垒，其他企业再想做出类似产品与之竞争，几乎没有胜出的可能性。

（5）病毒式传播

病毒式传播的优势在于传播迅猛，影响范围广。

一般而言，有趣、新颖、具有视觉感染力、易分享的事物更容易进行病毒式传播。如朋友圈的神经猫、微信小程序的跳一跳小游戏，虽然产品的制作并不复杂，但却得到了大规模的传播。

当然，能够实现病毒式传播的产品不一定是游戏，视频、图片、故事都能实现病毒式传播。比如脸书上有一系列Tasty出品的短视频，内容是做菜，40s内自动播放。这样一些没有声音解释的短视频之所以能被疯狂传播，除了制作精良，内容会在3s内让用户产生兴趣，更重要的是它契合了社交网络上用户的心理。这类段视频与神经猫、跳一跳游戏类似，其背后都是对用户心理的洞察。

5G时代到来之后，产品要想实现病毒式传播，更需要根据用户的使用场景有针对性地设计。

（6）产品内传播机制

借助产品本身或在使用产品的过程中进行分享推荐，这种传播机制如果运用得当，会产生很好的效果。具体而言，可以从以下几个方面着手。

● 产品需求

产品需要用户邀请新用户才能正常运用。比如，阿里巴巴的钉钉，需要新用户下载钉钉、完成注册后才能在上面交流、一起办公。这就对企业的产品提出了高要求，企业需要花费足够的心血打磨该产品，让它给用户带来好的体验。

● 内容分享

比较适合内容型的产品。如喜马拉雅、微信读书、抖音、小红书、今日头条等，用户将内容分享到社交网络上，新用户体验之后会了解这些产品，也很可能会转化为企业的用户。

● 人为创造

用户要想使用某种功能或服务，需要花钱，也可以通过邀请新用户获得权益。很多用户为了省钱，会向社交圈的圈友分享或求助。这样就实现了产品的传播。很多网络游戏公司是这方面的高手。

- 高峰体验

用户体验产品产生某种高峰体验时会产生某种情绪，可能是愉悦，也可能是激动、满足、愤怒，这时候出现转介绍的请求，用户往往更愿意分享出去。比如Keep这款健身应用在用户健身后，产生成就感和满足感时，会出现请用户将健身结果分享至朋友圈的请求。相对于随机请求，高峰体验时的请求得到用户响应的概率要大很多。

- 无处不营销

就是不断把企业的Logo、口号等与企业相关的信息展示在用户面前，增加曝光度，但并不显刻意。比如抖音、小红书短视频上面会有抖音、小红书的名字水印，用户每次在社交圈分享视频，都会展示这些品牌的名字，加大了品牌的传播度。

（7）网络效应

当用户数量达到某个临界点之后，新用户为了方便与老用户进行社交联系，也会开始使用产品。而老用户顾虑离开的成本，会继续使用该产品。

微信是网络效应的典型代表。刚开始使用微信的人并没有那么多，腾讯为了让微信的用户数量尽快超越临界点，便从QQ向微信导入用户。当微信用户数量达到临界点之后，网络效应开始凸显，使用微信的人越来越多，人们越来越离不开微信。

当然，网络效应并非只是针对线上的产品，线下产品也存在网络效应，只是没有互联网产品那么突出罢了。如可乐产品，当可口可乐、百事可乐占领了消费者的心智，产生了网络效应，其他品牌再想占领该市场，难度极大。

企业如果想打造网络效应，就要将自己的产品做成“多玩家游戏”，而非“单玩家游戏”。即进来的玩家越多，产品和服务会变得更好，老用户从中获得的好处更多。这就会让用户的增长形成正循环。

5.1.3 裂变效果评估

下面介绍一种评估转介绍效果的万能公式，能够有效地对用户转介绍的效果进行评估。

通过邀请加入的新用户人数 = 潜在的推荐人总数（总活跃用户基数 × 接触到邀请机会的比例）× 推荐人转化率（转介绍机会的转化率）× 分支因子（平均每人发出邀请的数量）× 被推荐人转化率（被推荐人点击邀请的比例 × 点击邀请后完成注册的比例）

总活跃用户基数：目前愿意转介绍的活跃用户总数。总体而言，用户对产品和服务越满意，使用产品和服务的时间越长，其转介绍新用户的意愿会越强。

接触到转介绍机会的比例：有多少活跃用户能接触到转介绍新用户的机会。这个机会可能是个邀请的页面，也可能是个邀请链接或对话框。

转介绍机会的转化率：活跃用户看到转介绍机会后，有多少人向社交网络中的圈友发出邀请。

企业可以根据用户人群、使用习惯、心理，灵活设计转介绍的邀请机制，力求实现转介绍机会页面的转化率最大化。这里重点分享两种邀请机制。

静态的邀请机制：比如微信公众号的菜单栏中设置的邀请机制。该种邀请机制需要用户主动发现，比较被动，转化效率欠佳。如果群发信息请用户邀请新用户，容易打扰到用户，影响其体验。

动态的邀请机制：将“邀请触发”与用户的体验进行有机融合，如找到用户体验产品和服务过程中某些适合用户分享的环节（如刚注册完、刚体验完），鼓励用户转介绍新用户。这种邀请机制转化率较高，且用户体验不错。

平均每人发出邀请的数量：每个老用户邀请新用户的人数。因为这个裂变过程类似于一根树枝上分出的小支，行业内形象地称其为“分支因子”。每个老用户发出的邀请越多，邀请来的新用户可能就越多。当然这和邀请流程的设计也有关系。

邀请流程中影响邀请转化率和分支因子的主要指标如下。

邀请页面：邀请开始的着陆页。

邀请奖励：老用户和转介绍的新用户能获得的好处。

邀请方式：转介绍的途径，比如是通过微信朋友圈还是发微信。

邀请文案：转介绍的文案是纯文字，还是图文结合，或者以视频为主。

邀请结果：老用户发出了多少邀请，邀请的接受率和未接受率，要对上述数字做统计。

被推荐人点击邀请的比例。老用户发出邀请后，对方点击邀请的比例。

点击邀请后完成注册的比例。点击邀请的人中完成注册、成为新用户的人数。

转介绍涉及介绍人和被介绍人，其中涉及多个转化漏斗。我们通过上面这个公式可以将整个转介绍的流程分为六个步骤，你在评估转介绍的效果时，可以通过拆解的步骤看出转介绍过程中需要优化的环节。

下面以总活跃用户基数为10万人的甲公司为例，对用户转介绍流程进行分解（见表5.1）。

表5.1　用户转介绍流程分解

转介绍流程	具体步骤	计算
潜在的推荐人总数	总活跃用户基数	100000×
	接触到邀请机会的比例	70%×
推荐人转化率	转介绍机会的转化率	15%×
分支因子	平均每人发出邀请的数量	2×
被推荐人转化率	被推荐人点击邀请的比例	30%×
	点击邀请后完成注册的比例	65%×
		=
通过邀请加入的新用户人数		4095

从表5.1中可以看出，整个转介绍的环节中，转介绍机会的转化率、被推荐人接受邀请的比例这两个指标是接下来要重点优化的环节。

需要指出的是，要想提升转介绍的效果，需要企业结合产品、用户和行业环境不断尝试，持续优化。

5.2 服务成交裂变策略

社交玩法因为可以低成本快速裂变私域流量，所以是目前企业和商家搭建私域流量池时使用较多的裂变方式。下面介绍一些能帮助企业快速裂变用户的社交玩法。

5.2.1 称势而起——借势裂变

IP裂变、蹭热点等都属于借势裂变，如果使用得当，则可以获得良好的裂变效果。

2019年暑期动漫电影《哪吒之魔童降世》火爆上映，很多企业、社交媒体生产出大量与它相关的内容，借助它的巨大势头，也吸引了大量眼球，还裂变了很多新用户。这种玩法属于借助IP热点的势头来裂变，其优点是成本低、效果明显，但需要企业能快速行动。

除了这种初级的借势，有实力的企业还成立项目来造势。如开心麻花出品，沈腾主演的喜剧电影《西虹市首富》大火时，影片中的脂肪险也上了热搜。这时候饮料巨头娃哈哈为了给娃哈哈即将上市的新品“纤细佳人”带来更多关注度，推出“脂肪险”项目，扬言要花10个亿将电影中的脂肪险变成现实，电影中西虹人寿金老板扮演者张晨光密会哇哈哈董事长宗庆照片传至微博，很快便上了微博热点，点击量迅速过亿，此次娃哈哈新品上市第一天就获得超过10万注册会员，几万提预售，在中国食品市场创造了一个奇迹。

5.2.2 有钱有动力——红包裂变

用户消费后，可以获得企业的红包或代金券，可以一键领取红包或代金券，也可以将它分享给社交圈中的圈友。

借助社交玩法迅速崛起的国民咖啡品牌连咖啡、瑞幸咖啡等，其推出的“福袋分享”便属于裂变红包的一种玩法。

连咖啡起家时，背靠微信生态这个移动互联网生态，为了能够低成本获客，连咖啡联合微信平台推出了“福袋”，其中含有多种福利，如满减券、优惠券、兑换券等，用户将它分享到朋友圈后，可由20人领取，其中还包括四张免费咖啡券。借助这种方式，连咖啡迅速裂变自己的私域流量池，并取得“双十一”单周100万杯、“双十二”单日40万杯的业绩（见图5.1），而连咖啡的“口袋咖啡馆”在一周内开馆数便超过了100万。

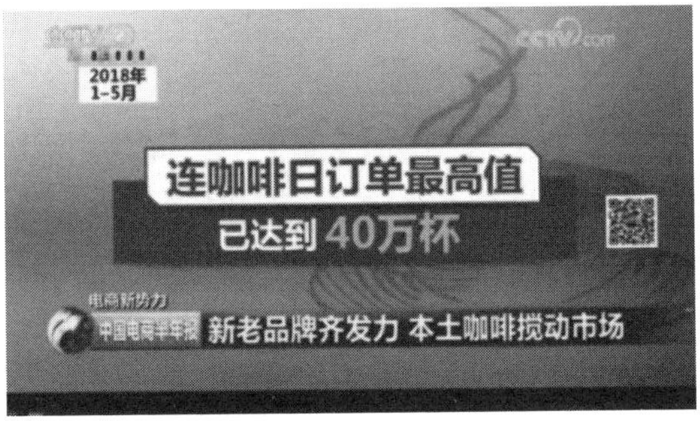

（资料来源：央视报道）

图5.1　连咖啡的亮眼成绩

裂变红包的“游戏规则”是企业能否实现用户裂变的关键，其中目标人群画像、用户消费习惯、企业预期目标是影响该玩法的要素。

案例：爱情银行

2018年9月，抖音上一条情侣狂奔取钱的短视频斩获1700万+的浏览量，视频中提到的社交APP“爱情银行”24h内新增50万下载，挤掉微信、QQ、小红书，登顶APP Store社交分类榜榜首。

爱情银行的核心玩法，其实就是“银行”概念：情侣签到365天不间断，就能领到1000元奖金（正如爆款短视频中的场景）。其实早在爆款视频发生前6个月开始，爱情银行就在APP中鼓励用户，把自己玩APP的视频上传到抖音，每天瓜分一万元奖金，在抖音的#爱情银行#标签下，已经累积了250万播放量。而爆款视频，是用户UGC内容迭代了很多次之后的结果。

案例：音遇APP

说来也巧，最近最火的社交APP“音遇”，利用短视频引流也是其重要的增长手段。音遇早期是K歌接龙的产品机制，但主打受众是歌星粉丝，在贴吧、粉丝群推广的效果不明显。

好在音遇和被抖音带火过的“66键盘”（一款游戏键盘输入APP）出自同一个团队，他们发现有些用户自发的传播音遇APP网友的沙雕唱歌视频，反响不错。于是开始尝试在抖音、微博投放短视频，果然取得了不错的效果。之后，音遇APP开始和爱情银行APP一样，以现金奖励为诱饵，鼓励用户上传短视频，以下是在音遇APP内测群传播的音遇APP奖励活动细则：

今日起，只要大家保存玩音遇的游戏视频并发布到抖音短视频平台上，得到10+的点赞，音遇君就会送红包奖励哦！奖金获取规则如下：

①每10赞得2元，不足10不计数，奖励上限10000元；单条视频的转发，分享数量达到5次，即可获得奖金2元，奖励上限10000元。

②朋友圈发布视频+宣传文案，点赞数量达到50个，一条奖励10元。

③群内人数200+的微信群，QQ群发布视频+宣传文案，每个群2元。

④视频可以适当搞怪，但是不能太皮哦。

⑤不许进行任何的刷量操作，一经发现奖励不予兑换。

目前抖音#音遇#话题的播放量已经达到135万，微博短视频效果最好的一条转发量超过2万。

5.2.3 储值裂变

储值裂变是信用卡主副卡玩法的移动端衍变玩法。用户的账户绑定了家人、朋友的手机号码后，亲朋好友便可以直接使用主用户的账户消费。

该玩法除了可以用老用户带来新用户，还可以提升用户的消费频次。这种玩法淘宝（淘宝亲密付）等互联网平台使用的较多，而一些健身房、美容院等线下连锁店也采用了类似的玩法，用户办了亲情卡后，绑定的家人可以使用用户的卡来消费。

案例：神州专车

2016年，神州专车为了刺激用户消费，举办了多次充返活动。但这带来的问题是，很多用户的账户储值额太高，自己用不完。怎么办？这时候神州专车推出了一个策略，即亲情账户。

亲情账户上线后效果惊人。神州专车在仅用平台APP和微信公众号两大渠道做推广的情况下，在10天内平台便新增了118万用户。除了获得了大量私域用户，产品上线后总的用户账户消费金额高达2000多万元，远远超过预期。这一营销方法帮助神州专车省下了千万元的传播费用。

神州专车的本次活动，一来可以增加用户社交圈的亲朋好友体验神州专车的机会，二来亲朋好友的参与会促进消费，三来社交圈的口碑相传能帮助神州专车迅速传播口碑和扩散影响力。

当然，上述玩法有个前提：你的产品和服务的质量要过硬，能赢得用户的认可。否则负面评价的传播可能会引来灭顶之灾。

案例：某酒店顾客在买单的时候，酒店经理告诉顾客：我们在做店庆促销，现在充值1000就可以赠送1000元，同时返还1000元，赠送的1000元是200瓶啤酒，返还的1000元，每次到店消费返100元，分10次返还。结果，很多顾客都充值办卡，这样看来酒店似乎在做赔本买卖，其实仔细算下来，顾客充值1000，按50%的利润计算基本可以抵消赠送的啤酒，返还的1000元顾客不来酒店消费，酒店就不用返100元，其本质是给顾客打了一个折扣。开店做生意最怕的不是不赚钱，而是根本没人来，如果店里天天排队，怎么可能不赚钱呢?

5.2.4 一带一裂变

这种社交裂变方法属于以老带新的玩法，和数人拼团不同的是，它是用一个老用户带来一个新用户。

瑞幸咖啡曾大范围主推过“邀请赠饮”这个裂变活动，即“免费送给好友咖啡，各自得一杯”。用户将瑞幸咖啡的活动页面分享给朋友，朋友填写手机号，按照短信提示下载瑞幸咖啡APP，完成注册后，老用户和新用户分别可以获得一杯咖啡代金券，凭券可以免费获得一杯咖啡。这就是邀请有礼的裂变玩法，让一个老用户推荐一个新用户，双方可以分别获得一定的奖励。

实际操作时，企业和商家要考虑自身的推广预算，再确定是否采用这种用免费赠送礼品的方式获得新用户的玩法。如果企业和瑞幸咖啡一样，有资本加持，可以考虑直接借鉴瑞幸咖啡的做法，来快速实现流量的裂变和增长。但如果企业的推广预算有限，或没有资本加持，一种方法是考虑降低赠品的成本，还有一种方法是让用户低价获取赠品，当然，推广效果会打折扣，但也是在资金有限的情况下控制营销成本的一种性价比较高的方法。

案例：微信读书无限卡会员

相比于阿里会员，微信读书的会员机制又加了点新花样。购买微信读书的无限卡会员后，可以全场免费阅读出版书、有声内容、漫画和网络小说，也是打包多项权益的玩法。

无限卡会员的价格是每月19元（Android端自动续费），如果你的阅读量不大，一个月大概能读1~2本书，花19元买会员不能占多少便宜，如果你是读书狂魔，微信读书可以用使用时长兑换书币、再用书币兑换付费书，无限会员的权益也没有看上去那么大。

但别忘了，读书始终是一件大众乐于去做、也乐于去炫耀的事，所以微信读书的无限卡，还有个重要的模式是，和好友组队领免费的无限卡，具体形式包括两种：

①首页活动，邀请好友满五人组队，就可以抽取**无限卡，100%中奖。据微信读书数据显示，目前已有200多万人参加。

②官方赠送的无限卡，用户只需分享，就可以和好友各得一张无限卡。

5.2.5 社交圈裂变

微信朋友圈等社交圈由于已经存在一定的信任基础，因此很适合用于社交裂变。下面介绍两种基于社交圈的社交裂变玩法。

（1）社交立减金

所谓社交立减金，就是用户借助社交工具将链接分享给社交圈好友后，购物时可以获得一定的现金减免。因为需要达到一定的参与人数用户才能获得社交立减金，这就促使用户在社交圈分享推荐，无形中扩大了平台的影响力。

在设计立减金时，一是要注意立减金的金额，额度太小，没有吸引力，额度太大，则推高了成本；二是要注意用户参与的门槛，组团人数太多，会降低用户分享的意愿。组团人数以3～5人为宜。

（2）社交礼品券

即用户可以将礼品券作为礼物分享给自己的社交好友。而好友获得礼品券后，下次购物时可以获得优惠。

这方面星巴克与微信平台合作推出的“星巴克用星说”取得了不错的效果。用户可以将星巴克小程序上的礼品卡分享给好友，好友下次来星巴克消费时凭借礼品券可以获得优惠。

社交礼品券的亮点在于，将购物券变成了礼品券，一来可以让用户向社交圈好友表达自己的心意，二来收到礼品券的人可以感受到来自赠送者的心意，三来平台借助这种社交分享能够迅速传播影响力，可谓是一举多得。

5.2.6 社交服务裂变

品牌的社交化服务、体验将让用户感受到一个更有温度、更有人情味的品牌，而不是一个冷冰冰的数字或符号，上述做法可以增强品牌与用户之间的情感联结，同时也会提升用户对品牌的黏性和忠诚度。

以新零售咖啡瑞幸咖啡为例。从公司成立到股票上市，星巴克用了21年，瑞幸咖啡只用了不到18个月。在中国开拓2000家门店，星巴克花了17年，而瑞幸咖啡只用了不到1年。瑞幸咖啡是怎么做到的？

为了提升用户体验，在不断开拓线下门店的同时，瑞幸咖啡还打通了线上线下渠道，打破了咖啡界“第三空间”的限制，为用户拓展了无限空间。同时，瑞幸咖啡用品质和社交抢占用户的心智，培养其黏性。在将社交与新零售融合的过程中，瑞幸咖啡通过社交服务让用户感受到品牌的温度，借助有温度的社交营销，迅速裂变用户，开疆拓土。

瑞幸咖啡为了实现“成为年轻人的第一杯咖啡”的目标，线上线下联动，借助APP丰富了社交营销的方法和玩法。瑞幸咖啡结合社交传播，配合打折、赠券等营销手段，不断推广“新用户下单得一杯免费咖啡”的活动，最终，通过社交营销和社交服务以点带面，迅速实现社交裂变，扩大了用户群体。

5.3 模式成交裂变策略

以上主要介绍了裂变私域流量的一些玩法，目的是为了让企业的私域流量池快速变大，获得更多的私域用户，提升企业业绩。但如果企业想实现私域流量持久稳定的裂变，离不开一套体系化的机制和流程。这套机制可以用一个公式表示，这套流程则可以用以下六大环节来呈现。

5.3.1 裂变模式是什么

表示私域流量裂变机制的公式如下：

裂变=载体+工具+创意+价值+技术+运营

下面对这个公式进行拆解和简单介绍。

（1）载体

载体是指裂变私域流量的平台。当下环境里，能承载私域流量裂变的平台以微信生态影响力最大，覆盖人群最广。

在微信平台，支持裂变营销的载体主要有：微信个人号、小程序、微信公众号（订阅号和服务号）、微信群、H5。

（2）工具

实现裂变，离不开好的工具。基于微信生态的裂变工具或模式主要有：拼团、分销、邀请、砍价、群裂变。

①拼团。常见的流程：用户开团→邀请社交圈好友参团→一定数量的好友参团→拼团成功→免费或低价获得商品。

②分销。具体流程：用户生成邀请卡或邀请链接→分享给社交圈的好友或好友的好友→好友购买→分享者获得一定比例的奖励金。

③邀请。具体流程：用户分享海报→社交圈好友扫码→完成任务→获得商品。

④砍价。具体流程：用户发起砍价→邀请社交圈好友参与砍价→好友完成砍价→砍至目标价格。

⑤群裂变。具体流程：邀请用户入群→邀请用户转发海报或链接到社交圈或微信群→发截图至群内→审核通过即可获得奖品。

（3）创意

要想实现用户传播和持续增长，需要裂变玩法不断翻新，玩出创意来。针对裂变的创意主要有三种：玩法、噱头、趣味。

①玩法。即裂变和营销的各种形式的组合，这也是很多企业和商家采用的创意。常见的玩法有：免费+邀请、拼团+红包、分销+排名等。

②噱头。即是以什么理由来搞裂变活动，活动蹭了哪些热点。噱头可以提升知名度和博得眼球。

③趣味。趣味是为了让用户产生参与感、黏性，吸引用户参与活动。如礼物说、众多小游戏的小程序等。

要想让创意呈现、传播，需要合适的工具，常见的工具有海报、小程序、H5等。

（4）价值

与创意相比，裂变活动给用户带来的价值才是裂变活动的核心。所谓价值，就是你的活动、产品、服务能帮用户解决哪些问题，满足其什么需求。要想吸引用户，在营销过程中要重点突出产品能给用户带来哪些价值，解决用户哪些痛点。

比如在教育类产品，课程大纲就要呈现出给用户带来的核心价值，如可以教会用户脑科学育儿的方法和技巧。对于减肥类产品，要突出产品在多长时间内能帮用户减掉多少体重。

（5）技术

裂变想玩出新意、提高效果、丰富裂变的细节，离不开技术的支持（见图5.2）。随着互联网、人工智能、5G等科技的发展，现在的技术足以支持很多裂变营销。

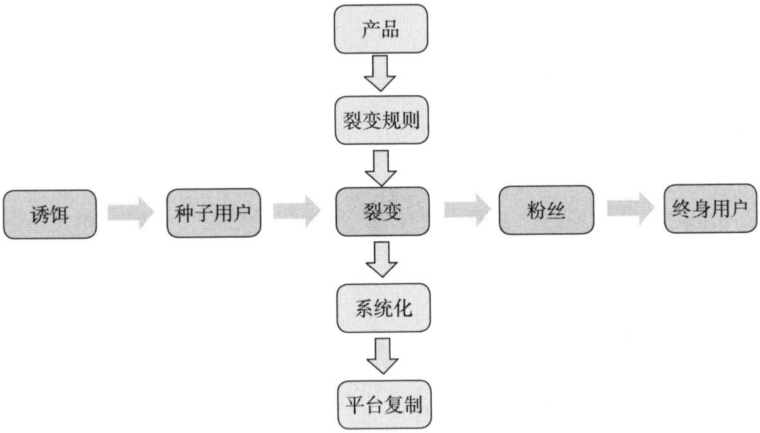

图5.2　裂变私域流量离不开技术的支持

（6）运营

所谓运营，就是操盘整个裂变过程。运营具体可以分为：明确目的和目标，策划流程，执行，维护，数据分析。

①明确目的和目标。这是运营的第一步，目的即裂变是为了什么。目标即裂变要实现的任务。

②策划流程。即梳理裂变流程和拆解任务，明确关键节点和时间轴，每一步要做什么。

③执行。即按照策划开始行动。这期间需要先测试，注意细节，把控关键环节，及时反馈。

④维护。营造氛围，引导用户，答疑解惑，做好投诉处理工作。

⑤数据分析。这一步是私域流量裂变和增长的关键环节。在具体操作时，就是在裂变营销后，分析目标数据、关键节点数据，发现问题，不断优化迭代。

5.4 如何打造裂变模式闭环

如果将流量池比喻为鱼塘，那么打造私域流量池的过程可以表示为图5.3所示的六大环节。

图5.3的环节对应的过程是：引流→拉新→留存→促活→成交→裂变、持续成交。

5.4.1 “寻鱼”——客户定位

所谓“寻鱼”，即客户定位，就是在引流之前，先要明确目标客户，画出其精准的画像。可以根据以下步骤明确企业的目标客户。

企业销售的产品是什么？

企业的产品的目标客户是哪些人群，有哪些属性？

企业的目标人群经常出现在哪些场合？

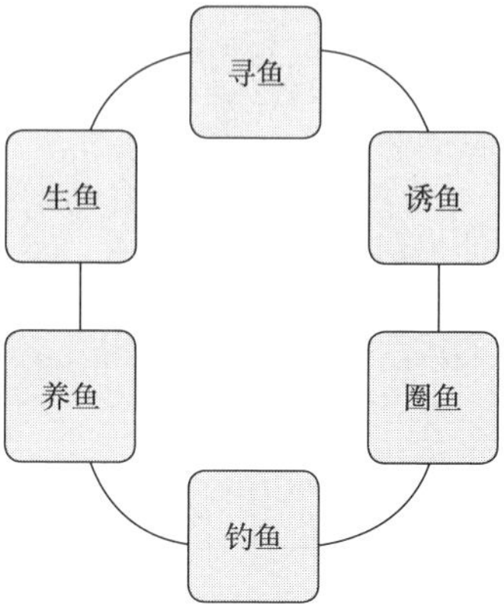

图5.3　裂变私域流量的六大环节

具体操作上可以从以下几个方面着手操作：

（1）目标市场定位

根据市场调研，了解产品或竞品的客户群体的年龄、性别、购买产品的因素和功能选择、使用频率以及收入和认知度等多项指标数据，进行排序对比和分析，从中找出可能对产品有需求的对象和人群，进行差异化和细分。

（2）市场需求定位

根据市场上某类客户的刚性需求、难点和痛点进行产品的研发。不断根据客户的体验进行改进和迭代。如针对许多怀有“我们的征途是星辰大海”情怀的人来说，《流浪地球》就是一部精准定位的科幻电影，满足了这部分客户群体的心理需求和情感体验，制作方也因此赚得盆满钵满。这就是一次成功的市场需求定位。

（3）大数据分析定位

以前要找出客户的需求需要不断在小范围内测试，从而获得消费者对产品的整体接受情况，根据接受情况再作出相应调整，既费时又费力。现在通过人工智能、物联网等技术分析客户在产品面前的眼神、停留时长，消费频率和金额可以精准发现客户需求，分析得出客户的消费意向和影响其购买的外形、包装等各因素，分析其消费构成和消费能力，集合成某类高价值人群的推送。用数据说话，这种定位才是真正的精准。

很多人对这个问题的第一建议，就是做产品前先做市场调查。但现实的情况因为99%的创业者都没法用科学有效的方法，以及资金的投入来获得一个可靠的调查问卷，更没有办法对一堆的数据做系统的分析。网上的数据很多都是过时的，同时因为地区差异，人群结构，行业形态的区别很大，没有一个很好的参照。

所以说精准定位比较可行的方法是先做试点，不要一下把摊子铺开，先打样板出来。在试点的过程中给到客户的真实体验后，再来做调整。这才是有效的找到精准客户的实用方法。

5.4.2 “诱鱼”——引流

确定好目标客户之后，使用一套引流方法将“鱼儿”引流过来。具体可以用以下一些措施来“诱鱼”。

（1）打造吸粉产品

吸粉产品就是企业能为粉丝提供什么价值和好处，让他愿意加企业为好友。好的吸粉产品具有大众、刚需、相关性等特点。

常用的吸粉产品有：文章、录音、表格、电子书、入群听课的资格、产品体验装等。这些产品有个前提，那就是对目标人群有用，而且是他需要的。

（2）引导行动

做好前面的工作之后，企业需要通过行动指令引导目标人群行动。

引导行动的场景主要分为线上线下。

①线上：传统网站、抖音、小红书等各种社交平台。

②线下：地推、举办活动、线下沙龙等。

引导行动的表现形式以图文为主，有时候还可以是音频、视频、现场讲话。

引导型图文需要组织好吸粉文案，提到写文案，很多创业者可能比较头疼。为了能够轻松写出能让目标粉丝立刻行动的文案，可以使用以下写作文案的模板，只需要套用它即可。这个模板涵盖了吸粉文案的三个要素。

其一，细分人群。

其二，行动指令。

其三，具体好处。

吸粉文案的案例：

想引流爆粉的朋友请注意了！加 × × 老师微信，说 × × × 大咖推荐，马上可以领取一套实践证明很有效的《让流量持续裂变的精准引流方案》！

这句吸粉文案便包含了上面提到的三大要素：

细分人群：想引流爆粉的朋友请注意了。

行动指令：加 × × 老师微信，说 × × × 大咖推荐。

具体好处：领取一套实践证明很有效的精准引流方案。

（3）广开吸粉渠道

在上述基础上，企业就可以广开吸粉渠道了，即找到企业的目标鱼塘。粉丝经常出现的地方便是企业的目标鱼塘。明确了目标鱼塘，企业才知道要将打造的吸粉福利等吸粉产品投放到哪里。

常见的目标鱼塘又分为公域流量池和他人的私域流量池。公域流量池：

阿里系：淘宝、天猫、支付宝等。

百度系：百度贴吧、百度知道、百度文库等。

社交网站：宝宝树、妈妈圈、小红书、妈妈网等。

网络电台：喜马拉雅、荔枝FM、蜻蜓FM、企鹅FM等。

视频平台：爱奇艺、腾讯视频、优酷等。

短视频APP：抖音、快手、腾讯微视等。

微博：新浪微博、腾讯微博等。

线下：商场、超市等。

他人的私域流量池：

线上：QQ群、微信群、微信公众号、淘宝卖家的私域流量池等。

线下：聚会、读书会、线下沙龙、线下培训等。

为了提升吸粉的效果，企业还需要做好以下几步。

第一步，梳理出目标渠道。针对不同的渠道，设定不同的福利，设计相应的吸粉文案。

第二步，做好规划。规划好企业计划从这些渠道分别吸引多少粉丝。

第三步，不断测试。做好规划后，企业要不断去测试引流的效果。重点测试这几点：哪些文案吸粉效果更好，哪些渠道引流性价比更高，哪些渠道引流更精准、更适合企业。

第四步，聚焦在某些渠道。通过测试确定了哪些渠道更适合企业之后，企业可以将力量集中在这一个或几个渠道上，而不是广撒网。

5.4.3 “圈鱼”——促活、转化

吸引过来的“鱼”，需要在企业的私域流量池中圈养一段时间，然后等待合适的时间再进行转化、成交。

在圈养的这段时间，为了保证“鱼儿”不流失或成为“死粉”，企业可以采用以下这些措施来提升用户留存率和活跃度。

（1）用高频率带动低频

①社交互动，比如内容平台上的评论、相互打榜，或者点赞、转发、分

享等行为，能够让用户产生互动行为，并进一步在企业私域流量中形成新的人际社交网络，进而习惯，且离不开企业的私域流量平台。②签到打卡（见图5.4），比如多看APP，看书时会提醒打卡，打卡可以拿书币，又能看新的书。签到打卡相对不是成本很高，但对很多用户来说非常有意义。

图5.4　多看APP签到打卡页面

③定期举办活动，例如直播活动，像陌陌，现在也增加了直播功能，给它带来了非常多的营收和活跃度。脉脉加入了一些知名职场达人的“职播”，赤兔APP的行家直播，得到的专栏作者直播等。

④定期赠送福利，抓住部分用户的贪便宜需求。例如苹果商店的限时免费，当人们定期去看限时免费APP，也会顺便看一下别的APP，增加了活跃带动了下载。

（2）恰当的时机提醒用户

人都是比较健忘的，而现在大家手机里APP又非常多。用户主动寻找并打开的可能性，其实并不高的。如果不提醒的话，很多APP很容易被忘掉。有提醒和没提醒相比，有提醒留存率就会有提升。

最常见的通知方式有，Push消息、短信、服务号、邮件，这些不同的方式各有特点、各有利弊，一般都会相互组合起来用。

每次提醒其实都是在与用户互动，互动一次都会帮助这个用户唤醒他之前曾经用过产品的感受。如果一个APP下载以后不想任何方式去提醒通知用户，活跃和留存肯定会非常低。关于通知提醒有几个要注意的点：

①提醒文案要结合场景。结合场景能够避免让用户反感，比如有次下大暴雨时，收到滴滴推送说大暴雨，送你专车五折券打车回家，这个就很应景也很温暖。如果让用户感到反感，要么会屏蔽通知，要么会卸载APP，这是很大

的损失。

②针对不同用户要有精细化运营。不同的用户有不同的喜好，在不同的属性之下，他们想收到的消息也不同，比如在深圳不想收到有关北京的通知；女性不想收到有关男性的通知等。针对性地去给用户打标签，并给不同标签的用户推送不同的通知，这样的信息对用户也会更有价值。

③不断看数据和反馈，不断优化文案与推送时机。文案与时间都是需要不断优化，在整个过程中，通过不断看数据和用户反馈，调整迭代出更好的文案，不仅不能让用户反感，还要能给用户带来更多期待。

有个概念叫沉没成本，是指人们在决定是否去做一件事情的时候，不仅是看这件事对自己有没有好处，而且也看过去是不是已经在这件事情上有过投入。这里把这些已经发生不可收回的支出，如时间、金钱、精力等称为沉没成本。比如为了听一场讲座付出的费用就属于沉没成本，所以付费活动到场率会比免费到场率高很多。所以让用户在平台上付出时间、精力、金钱、感情都会促进用户这个平台有更多的留存。这些愿意投入时间、精力、感情的用户，我们定义为核心的忠实用户，把他们维护好，对整个平台非常有帮助。

（3）让用户花钱

已经让用户花了钱的产品，就会更容易频繁被使用。这个点在传统行业，已经非常成熟，就是办会员卡。

比如在购买优酷会员之前，如果要看个视频可能每个平台都会搜一下，一旦购买优酷会员就会去优酷找视频。类似的，亚马逊的 Prime 会员、京东的 Plus 会员、猫眼电影的折扣卡等，也都是非常不错的设计。一旦让用户付出代价，离开的成本就会更高，这会促进用户更高的留存。

（4）让用户投入感情

付出感情，也是同样一种沉没成本，会让用户不会轻易离开。当人们投入感情以后，他会潜意识里让自己更加认可这个东西，因为他不想让别人认为自己很傻。选择了这个产品，如果它很好，就会卖力去宣传推荐；如果它不好，就会去跟别人解释——可能它也有苦衷，我们理解一下。

比如苹果手机，很多人选择购买都是超越理性去爱苹果这个品牌的，所以这样的用户不会轻易离开。当产品不断更新升级，持续性吸引用户，使用户喜爱时，就会形成能让用户能够参与产品型社群，在其中投入更多情感，也不容易离开。

（5）提前充值

提前充值进去的金钱，也是一笔不小的沉没成本。这在线下场景里，常见的很多提前充值的会员卡，就是这种类型。比如得到和喜马拉雅（见图5.5），在充值数目的选择上，故意错开常见产品的定价，让你充完钱之后购买一个产品，总是能够剩一些，然后你就只能继续购买其他产品。

图5.5　喜马拉雅APP充值页面

（6）让用户投入时间

用户在上面投入时间，他们也更不容易离开，像论坛的版主、知乎达人。一些玩游戏的人，已经升级打怪到一定级数的时候，也许已经失去了早期打游戏的快感，但因为已经花了很多时间在上面，积累了很多沉没成本，只能让自己继续玩下去。

（7）用户激励体系

不管其他人看起来这有多么无聊，积分等级制度的设计，对于促进产品的活跃、留存还是很有帮助的。

人性里天生有一种比较的驱动，希望能让自己在某些方面比别人厉害一些。所以恰当的用户激励体系，能够促进用户更积极地使用产品。

用户激励体系，包括了积分、等级、排名和勋章等。

把企业期望用户的行为设计到用户激励体系里，鼓励用户更多行为的产生。关于积分、等级、勋章，不得不推荐大家研究一下，QQ 体系里的积分体系、会员体系（见图5.6），在这方面确实做得非常好。

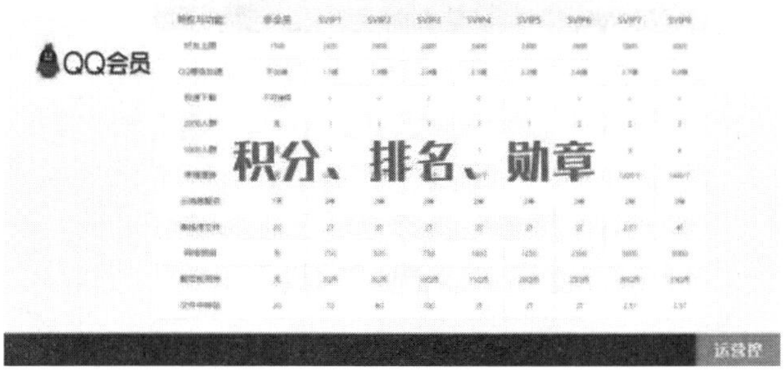

图5.6　QQ会员用户激励体系

（8）增加可使用的场景

很多产品之所以没有做起来，其实是因为可使用的场景太少了，以至于用户都忘记了它。先举一个传统行业的例子——凉茶王老吉。

最开始的文案从“治上火”调整成“怕上火”，使用场景一下子扩大了。一个人今天可能并没有上火，但是也会有上火的可能，如吃火锅、天气干燥、熬夜等。场景扩大了之后，王老吉销售额增长了100倍，在中国超过了饮料巨头可口可乐。（当然了，销量增长的100倍功劳不全部是场景变化，但这一点是相当重要的因素。）

再来看一下使用财付通支付牌照的微信支付。微信支付早期做的时候很困难，因为当时支付宝已经有上亿用户了，背靠阿里集团大量的电商交易，人们已经习惯使用支付宝进行支付了。支付宝团队当时已经有一两千人，微信支付团队才几十人，短期里要铺开做地推也不太可能，如何破局？微信支付主要就是通过使用场景突破。

①微信支付创造了一个场景——红包。

沿袭着腾讯每年开年后，老板们发红包的传统，团队内部做了一个抢红包H5页面，无意间发现传播速度很快、参与度很高。而且发现这个场景全国人民都很熟悉，也是让用户绑定银行卡非常好的场景。于是重点投入开发红包功能，并在2015年春晚策划的互动营销，让大量的普通用户开始使用了微信红包功能。现在微信使用红包已经全民参与，2020年春节期间微信红包收发总量达460亿个。

②微信又优化了支付场景——朋友间转账。

微信本身有成熟的社交关系链，使得转账不用跳出微信。这个场景比另外打开支付宝，输入对方支付宝账号的体验要好很多。

据说现在微信支付因为转账所产生的交易成本（银行手续费、服务器成本）每天已经过亿，可见这个数量已经非常大了。

③提供很便捷的收款方式。

过往支付系统铺开的一个很大障碍，就是收款硬件设备的成本，所以铺设的面非常有限。而如果可支付的场景太少，使用者使用的频率也会少很多。

而微信支付，不需要花几百元购买硬件设备，点开微信就能生成一个收款二维码，金额实时到账、不用打印签名、没有手续费（当时），成本低廉、使用方便，所以无论是高档商店，还是推车卖水果的小贩，现在基本都支持使用微信支付了。

接入的线下交易多了，可使用的场景也就变多了，高频使用微信支付的人也就更多了。拓展场景是在前一个核心需求把握成功之上，而不是主要功能不成功，不断想换一个功能拉活跃。

做好留存、促进活跃度的方法，不是不断增加功能和提醒给用户增加负担，而是真的把用户当朋友，想办法为其提供更优质的产品和服务，解决他的痛点，满足他的需求。上述措施的本质是，为粉丝和用户提供有价值的内容和服务。

5.4.4 “钓鱼”——成交、裂变

对于吸引来的粉丝，只有让他对企业产生信赖感后，才能实现后续的转化和裂变。可以从专业度、事实见证、品牌实力、从业经验等方面来培养与社交好友、客户之间的信任感。如图5.7所示。

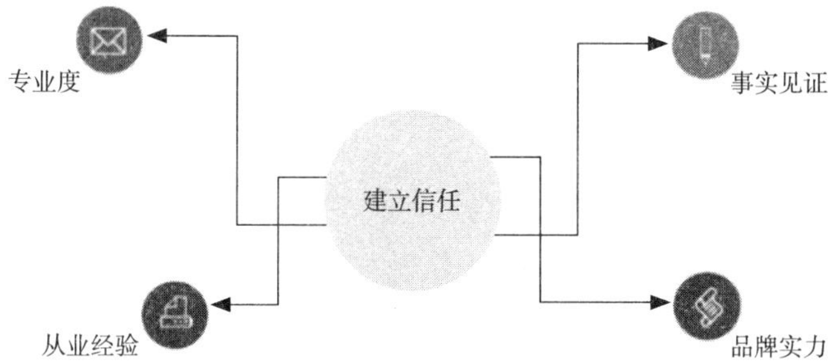

图5.7　建立信任的四大环节

（1）专业度

专家为什么受人尊敬？是因为在人们心中专家很专业。同样，和客户交往时，企业要体现自身的专业度。专业度包括专业知识、专业形象两方面。

①专业知识。掌握销售、服务客户、产品知识等专业知识，成为客户心目中的专家。

②专业形象。专业形象包括个人形象和微信朋友圈形象。个人形象指注意仪容仪表，重视社交形象。微信朋友圈形象打造主要从这几个方面着手：微信头像，微信昵称，标签，个性签名，朋友圈封面相册。

（2）事实见证

一般人只相信自己看到的东西，因此企业要通过向客户展示各种见证，赢得客户的信任。具体而言，主要展示以下见证：客户见证、专业证明、荣誉证书、获奖证书、权威背书、公益证明、产品的检测报告、品牌的官方认证报告、产品合格证、与名人及大咖的合照等。上述内容，可以用文字、图文、视频形式呈现出来。

事实见证是企业的成交利器。企业可以将上述资料整理成数据包，遇到各种销售成交场景，都可以拿出来给对方看，讲到哪里，见证展示到哪里，直到成交。

（3）品牌实力

如果是个人，可以向粉丝展示：个人形象、个人魅力、所获奖项、参与的活动、出版的著作、大咖合影、演讲或讲课场面、团队人数等。

如果是企业，可以向粉丝展示：资金实力、员工实力、业绩实力、品牌实力、办公环境、办公福利、政策扶持等。

（4）从业经验

人们去医院就医时，通常喜欢找老医生诊断。为什么？这是因为在大家心目中，老医生从业经验丰富，技术水平要高于年轻医生，会帮人们更好更快地解决问题。这就是从业经验带来的好处，它能帮从业者快速建立他在客户心目中的信赖感。

私域电商可以向潜在客户、经销商展示自己的从业经验，将自己打造成为专家。企业可以为自己设计一个标签，加深客户对企业在该方面的认知和印象，比如："专注女性健康领域6年""拥有私域电商创业经验5年""新零售、社交新零售的研究者、实践者、开拓者"。

从业经验具体包括从业年数、服务客户数、团队人数、年业绩等。

5.4.5 "养鱼"——复购、社交传播

当企业持续为用户提供优质的产品和服务时，就可以提升客户的满意度和体验感，建立用户的好口碑。此时客户会持续复购，企业可以用心服务好老客户，充分挖掘其终身价值，将其价值最大化。同时，因为建立了好口碑，用户会自发地分享并推荐新用户，借助社交传播，企业的用户将会裂变。

"养鱼"的一环是要打造好IP。对于个人而言，就是塑造和运营个人IP。对于企业而言，就是打造企业的IP，提升品牌的影响力。企业IP打造可以是真实的个人IP形象，也可以是虚拟的，但最终都是塑造和运营个人IP，只是背后运营者或是个人，或是团队。这里分享一些打造IP需要思考的几个方面。

（1）认知IP的本质

有人认为IP就是微商的那套个人包装术，等等。实际上所谓的IP，其实与大家常说的KOL概念相似，其内涵都是一样的，只不过换了个说法，改了点东西而已。

KOL是什么？关键意见领袖。简单解释为：在一个行业领域里面，有超出常人的行业和产品认知，可以给与普通人更多的产品购买、行业领域指导意见。

基于这个理论就能明白：只要在某个行业领域里面有着超出普通人的认知和经验，就可以着手打造个人/企业IP，并通过持续性的贡献价值，把用户引导到个人/企业私域流量池，后面再完成销售→追销→裂变等一系列的动作。

其实就是这么简单。

KOL可能更加偏向于用自己的行业知识和经验去推荐用户购买产品，而IP自己就是产品本身。

（2）深度学习IP内容体系

做一个项目，有人认为不管三七二十一，先干起来再说，光说不练假把式。也有人认为先想好再做，运筹帷幄，才能最大化的保证成功率。

其实，以上想法说的都对，但又都不对。对于一个项目运作，如果事先都不了解这个项目，怎么做？做的很多东西可能都是错的，浪费了时间和精力。而想要全盘了解一个项目，对于新手来说，又不现实，因为新手的认知天花板实在太低了。所以，我认为这里最好的办法就是先学习，然后建立营销模型，有了轮廓之后再开始实操，后面不断修正和完善自己建立的模型体系。

很多人可能会觉得，自己在做项目之前，已经了解清楚了项目流程，为什么最终依然还会失败？如果个人/企业未来想要在IP的路上有所建树，首先应该认知IP，其次做深度的学习，构建比较完整的IP运营体系和商业模型。

（3）构建IP营销模型

在操盘IP运营之路前，必须要先构建IP的营销模型。其中包含：IP定位、产品模型、营销流程、流量增长、内容体系、成交体系等。就像在玩多米诺的时候一样，要先把一块块的骨牌给摆好，并且他们之间的距离要保证上一块骨牌被推倒之后一定要能够砸倒下一块骨牌。

构建个人IP营销模型，最好的办法就是跟已经在这条路上做出一定结果的人学习，能够帮助企业和个人将会以10倍的速度进行增长。打造好IP后才能够让你的客户对企业有深刻记忆点的认知，并与企业产生联结和互动，这样才能够让用户产生口碑效应，并不断进行复购和转化。

5.4.6 “生鱼”——连环裂变

所谓“生鱼”，就是借助连环裂变，实现粉丝的一度裂变、二度裂变、三度裂变，这将大大提升企业的流量倍增效率。连环裂变其实是在充分挖掘、放大粉丝的价值，连环裂变的主要原因就是利益驱动，让第一批粉丝成为企业的种子粉丝，然后自动自发地转发企业的吸粉文案或为企业推荐新的粉丝。也可以通过引导，抛出新的引流主张、新的福利，让粉丝变成种子选手帮你裂变，并不断循环下去，找到目标粉丝所在的社群并引爆它。

微信群是粉丝活动的主要场所之一，人们已经习惯在群里聊天、办公学习等。“物以类聚，人以群分”，一个多达500人的群，总有一些消费习推相似、消费需求接近的粉丝，他们就是企业潜在的粉丝或合作伙伴。如果能在微信群里进行筛选、挖掘，只要使用合适的方法，就一定可以迅速将其引流为企业的粉丝。

（1）拥有种子粉丝

很多人在通过微信群引流的时候，往往会陷入极端，即所有的群都是自己创建的，自己是群主，在管理群的时候权限更大。但这样做的弊端很明显，那就是没有那么多的精力深耕每个群。亲力亲为，换来的并不一定是最好的结果。

有人又会陷入另一个极端，即所有的群是别人邀请他加入的，自己没有自主创建的群。这样会让自已很被动，在引流的时候往往瞻前顾后，无法放大引流的效果。要实现群裂变，最好的办法就是建群和加群同时进行，当积累足够多的群时，就能实现量变到质变的转化。

①通过换群的方式加入更多群，所谓换群，就是和别人交换，别人有10个群，你也有10个群，大家交换后，各自就拥有了20个群，这样你筛选粉丝的范围就能更大。

②在百度搜索微信群网站，有人专门建立了网站，供大家交换或者加入群，这样就能发现更多精谁的微信群。

③通过公众号搜群，阅读公众号文章时会发现，很多文章最后会写上加入某个粉丝群，找到与行业相关的文章并加入这样的群，粉丝会很精准。

④QQ群中交换群资源。

⑤自己建群，这是指在合适的机会和场合建群，如参与某些活动时，通过加入一些群，自己再找一个理由建一个群，把对方群的粉丝拉过来。也可以通过引流主张，让粉丝自动往群里拉人，裂变新的群。

这里也需要提到几个建群时需要注意的细节，每个细节都会影响到粉丝是否愿意加入群、对群形成初步认知，因此需要运营者精耕细作。

①群昵称，最好能够让对方获得有用的信息，群昵称要有较高的辨识度，能让人很快记住。

②群欢迎词，这会给新加入的群友带来一种亲切感，让其产生归属感，也

能更好地留住群友，拉近距离。

③群口号，群口号要简单、易记，并且充满正能量、朗朗上口。

④群公告，群公告一般是介绍本群的规则等，这些完整的内容能让群友相处融洽。

⑥群文化，一个群就是一个组织，群友经过相处会形成共同的价值观、认同感等，从而形成群文化。群文化具有极强的向心力，一方面能留住群友，另一方面能保持群的活跃度。

（2）前期准备工作

欲善其事必先利其器，裂变活动有很大的时效性和不确定性，因此只要有事先准备全面，才可以保证裂变得到更好的效果。主要是准备是以下几个方面。

①裂变文章：详细说明此次裂变活动，并在突出位置列出裂变活动参与的入口。

②裂变宣传海报：这张宣传海报，不单单是自己宣发，要能够在裂变群内，推动粉丝转发，宣传海报上也要有活动参与的入口。

③裂变话术：关键环节在于详细说明活动的自身价值，并且创造紧迫性，不单单是自己裂变活动公布时要采用，也是在活动开始后，群内推动时跟宣传海报配套，使粉丝能够直接转发的话术。

④裂变专用工具：微信群聊裂变的一个弱项，便是扫码进群的粉丝限制，因此必须采用专用工具才可以做好裂变，能够用专门的微信群聊裂变专用工具。篇幅有限，专用工具应用不在这里一一讲解。

⑤裂变小号：一次裂变活动，要最少准备3~5个微信小号，开展气氛带动或是危机化解。

⑥应急处理方案：包含群内如果有人提出质疑的预案话术（含小号话术）、如果有人发广告的踢人话术、专用工具失效的应急人工处理流程等。

（3）一个入群的理由

针对入群的理由这点，可以理解为顾客为何要进你的微信群聊？

首先要做的，便是拿出一个合理而又可以触动客户的理由。不一样的产品，理由是不一样的。需要对不同的群群聊进行群的定位，再进行确定方案。

而在做社群裂变的时候，基本上可以紧扣这两方面去做：一是利益驱动、二是预警驱动。最合适的吸粉方式便是提供实用价值，给予益处，帮顾客解决问题，让顾客心甘情愿地加你，心甘情愿地帮你裂变。福利是裂变粉丝的头等大事，按照自己目标群体和“鱼塘”的特性，设计对应的超级福利。

（4）设计群裂变流程

活动主题必须明确且应有创意文案。既然是一场活动，必然少不了创意文案，文案主题要明确，最好一看就懂，注重短平快，可以触动顾客的痛点。

创意海报设计：裂变海报必须包括的元素有主题、副主题、限时限定（限定时间、限定人数），让人有一种紧张感。

裂变工具配置：按照你选择的裂变工具配置后台资料，业界通常选择这几个的裂变工具较多，进群宝、WeTool、建群宝等，来上传自己的群二维码。

种子顾客启动宣传：可以根据自己积累的微信群聊、微信好友、微信公众号粉丝或合作方的微信公众号，开始启动宣传你的活动了，可以以文章、海报进行宣传。

完成裂变之后，那么就需要进行社群维护，可以用进群宝、建群宝、WeTool群管理来设置自动回复，欢迎语以及邀请查询，配合使用。

（5）粉丝持续裂变

粉丝裂变最合适的方法便是连环粉丝裂变，粉丝裂变陌生粉丝身后的陌生粉丝，一个好的吸粉活动能够做好一度粉丝裂变、二度粉丝裂变、三度粉丝裂变，甚至做到无限粉丝裂变。连环粉丝裂变的首要原因便是利益驱动。

粉丝为了获得相匹配的福利，便会帮你转发或推荐新的粉丝加你。经过引导，抛出新的吸粉主张、新的福利，让粉丝转变成种子选手迅速帮你完成粉丝裂变，并循环下去。

（6）引爆社群

微信群聊是粉丝活动的首要场所之一，大家已经习惯了在微信群进行闲聊、办公、学习等。所谓“物以类聚，人以群分”，一个高达500人的群，总会有一些消费行为相似、消费需求贴近的粉丝，那么这些便是我们潜在的粉丝或合作伙伴。假如能在微信群里做好筛选、挖掘工作，我们只需使用合适的方法，就能够迅速将其转化为我们的粉丝。

在微信群聊中，加好友有两种方法：一种就是你主动添加群友，在微信群寻找到合适的人，主动申请加为好友（利用软件自动化）。另一种是被动添加，即别人主动加你为好友。让群友主动加你为好友是需要技巧和方法的。

那群聊如何才能不断吸收新成员？

一个社群的核心价值在于分享，所以吸引新成员要依靠现有的社群成员来打造成功的分享、合作案例，从而形成了一个从用户黏性到裂变的过程。

（7）社群运营管理

粉丝裂变活动结束，必须立刻衔接运营，并且发个大红包谢谢大家，同时通知大家这个群会持续保留，能够日常输出的价值，还可以组织群内朋友自我介绍，让群内小伙伴先混个脸熟，同样是明确群内的人脉价值。

有的人在粉丝裂变活动结束后，立刻推出产品促销让用户购买，实际上这并不是社群营销的玩法。社群营销，必须是基于后期运营以及信任感的培养，也唯有这样，才能有更多的用户转化。

前面注意事项讲的是不能立刻变现，但是，关于衔接运营的一个很重要经验，便是要在一周内，通过推出性价比极高爆品的方法，完成一次营销转化，唯有付过费的用户，才能有更高黏性和活跃度。

总之，从社群黏性到裂变是一个需要时间和精力的过程，在这过程中，社群的定位、用户、互动都是需要根据不同性质来做成不同策略的。一个社群，不管成员的加入是因为娱乐还是学习，社群运营者都需要通过各种方式去激励成员之间的交流、互动。更不能忽略的便是群规则的制定，无论是什么样的社群，首要的便是制定群规则，群规则的制定和执行，在一定程度上决定了这个社群可以达到什么地步。社群的管理制度既不能过于严格，又不能过于松散。社群的建设要在情感交流的基础上，当成员相处融洽，也就不需要引导，自然而然就产生用户黏性。

5.5 混合式成交裂变策略

5.5.1 新社交玩法

同为新零售咖啡，瑞幸咖啡的裂变玩法更适合体量较大、有资本加持的企业来玩。而连咖啡的裂变玩法中小企业也可以采用。

连咖啡主要通过以下裂变玩法快速裂变私域流量。

（1）口袋咖啡馆：游戏化分销

连咖啡的口袋咖啡馆板块依托于微信小程序。在口袋咖啡馆内，每个用户都可以开一家自己的线上咖啡馆，并亲自设计咖啡馆的装修和上架产品。

该项目上线首日，点击量高达420万，新开52万个口袋咖啡馆，销售转化率达10%，普通用户最多一天销售咖啡高达200多杯，转化率惊人。连咖啡是怎么取得上述成绩的？

口袋咖啡馆设有一些特色玩法，以实现流量的裂变和传播。

①展示自我。用户可以决定自己咖啡馆的装修和上架的产品，借此来展示自己的个性和格调。通过这一玩法，连咖啡便实现了较高的传播率。

②销售转化。完成设计后，用户还可以上架商品并销售，商品的款式由用户自己选择。上架的商品可以对外销售，售价比官方售价低10元。达到一定门槛后，用户拥有更多SKU的选择权。这是一种游戏化分销模式，让用户在游戏中通过自己的社交网络帮连咖啡完成了分销，实现了共赢。

③附加玩法。口袋咖啡馆还设有很多好玩的玩法。比如，每销售一杯咖啡，用户可以获得10点网红指数和2元基金，前者是荣誉排名，后者消费时可以抵现金。“附近的馆”这一板块则可以帮助用户拓展社交圈。

（2）福袋：另类红包分享

福袋活动也是连咖啡社交裂变的常用玩法。

每个福袋有几十个不同类型的优惠券、万能咖啡、成长咖啡等福利。用户付款后，可以分享福袋至朋友圈，好友抽福袋达到一定人数后，用户可以额外获得0.1杯成长咖啡。

福袋的裂变逻辑与饿了么、滴滴打车的“用户下单后给好友分享红包”玩法类似，不同之处在于，福袋中加入了更适合拉新的万能咖啡、成长咖啡等更有创意的玩法。

（3）拼团：一元拉新

一元拉新属于常规的拼团玩法，很多电商平台都用过。但咖啡与一般商品不同，属于低成本高毛利的商品，因此采用一元拉新玩法时，操作空间更大，可以设计更多好玩的玩法。

（4）咖啡库：奖励货币化

连咖啡通过奖励的货币化，将上述社交玩法连接起来，形成一个闭环。连咖啡的会员积累的这些社交货币可以赠送、交易、存储。奖励货币化让连咖啡的社交玩法更具活力和吸引力，大大促进了用户的分享传播。

连咖啡为什么能玩转社交裂变？它背后具备一定的底层裂变逻辑。在一二线城市，对于咖啡这一商品，消费者不会排斥，通用性很强。

当连咖啡推出“1+6元运费可购得一杯咖啡”活动时，用户只需要转发即可。既得了便宜，又展示了消费格调，还能帮朋友赢得好处。可谓一举多得。上述特性，保证了连咖啡的传播密度，为它裂变私域流量池奠定了基础。因此品牌做裂变，具有极大的成本优势。

5.5.2　内容驱动社交

在今天这个时代，绝大多数的产品性能都能达到用户的基本需求，而最后用户选择谁，就看各家的营销功夫。

（1）流量带来知名度 内容是品牌和口碑的载体

为什么很多客户愿意拿几个亿出去投放电视广告，却不愿意多花几十万好好拍一条电视广告片？这都是流量思维的极致表现，这些人认为广告片的内容是无关紧要的，只要产品或者品牌能够曝光，就能形成购买。很多企业其实都还在同样的思维模式里打转——流量迷恋症！

单纯靠流量就能刺激购买行为的时代会逐渐结束，就像单纯靠增加兵力来赢得战争的时代结束了一样。流量迷恋症在大众媒体时代是有效的，那个时候最流行的营销公式是“明星代言+砸央视广告+终端铺货”。而现在是移动互联时代，人的注意力已经从“大屏幕”转移到了自己手中的“小屏幕”，所以现在需要的是用内容和口碑来激发消费者的兴趣和购买欲。

在传统媒体时代，消费者的行为模式是“注意—兴趣—欲望—记忆—行动”。比如说观众在电视上看到了一个广告，不管这个广告拍得好不好，但观众只能看，躲都躲不了。即使观众转台，也许另一个台也是广告时间。

当客户逛商场的时候，面对琳琅满目的商品，选哪个好呢？这个时候客户的脑子里就会想起那个连着喊3遍播放了15秒的广告，然后客户便决定，就选这个牌子吧，能够在央视打广告，至少是有实力的企业，其他牌子见都没见过，就算了。这就是传统媒体时代的行为逻辑。

而在移动互联时代，消费者的行为模式却变成了“共鸣—确认—参与—扩散”。

在下班的路上，客户刷着社交网络，看到了“杜蕾斯”追热点的段子，客户不仅觉得这个段子好笑，还说出了客户的心里话，于是点击转发按钮。

这两种不同的行为模式分属于两个不同时代，前者由流量驱动，后者由内容驱动。

从品牌资产的角度看，流量只能带给品牌知名度，比如在传统媒体时代，虽然“羊，羊，羊”广为人知，但又能带给人们多少情感呢？而好内容却能赋予品牌情感、人格和价值观，好内容才是移动互联时代品牌呈现和用户口碑的好载体。

那么，什么是好内容？

（2）大公司在内容上下了哪些功夫

2018世界杯期间，蒙牛花了20亿元用在世界杯赞助，梅西的代言费，还有央视广告的费用等方面。而华帝只花了几千万，弄了个“法国队夺冠，华帝退全款”的活动。蒙牛的逻辑还是传统硬广，是流量思维；而华帝，是基于事件营销，是内容。（见图5.8）

图5.8　蒙牛和华帝在2018世界杯期间的营销

还有这些，比如抖音搞了文物戏精大会，宝洁旗下的SK-11做了相亲角，OLAY在小红书上产生了好几万的笔记，护舒宝找了上百个KOL来晒产品，李宁和老干妈都去了纽约时装周。

这些都是大公司在这个时代营销方式的转变，但是，海洋里最大的生物虽然是鲸鱼，可鲸鱼却不是最多的生物，最多的，是小鱼小虾。

在中国，更多的是中小微企业，这样的企业往往无法去纽约走秀，也找不起上百个KOL来做直播，以上这些大企业的营销方式对中小微企业来说是有非常高的门槛的，这些中小微企业该怎么办呢？

（3）靠内容崛起的案例分析

“多余和毛毛姐”是一个抖音号，他的2000多万粉丝是在3个月里积累起来的，用他自己的话说就是“感觉人生到达了高潮”（见图5.9）。大部分人在看完这个账号之后都会感觉很好笑，很开心，可是为什么毛毛姐可以做到？

毛毛姐的内容能深刻的剖析女性的心理状态和生存状态。心理状态很明显属于心理学范畴，而女性的生存状态属于社会学的范畴。不懂这些学问，无法洞悉人性是做不出这样的内容的。

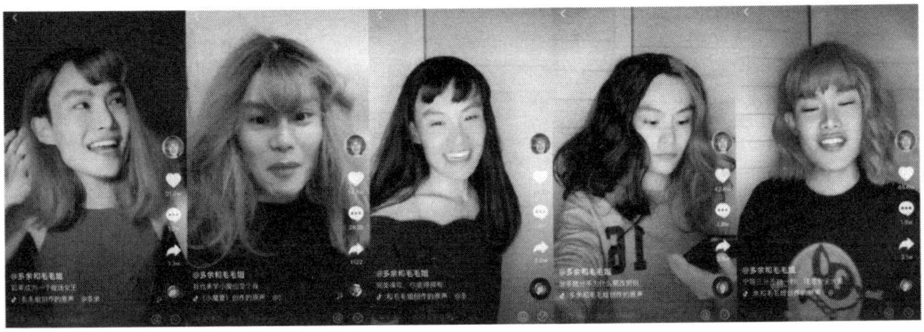

图5.9　网红毛毛姐抖音作品

抖音上还有一个账号叫“名侦探小宇”。有网友评论说，这个账号就是抖音上的“法治在线”（见图5.10）。每期节目都选取一个真实的案例，然后拍摄再现真实过程，最主要的就是教会女性如何保护自己，防范不法侵害。7天涨粉500多万，整个团队不到10个人。

图5.10　抖音账号“名侦探小宇”作品截图

这个姑娘曹米娅是一个淘宝的美妆主播，本来是当老师的，后来改行做主播。作为美妆主播，自己长得美是她的一大优势，但是仅仅靠脸吃饭是没有差异化的。每期在淘宝的直播，她都会向粉丝介绍一些美妆产品。最独特的地方，也是最核心的竞争力是，她能够把化妆品的药理成分和化学公式解释清楚（见图5.11）。

图5.11　美妆博主曹米娅淘宝直播截图

通过这种直播，她的粉丝都是直接相信她，用钞票来支持她。为了能够把化妆品的药理成分讲清楚，她几乎每天都抱着一本厚厚的“化工类”书籍在啃（见图5.12）。不得不说，要做出好内容是很不容易的。

图5.12　美妆博主曹米娅看“化工类”书籍

以上的三个案例都是企业，甚至是个人可以做到的，和找到上百个KOL来代言相比，这才是更适合中小微的内容打造方式。

（4）营销转化需要倒推的能力

做内容，目的就是为了要转化，要卖货。中小微企业都有自己的业务，而内容应该服务于自己的业务，而不是去接广告。在看完大公司的做法，抖音上的成功案例之后，那么中小微企业自己的内容应该如何打造呢？

倒推，需要倒推的能力。

会计培训行业，应该如何做内容呢？

应该吸引那些正在规划自己未来且脑子里浮现过要学会计的人，而不是去吸引那些已经决定学会计在各个机构之间比来比去的人。

在各个机构之间反复比较那是“综合评估”，要考虑的因素太多，如价格、课程设置等，这些人用的是理性大脑。丹尼尔卡尼曼说，这叫“系统2”。

而吸引规划自己未来的人，可以每天发一些学员的心得，最主要的就是为什么选择学会计，是什么让我和这个机构“结缘”，并下定决心来学习。这样的内容是社交，是走心，是“单独评估”，这些人用的是感性大脑。丹尼尔卡尼曼说，这叫“系统1”。

再比如，婚纱摄影行业怎么做内容呢？

这个行业是个同质化很严重的行业，现在在抖音上有大量的如何拍摄婚纱照段子，也有大量的美照，这些都不足以称之为好内容。

就像抖音上有大量的萌妹，长腿小姐姐，虽然美，但太多了，也不免审美疲劳，靠脸吃饭终究不是好内容。

婚纱摄影行业的内容打造需要倒推，也就是说要把情侣的时间线往前推。

比如要能够解释现在“为什么男人都不追女人了”。

比如要能运用心理学和社会学帮助情侣之间化解矛盾。

比如要能从文明的角度去解释“为什么结婚是两个家庭之间的结合是落后的农耕文明的产物”。

比如要解释清楚“婚姻的本质是什么”“婚礼的本质又是什么”“彩礼不够该怎么办”。

再比如，从心理学和社会学的角度，男追女和女追男都需要注意什么，有什么技巧？

请注意，这些内容基本都是覆盖没有结婚的人，能够长期服务这批人，就能和这些人产生社交，产生黏性。当这些人真的找到了自己所爱的人，你这个婚纱摄影机构对粉丝来说不是一个冷冰冰的门店，而是一个长期“暖心的亲人”。而要做到这些，都需要高质量的内容来驱动社交。

红酒行业怎么做内容？

吴军在得到的专栏《硅谷来信》中有6篇文章是专门写红酒的（见图5.13），内容从红酒的产地讲到如何从酒瓶判断酒的品质，从酒杯的选取讲到品饮的方式，从干邑的三个品牌讲到轩尼诗家族的历史，其内容的深度不亚于一本指导手册，其内容的广度不亚于一本历史传记，这就是最好的内容。

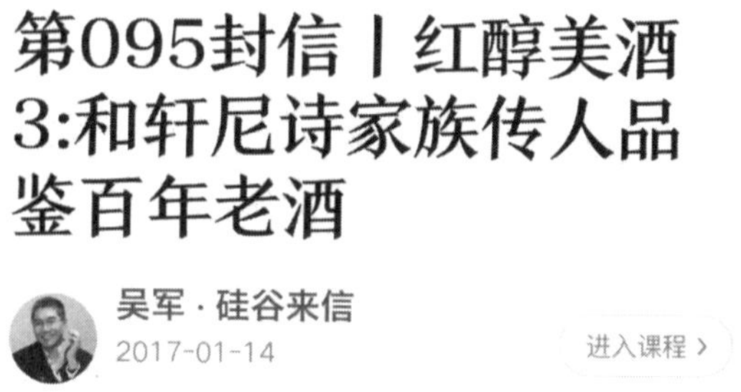

图5.13　吴军《硅谷来信》栏目文章

这种做内容的方式不是“倒推”，而是在内容的知识面上要整整高于其他内容一个维度，即有广度又有深度。像之前说的美妆博主曹米娅，直播的时候写化妆品的“化学公式”，也是在另一个维度上的高能力。

回望过去的一两年，我们能记得住的一些好的案例无一不是由鲜明的人格化以及优质的内容来驱动的，从PAPI酱到杨超越，从杜蕾斯到江小白，内容正在变得越来越重要，那种拼命砸广告的时代已经一去不复返了。

做内容有统一的原则，那就是为企业的业务转化服务，这一条是必须遵守的，见图5.14。

转化率 = 内容质量 × 信息送达率

图5.14　转化率与内容的关系

什么是好的内容，倒推是做好内容的方式之一，但并不是唯一。做好内容没有统一的公式，需要每个行业根据自己的特点去思考。

5.5.3 社交驱动营销

拼多多的目标用户以三四线下沉市场的用户为主，他们对价格很敏感。而前文举例的连咖啡与拼多多不同，它对标星巴克，其目标用户以一二线城市的中高端用户为主，这部分用户对价格不敏感，更在意时间成本、生活品质、在社交圈的格调。

因此，连咖啡在实施社交裂变玩法时，弱化了“铜臭味”，强化了个性、格调、品位、成长、分享、互惠、趣味等属性，这些元素让用户可以体面地社交。

如抢福袋活动的奖品设置充满了趣味，不同类型的咖啡奖品极具谈资，代表着差异化的品位。成长咖啡、万能咖啡、咖啡基金等奖品玩法极富格调和品位。

连咖啡的社交裂变玩法偏向于术的层面，而咖啡库借助“咖啡货币”这一社交货币工具将连咖啡的裂变玩法打通，串联为一套体系。用户获得的奖励可以换算成“咖啡货币”，可储存、可消费、可交易。当用户暂时不想喝咖啡时，这些“货币”可以储存起来，当需要时再使用。用户还可以将这些“货币”赠送给社交圈的好友，加强彼此的联结。连咖啡的这种咖啡货币玩法，甚至会成为一种裂变机制，衍生出更多丰富的裂变场景。

可以说，社交驱动在连咖啡私域流量池的运营中几乎无处不在。但如今很多企业也在积极尝试内容、社交双维驱动营销达成，其中抖音就是非常成功的典型例子。抖音上的各类工具产品可以帮助用户轻松实现从“观看”到“创作”的无缝衔接。APP的首页为默认推荐页面，以竖屏信息流的方式，吸引用户随意上下切换观看视频，进行点赞、评论或转发，社交互动性极强；用户也可参与到话题挑战之中，自行创作和上传短视频，满足其模仿、创作欲望和社交参与感。形成循环式的传播链条，并发生裂变传播。

抖音激发了新的社交关系，让用户从模仿引领者，再到群体创新，构建起了属于抖音的社交基因。无论是普通用户的自发挑战话题，还是官方账号的营销挑战话题，都在抖音上实现了巨大的流量变现，极大地提高了品牌的曝光度，从而将线上的用户流量变现为线下实体店的巨大消费。抖音的社交型内容和内容型社交如图5.15所示。

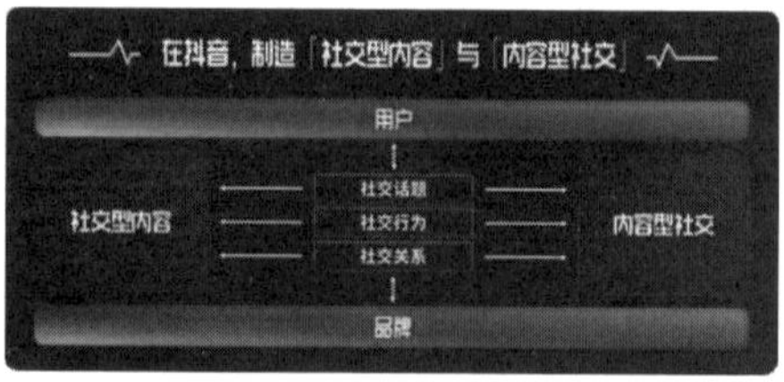

图5.15　抖音的社交型内容和内容型社交

围绕社交最重要的组成部分——社交话题、社交行为与社交关系，抖音通过平台“社交型内容”与“内容型社交”之间的相互影响及转化，打造出连接品牌与用户的全新纽带。

一方面，抖音以UGC短视频社区化的形式，吸引了大量的用户（以年轻用户为主），有效助力引爆社交话题、引导社交行为、沉淀社交关系；另一方面，围绕内容核心，抖音借助原生创意热点捕捉，产生的社交营销传播方式不仅成本低，而且速度快，短时间内能够及时得到用户的反馈，达到推广效果。

如今，抖音短视频已全方位渗透进用户的生活，成为一种生活方式。作为更开放的内容社交平台，基于抖音短视频的营销价值也将更加凸显。

内容驱动社交，社交驱动营销，在内容和社交的双维驱动下，企业能够更快速更大规模的进行裂变和成交，如果运用到得当，其效果就如同 能够“撬动地球的杠杆”。

第六章

如何通过私域流量激活你的员工

6.1 每一位员工都是你的分店

6.1.1 私域流量入口——自有员工

营销的发展史，其实就是流量的发展史。私域流量广受关注的背后，其实是企业对流量获取的焦虑。同时，它代表着企业开始从粗放的流量运营向精细的用户经营转型。不管是大公司，还是小公司，都非常注重提供给用户的服务和产品的销量。新的流量增长引擎，进一步促进与用户的连接，增加粉丝的忠诚度和产品的销量。

如何用最低的成本帮助企业建立私域流量池？企业的流量来源，除了广告外，还有哪些？其实企业员工就是企业私域流量的入口。

（1）全员营销概念

首先我们来了解全员营销概念，全员营销可以理解成全员销售。稻盛和夫曾说："萧条时期，全体员工都应成为销售员。"企业销售工作并不只是销售部门的事，非销售部门也要参与其中，包括公司的保安人员和清洁工。

全员营销就是企业给自己的每个员工生成一个分销链接（或二维码），员工可以把这个分销链接（或二维码）发到自己的朋友圈、微信群等渠道。一方面，员工的好友能够享受一定的优惠；另一方面，员工将获得一定的分销提成。

也许有人会说："我们是传统企业，没有网店和工具，全员营销和我没关系。"错！已经有不少传统企业开始全员营销了，全员营销势不可挡！

（2）为什么要做全员营销

几乎所有企业都可能会遇到这样的问题：投入大量推广资金，广告效果不尽如人意，品牌无法快速打开市场知名度，人力成本攀升。而通过全员销售能够打开企业全新局面，具体做法将从两个方面来阐述。

● 拓展企业线上渠道，激活员工流量

企业的线上渠道无非两种媒体：

付费媒体：百度SEM、信息流、各大媒体及垂直投放平台。

自媒体：企业自身的微博、微信公众号及头条号、社群等渠道。

以上的渠道都是通过企业自身进行的一系列营销推广手段。而全员营销是基于员工或者员工的朋友、家人进行更多维度的引流，把原本要用来投放广告的钱直接返还给员工而已。

● 降低企业人力成本，提升每一个人的商业价值

企业要想快速发展，作为经营者主要控制两个方面：一是开源，二是节流。人是企业最大的资产，背后也是成本的体现。比如设定好提成激励机制，尤其对于工作有忙闲之分的非销售岗位，可以利用工作空闲时间，为公司发现客户线索，只要成交了，即可分成。这么做既给企业创造了更多价值，同时也给非销售部门一个获取额外收入的平台。

（3）全员营销如何做

● 老板主动带头，让员工有决心

作为企业的领头羊，如果想将全员营销落地，老板必须主动带头，让员工认可企业的营销模式，动员员工一起实现这项计划。

比如，在一次会议中，美的董事长董明珠表示，为了拉近与消费者的距离，她在公司内部要求：为每位员工开个微店，消费者可通过微信购买美的产品，且通过员工的店铺购买产品将享受内部价格。董明珠更是亲自带头，不到一个月个人销售额突破200万元。

● 组织营销培训，让员工有成长

对员工来说，最常用的推广渠道是朋友圈、微信群、转介绍等，因此要做好全员营销，必须提升员工的4大营销能力：

①朋友圈营销能力：企业需要教会员工几点发朋友圈比较合适，如何发朋友圈不会被屏蔽，如何策划朋友圈活动等。

②微信群营销能力：企业需要教会员工如何在别人的群里种草能引发购买，以及怎样运营好微信群、提升复购率等。

③文案策划能力：企业需要教会员工如何写好朋友圈内容等。

④策划人设能力：企业需要教会员工如何塑造在微信中的形象，从头像、

昵称、朋友圈剧本策划塑造权威感、高势能且享受美好生活的人等。

- 设计合理的分销制度，让员工多赚钱

海底捞创始人张勇说："谈钱，才是对员工最好的尊重。"企业能让员工在产品推广过程中实实在在获得收入，他们才会积极参与到营销中来。

那么怎样设计分成比例呢？一项相关调查显示，超过90%的员工希望分成能达到25%以上。换言之，如果公司的产品价格是100元，那么卖出一单给员工返现25元以上，员工的推广积极性就会较高；反之，员工嘴上虽不说什么，但是行动上会缺少动力。当然，如果你的产品利润较高，可以给出更高的分成比例，做足激励。

- 选择合适的工具，让员工执行起来更有效率

市面上的营销工具五花八门、参差不齐。挑选一款符合企业需求的全员营销工具非常重要，需要能够实现营销任务的建立、分配和分析，且每个员工又愿意装配。

另外，营销的任务应该多样化，满足多样化的客户需求。营销任务的执行应该足够"傻瓜化"，员工不用太多思考，只要在指尖转发就能完成相关任务。

同时，还要支持任务相关的数据反馈和分析，及时告知管理员，哪些员工已经执行了，哪些还没有执行，执行的效果如何等。这样可以方便公司后续制定相关奖惩制度，让全员营销真正落地执行。

- 制定落地制度，让员工更有执行力。

以上所说的都制定完成后，还差最后一步：如何提高执行力？

执行力的本质是检查。在此基础上制定符合企业自身情况的奖惩制度，对于做得好的员工要有所奖励，做得不好的要惩罚。例如，可以按照获客数量（周、月冠军排名）、成交数量等维度来制定。这样的制度落地更能够激发员工的执行力，带动企业销量。

6.1.2 "完美日记"案例

本节先来看一个将员工作为私域流量入口的典型案例，这个案例来自于国货彩妆品牌完美日记。

完美日记在广州开了两家线下体验店，每天人流量大约2000人，每位柜

姐除了是行走的“收款机”以外，还会引导到店的顾客加一个微信好友。

不仅是线下，顾客在线上下单后，收到产品的同时还会收到一个码，通过一些福利引导买家加微信。

本以为只是个平淡无奇的客服微信号，添加好友后发现是一个小IP，叫“小完子”。“小完子”竟然有一个真人形象，通过一张女生的照片展现。她的朋友圈被精心运营，一天发布2～3条信息，内容主要是一个喜欢化妆的女生的日常生活。这哪是客服号，分明就是在培养“素人博主KOC”。

从“小完子”的自动回复来看看完美日记使用的各种引流手段。“小完子”拉客户入群以后，群里每天都有活动，如促销、抽奖、直播等；“小完子”还拥有自己的小程序“完子说”，用于打造客户私人美妆管家。

原来完美日记在线上的投放只能获得用户当场的一次冲动下单，建立私域流量池以后，完美日记可以通过朋友圈、社群、小程序反复触达顾客，用直播、大促、抽奖等各种方式实现转化或复购。

从完美日记的案例中可以看到，每个“小完子”其实就是一个活生生的完美日记的员工，当“小完子们”把客户引导到她们的微信，并通过微信不断向客户传递价值主张的时候，就相当于帮助完美日记搭建了私域流量池。每个“小完子”，都是一个流量入口。

6.1.3 员工就是消费突破口

KOC（Key Opinion Consumer，关键意见消费者）是营销界2019年的流行词，相关概念还有KOL（Key Opinion Leader，关键意见领袖 ）。KOC指能影响自己的朋友和粉丝，并让他们产生消费行为的消费者。相比于KOL，KOC的粉丝可能更少，影响力更小，但优势是更垂直。KOC自己就对企业的大多数产品亲身体验过，他们与消费者距离更近，与粉丝之间形成了更加信任的关系。

这样带来的结果是显而易见的，可以让曝光（公域流量）实现高转化（私域流量）。总结来看，KOC是粉丝的助手，是具有“真实、信任”等特质的消费者。完美日记的柜姐其实就是它的KOC，企业的每一个员工就是最天然的KOC。

从商业价值的维度来看，在微信里，每个人都是一个独立的KOC！假设每个人平均有2000个微信好友，那么每个人就是一个可以影响2000人的KOC。

相比KOL，KOC有三个特点：

人格化：从公司到个人。我们很难喜欢一家公司，但是我们很容易喜欢公司的某一个人，因为人和人之间有吸引力。所以，公司通过个性化的人来触达消费者，有利于拉近公司与消费者的关系。

真实化：从粉丝到朋友。粉丝与KOL之间是仰望关系，朋友之间是平等关系，更加亲切。

个性化：从单向推送变为双向沟通。

6.1.4 全员营销：低成本构建私域流量池

每个员工都是私域流量的入口，每个员工都是潜在的KOC，如果把每个员工的流量都充分利用起来，进行全员营销，那就是低成本构建企业私域流量池的最好方式。

如果平均每个员工有2000个微信好友，那么一个10人的小微企业就可以影响2万个好友；一个100人的中型公司，可以影响20万个好友；一个1000人的大型企业，可以影响200万个好友。

如果要通过传统广告影响200万人，需要付出多少成本？以线上为例，国内目前主流的移动CPM（每千次曝光）价格已经达到了60元，要实现200万人次的曝光，企业所需支付的成本高达12万元！而且，通过这种方式触达的用户，对企业缺乏信任，转化率会很低。

通过全员营销，能够低成本构建企业私域流量池。

从全员营销的角度，公司的员工可以分为两类：一类是业务人员，如销售、营销、运营、推广等岗位的相关人员；另一类是非销售人员，如行政、人力、财务、研发等岗位的相关人员。所以，实现全员营销的过程可以分两步：

提升存量价值：将现有销售员打造成为超级销售员。

创造增量价值：将其他员工逐渐培养成为超级销售员。

对于企业而言，最难做的是增量，流量也是如此。在全员营销方面，由于销售员天然具备营销属性，成为超级销售员相对容易。要将那些非销售岗位的员工培养成超级销售员，由于员工的惯性，往往很难推行。

在观察了大量企业以后，在全员营销这件事情上，我们发现一条核心规律：10人左右的小微企业：靠自驱；50人以上的中大型企业：靠任务。一般10人左右的企业，创始团队本身就有很强的自驱力和执行力，而且组织凝聚力强，所以基本靠自驱来完成；而当企业到了50人以上的规模，就会产生部门和层级，自驱模式的全员营销很难长期且有效地执行下去。这时候，一个中心化的任务系统就显得非常重要。企业需要有一个派发营销任务并监督执行的任务系统和工具，这样才能真正让全民营销这件事落地，私域流量池才能建起来。

6.2 快速建立员工客户连接

6.2.1 私域流量落地

6.1节中阐明了一个观点，“每个员工都是私域流量的入口”，同时还通过举例的方式说明了一个事实——“可以利用员工的个人微信号实现私域流量的落地”。但是，能让私域流量落地的是不是只有微信个人号？

答案是否定的！

本节将介绍另外一种让员工的私域流量落地的工具：名片小程序。

名片是企业进行商务社交的第一入口，商务见面的第一件事情就是交换名片。通过名片，向对方介绍自己是谁，推广的产品是什么，以及展示公司的情况。传统的纸质名片能承载的信息实在太有限了，如果见面时间短，很难充分传递以上信息。但是，通过名片小程序，就能非常方便地向客户充分介绍自己，从而快速建立信任。

现在，各种各样的电子名片非常多，基于小程序的电子名片是最方便的，可以一键分享给其他人。基于小程序的电子名片也有很多，相比较而言，加推的名片小程序在功能等各方面更胜一筹。

要完成私域流量的落地，仅靠一张名片是远远不够的。对于生意底层逻辑，可以这样理解：生意=流量+变现。因此，小程序名片作为一个重要的个人流量入口，需要充分解决好引流和变现这两个问题。

员工究竟如何利用小程序名片实现私域流量的落地呢？过去几年，加推科技有限公司通过小程序名片在这方面做了很多探索，成功帮助多家企业启动或完成了私域流量池的建设，并从中总结出了下面的两种方法：

①给每个员工建一个“站”。

②给每个员工建一个“店”。

6.2.2 以点带面多场景流量落地

无论是PC互联网时代，还是移动互联网时代，企业获取流量的第一个落地页就是自己的官网。小程序是移动端的新官网，每个企业都需要打造一个属于自己的小程序官网。每个员工都是私域流量的入口，每个员工都有一张小程序名片用来将私域流量落地。如果企业将员工的这张小程序名片扩建为员工的个小网站，将它与企业的官网、产品、企业资讯、企业动态、企业公文包、企业文件、企业案例等打通，又会出现什么场景呢？

它不再只是名片，还是企业的商城、动态信息和官网的综合体。（见图6.1）

通过名片商城把商品和每个人关联在一起，商品也可以选择各种不同的展示模式。企业可以直接在每个商品上设置好佣金，通过分享、成交就能赚取佣金，这不仅让每个员工都有了成交能力，而且可以激发每个员工主动为企业成交的动力（见图6.2）。

6.3 优化员工对客户的销售过程

6.3.1 赋能员工

在人力行政这个专业领域里，有一项核心技能是花小钱办大事。在人力行

图6.1　加推的小程序名片、智能宣传册功能展示

图6.2　名片商城让每个员工的交易能力变得更强

政部如何花小钱提升员工对公司的满意度和认同感这个问题上，可以给每个员工提供“个性化办公用品”这个巧妙的方法。特别是员工常用的办公耗材和办公室的场景，结合每个员工的个性化加推码，既能够体现出公司以人为本的理

念，也能够很好地提升员工的归属感。

下面分享加推科技有限公司尝试过的一些办法。

为每个员工定制专属小程序名片，上面有每个员工的专属企业小程序名片码，既时尚，又能给人一种公司专门为自己定制的感觉。

为员工定制专属的手机壳。除了名片，手机是员工随身携带的最常见物件。为每个员工打造一款专属的名片手机壳，既能满足员工的个性化需求，又为员工免去了携带名片的烦恼，一举两得（见图6.3、图6.4）。

图6.3　加推企业为员工设计的专属小程序名片

图6.4　加推企业为员工设计的专属手机壳

为员工定制专属工作T恤和工卡。把员工的头像和专属名片码印在上面，充分体现公司对每个员工个人的关注，员工也愿意随身穿戴。

为员工定制带个人名片的礼品。在礼品包装上贴上专属的名片和赠言，该礼品就瞬间升级为一个个人定制的礼品。而这样做，通常只需要做一个定制的外包装贴纸，贴在礼品原有包装上或一个个人定制的礼品盒上，随礼物一起送出。

6.3.2　赋能沟通闭环

通过B2S2C模式为员工营销赋能，把每个员工打造成智能销售员，这就需要将销售业务的流程搬到线上来，实现销售数字化，因此需要把公司的CRM、产品、客户、宣传内容都交给他们。

传统的销售人员每天都在线下跑，每个人都会有一个公文包，公文包里装满了辅助销售的各种资料，如名片、宣传册、产品介绍、报价单、客户案例等。

销售人员每天出去拜访不同的客户，需要记录每个客户的情况，回到公司后，把客户的相关情况以及客户的购买意向、爱好、属性等信息录入系统。

如今很多客户都到了线上，因此可以通过“7个在线”为每个员工快速搭建一个店（见图6.5）。对于员工而言，从拜访到签单，与客户交流的所有环节都可以在这个店里进行，而且完成销售后能很方便地拿到提成；对老板而言，可以随时随地在手机上了解每个员工的销售情况，以便于及时调整策略。此外，这个店与微信是打通的，员工可以随时随地在微信上进行推广和销售。

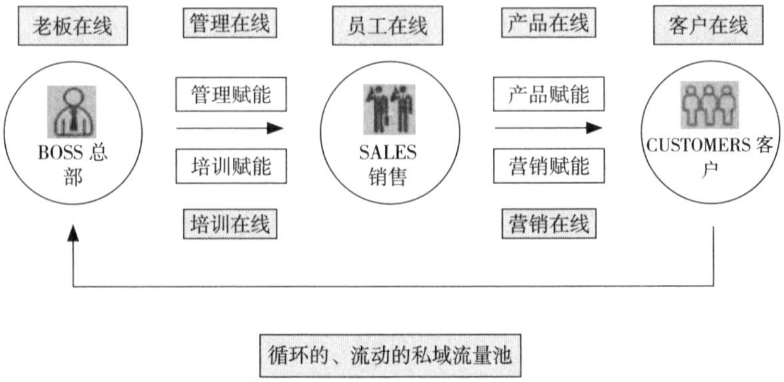

图6.5 “7个在线”的实现要领

（1）员工在线

员工在线是B2S2C模式里最核心的一环。只有员工上线了，才能通过产品和营销与消费者建立联系，并将他们引入企业私域流量池里。员工在线的关键在于企业要让员工使用企业的这个APP，并将产品推广给客户，并在APP里对客户、线索和订单进行管理。

以前很难做到员工在线，主要有两大障碍：

①人机不能合一。在PC时代，企业人机分离，不可能为每个营业员配台笔记本电脑，更无法要求他们随时打开电脑。如今每个员工口袋里都有智能手机，人机合一让员工在线成为现实。

②老板不在线。由于老板不在线，就缺少了监督的角色，因此老板在线是员工在线的前提。

（2）老板在线

如何让老板在线呢？核心是要让管理在线。很多公司的管理之所以落后或滞后，一个很大的原因是老板不在线。老板每天都很忙，很难及时了解业务的实时状况。如果让老板可以随时随地通过手机上的APP从不同维度查看不同团队的营销数据、推广数据、商品数据和客户画像分析，甚至是每个员工的实时数据，比如每个员工今天见了哪些客户、获得了哪些线索、有没有执行公司的推广任务，那老板有什么理由拒绝呢？通过APP，老板可以随时对销售人员进行指导，及时调整公司的产品策略、推广策略和销售策略。

（3）管理在线

管理在线指的是服务和监督在线。通过管理在线赋能员工和老板，提升两者的管理水平，员工可以更好地服务和管理他的客户，老板也能更好地管理员工，以及整个公司的营销进度和所有的客户资产等。

通过管理在线，企业的所有产品、内容和知识库会自动连接每个员工和每个客户。客户有问题，员工能够利用公司知识库给予回答。给员工赋能体现在两个方面：

①客户的实时反馈分析，帮助员工进行客户建模，提供客户管理工具。

②赋予员工更多的知识和技能，降低员工对知识记忆的要求。

当然，管理在线除了赋能外，也必须有监督。比如，客户与员工的互动记录是可查的，这样企业能够更清楚地知道每个客户被服务的情况，也能够更清晰地了解员工的实时销售状态和服务质量。通过这样的实时管理，企业才能保证销售和服务在线上和线下的统一性，通过及时的数据反馈来提升对内和对外的管理水平。

（4）产品在线

员工和老板在线后就需要产品在线，产品在线相当于公司为每个员工开了一个店，并把公司的产品装进了店里的虚拟货架上。通过这个虚拟货架，员工可以随身携带公司的所有产品，随时随地进行推广和销售。

（5）营销在线

开完店，配置好货架，就一定能把商品卖出去吗？答案显然是否定的。试想一下，如果一家门店没有任何促销活动，进店后冷冷清清，甚至连主推商品是什么都搞不清楚，消费者还会有消费欲望吗？这时候就需要营销在线。

如何实现营销在线呢？企业可以为每个店的店长配备一个营销百宝箱，里面有各种辅助销售的营销素材，比如名片、公司介绍、公司动态、宣传册、客户案例、文件、视频、客户证言等。除营销素材外，这个百宝箱里还有各种营销玩法，比如拼团、分销、优惠券、接龙、红包等。有了丰富的营销素材和丰富的营销玩法，企业不但给了每个员工一个店，而且把一整套门店活动的玩法都给了员工。

（6）培训在线

企业让每个员工当上了店长，并为他们配置好了货架，还为他们准备好了营销百宝箱，是不是意味着每个店长就能把店开好呢？根据零售行业的调研数据显示，一个门店的业绩，50%以上取决于是否有一个优秀的店长。然而，优秀的店长离不开系统化的培训，因此来自公司的持续培训（特别是开店初期的培训）尤为重要。所以，在员工把门店开起来以后，优秀的公司会不断向店长下达各种指令，并监督他们执行。店长执行公司的指令一段时间后，可以加速学习和了解公司的产品知识和营销工具，融会贯通后，就可以根据自己门店的情况灵活运用，从而成长为一个优秀的店长。

（7）客户在线

当前面“6个在线”都实现后，客户在线也自然而然实现了。在没有实现员工在线和产品在线之前，客户在线是不可能实现的。客户上线后要有员工服务，只有不再面对冷冰冰的在线机器介绍推广产品和服务，客户才愿意在线。

客户在意的有两点：首先是人。这里指的是店长，他们通过不同的营销手段，比如各种活动物料和促销活动，邀请客户到店体验和消费。其次是好的商品和服务。客户到了店里，如果可以看到中意的商品，服务也很到位，比如客户可以随时在线咨询、预定、报名等，那么客户不仅会很快成交，而且会帮助宣传，带来更多的客户。

6.3.3 跟进流程不掉线

要实现“7个在线”，企业还需要有“5个起来”作为配套和保障，它们分别是：

虚拟大店搭起来：实现产品在线和员工在线。

培训任务发起来：实现培训在线和老板在线。

管理督导动起来：实现管理在线和老板在线。

营销内容推起来：实现营销在线、员工在线、客户在线。

跟进成交做起来：实现营销在线、员工在线、客户在线。

6.3节的内容非常重要，它是企业构建私域流量池的认知基础。在基于B2S2C模式构建私域流量池的方法论中，每个员工就好比一家连锁门店的店长。企业通过配置货架，为每个店长把虚拟店铺搭起来，实现产品上线；通过配置营销工具箱，指导每个店长把营销内容推起来，把跟进成交做起来，实现营销在线；通过发布培训任务，快速教会店长店铺运营和培训在线，最后通过公司的数据后台，对每个门店和店长在APP上各项运营数据进行监督，督促店长提升服务水准。

通过不同的门店不断积累购买客户，使之成为企业的忠实会员。企业可以随时通过店长来触达他的这部分会员，通知他们过来体验和消费。而这些沉淀下来的会员，就进了企业的私域流量池。

6.4 提升员工单兵成交能力

6.4.1 助力员工流量搭建

（1）建立客户关系：打造完美的见面

首先，见面是客户关系建立的基础，见面的有效时间很短，如何让每个销售人员都能快速完整传递价值，精准判断客户的意向呢？实际的情况是，90%以上的销售问题都出在见面这个环节。见面环节的核心痛点是：

如何第一时间把价值传递出去？比如，更好地介绍自己，让客户产生良好的第一印象，产生共同话题，制造共情。

如何快速把自己、产品和公司相关信息告知客户，让客户产生兴趣，制造成交机会。

如何判断价值传递的效果？比如，客户是否对所传递的价值感兴趣？如果感兴趣，对哪方面价值更感兴趣？

围绕“如何更高效建立客户关系”这个问题，这里提供一系列可以帮助销售提高见面效率的工具，比如：智能小程序名片，能够快速将销售人员、产品和公司的大量信息标准化传递给客户。

在初次见面环节，名片系统中包含的家乡、教育、别人的评价等多维度信息可以帮助销售人员在客户心中建立信任感，迅速拉近与客户的距离，创造一次“完美的见面”。

仅有名片是不够的，研发智能宣传册系统也是一个非常有效的工具，通过智能宣传册，可以全方面展示公司和产品的全面、标准化信息，而且销售人员可以在多场景下将宣传册发送给客户。

有数据显示，企业传统的宣传册的平均预算超过3万元/年，且由于经常修改、滥发，利用率低于5%，而加推科技有限公司的智能宣传册制作完成后不仅便于修改，且发放的边际成本几乎为0。并且企业的客户案例往往是客户关注的核心内容。于是，加推科技有限公司研发了智能案例库系统，企业可以将过往案例收纳到这个系统里，销售人员可以随时随地取出分享。

除了上述可以用来传递价值的素材，企业里还有大量其他素材，比如PPT、PDF、WORD、图片等各类文件。针对这种情况，加推科技有限公司研发了智能文件夹系统，企业可以把这些文件统一键上传到智能文件夹系统里，这样销售人员就可以根据需要随时调用，快速建立客户关系。

传递价值只是第一步，企业还需要感知客户对所传递的价值是否感兴趣。智能雷达系统可以进一步帮助销售人员实时判断价值传递效果。比如说，当销售发一条广告类朋友圈，点赞数是极低的。朋友圈的广告没人点赞其实并不代表客户对产品没有需求，但销售人员因为收不到反馈所以无从判断客户意向，更无法实时跟进意向。对销售而言，最大的困扰莫过于毫无头绪地揣测客户意向及漫无目的地等待。在智能雷达系统的帮助下，无论是名片、宣传册、案例，还是智能文件夹中的资料，客户所有的浏览轨迹都会被记录并及时反馈给销售人员，销售人员能够据此判断客户意向，做出继续跟进或放弃的决策，对于意向客户也能给出更合理的报价。

（2）“3大系统”构建CRM产品矩阵，搭建私域流量池系统

“7个在线”和“5个起来”解决了企业的认知升级问题，企业面临的下一个问题就是如何通过工具来落地。加推科技有限公司在长期的实践中创造性地发明了“3大系统”，分别是智能物料系统、智能营销系统和智能管理系统。实践证明，企业可以通过部署这3大系统，快速搭建起自己的私域流量池系统。

为了帮助大家理解，在此准备了一个案例。

如果说流量是鱼，那么企业通过员工建立私域流量池，就好比给了每个员工一副钓鱼竿，让他们从公域流量池里把鱼钓起来，再放回企业的池塘里。首先，钓鱼需要鱼饵，有了鱼饵，才能把鱼吸引过来，但有了鱼饵还不够，还需要更多的鱼饵并抛洒到更远的地方，这样才能钓到更多的鱼；然后，要把鱼放回企业的鱼池里，还需要一张密度合适的网，把合适的鱼留下来，让太大或过小的鱼漏出去。最后，留在企业池塘里的鱼，才是企业需要的鱼。

上面这个例子，与“3大系统”相对应如下：

- 钓鱼用的饵料就是智能物料系统，里面装满了企业的各种辅助销售的物料，在不同场景下使用不同的饵料来获取流量。

- 要把更多的鱼饵抛洒到更远的地方，需要借助智能营销系统，获取更多流量。

- 那张密度合适的渔网就相当于智能管理系统，把合适的鱼留下来，把不合适的鱼放出去，这就是管理流量。

①智能物料系统。在落地层面，这“3大系统”都是由企业总部统一配置的。智能物料系统是销售员的智能公文包，让连接能力更强（见图6.6）。

智能物料系统相当于企业的中央化的智能推广云盘。通过智能物料系统，企业可以将所需的全部物料在线化，如名片、宣传册、小程序商城、小程序官网、客户案例、视频、海报、PPT、文件、朋友圈素材、企业动态、新闻等。这样的好处在于，每个销售人员可以随时随地从这个公文包里取出自己所需要的物料，在不同的场景下发给不同的客户，再也不用愁找不到合适的推广资料。

同时，企业会为上传到智能物料系统里的物料装配智能分析的功能。比如说，一个电子宣传册，客户方有没有读，读了多长时间，对哪一页更感兴趣，

图6.6 智能物料系统：每个员工的随身公文包

智能物料系统都会实时反馈给销售人员。

②智能营销系统。智能营销系统为每个销售人员配一个营销工具箱，让每个销售人员的营销能力更强（见图6.7）。

物料是鱼饵，将鱼吸引过来以后，就要钓起来。这就意味着要对流量进行转化，转化为有效的订单和商机。还需要将鱼饵抛洒到更远的地方，吸引更多鱼过来，相当于吸引更多流量进来。要实现上述功能，首先需要给每个员工开一个店，也就是一个商城。而这个商城与普通的商城不一样，它与每个员工的名片打通，是一个人格化的商城。对于客户而言，进入商城后就好像进入了该员工的企业内部商城，给客户一种可以享受员工价的特别感受，这种感受对促进成交非常有帮助。

③智能管理系统。智能管理系统是实时的客户管理系统，能让管理更便捷。

图6.7　智能营销系统为每个销售人员配一个工具箱

智能管理系统可以同时装配到老板和员工身上，相当于一套实时的智能客户关系管理系统。这套客户关系管理系统很像那张密度合适的渔网，当鱼被钓回来以后、并不是每条自都是企业需要的。所以，这套系统需要提供一系列智能化的客户分析工具，帮助销售挑选出精准客户，如客户实时行为分析、客户AI预测、商机智能预测、跟进成交行为管理等工具。此外，还有其他智能化的分析工具，如客户分析、商品分析、营销分析、员工分析、团队分析等。通过数据分析来提升管理水平，让管理更智能、更便捷。

（3）大系统的产品形态是CRM，由APP＋小程序＋H5组成私域流量池的最佳载体是APP，在触达和转化方面，APP无疑是用户体验最佳的产品形态。但为何很多企业做自己的APP都失败了呢？这就要回到客户需求这个角度来思考。

前面的章节曾经提到过，由于智能手机屏幕大小的限制，客户在选择和安装APP的时候会异常挑剔，他们只会选择必须使用和高频使用的APP进行安装。所以，单纯依靠APP来构建私域流量池的尝试都以失败告终了。

那么，有没有另外的方式可以破局呢?

这里介绍一种反向破局的方式。既然把APP推广给C端用户如此困难，那么能否把APP装在每个员工身上，然后通过员工把APP里的服务和内容传递给消费者呢？这就相当于把一个APP由总机变成了N个分机（N=企业员工数），而每个分机自带流量，即每个分机都有一定数量的微信好友，所以每个分机的流量都是天然带有信任基础的高质量流量。因此，总机只需要不断激活分机，让分机不断触达每个分机的终端消费者，就可以间接对所有分机关联的消费者进行激活和转化。这也是B2S2C赋能型模式的精髓。

在实际操作过程中，每个分机的内容和服务要触达微信上的客户，需要借助小程序和H5这两种产品形式，它们相当于APP在微信里的衍生载体。通过小程序和H5，消费者不需下载APP就能了解到其关联的APP内容和服务，从而实现APP的活跃。

APP里面有企业的产品、宣传册、官方介绍，以及各种营销素材，还有CRM系统可以用来进行客户关系管理。员工把APP里的内容和产品信息推送给他们的微信好友。APP的内容推送到微信后，不论是微信消息，还是朋友圈的内容，都应该以微信里最常见和最友好的格式来呈现。比如说，电子名片、商品、官网、动态、宣传册这类对交互需求比较高的内容，就比较适合用小程序的方式，体验会更加流畅。而像文章和案例素材等比较适合在朋友圈发的内容，则比较适合用H5的方式。这样，小程序和H5就变成了APP内容在微信里的表现形式。企业通过小程序或H5，就能将客户沉淀到企业的CRM系统里来。

因此，在B2S2C模式下，由APP+小程序+H5组成的产品矩阵，就能让总机充分赋能每个分机，最终每个分机的流量都可以导入到总机的流量池里，构建真正属于企业的私域流量池。

6.4.2 助力员工流量维护

运营私域流量池的本质是运营客户关系，通过4大步骤运营客户关系，当企业把3个系统配置好后，接下来的问题就是如何运营私域流量池。

销售是逃不开应酬这件事的，销售人员可以通过应酬来进一步经营客户关系。有的销售人员跟客户两个月内没联系，客户就把他忘了，而有的销售人员即使半年和客户没见面了，再次见面时双方依旧显得很亲密有很多共同话题可聊。为什么？其实没有别的原因，因为后面这些销售人员都干了一件事：把客户当朋友、一直在通过微信朋友圈持续经营他们之间的关系。

见完面以后就是跟进，跟进是销售环节中周期最长、难度最大的一个环节。销售人员跟进的过程就是不断经营客户关系的过程。传统跟进方式的核心痛点是：销售为了成交，会反复不断地对客户进行电话或短信轰炸，久而久之，就变成了对客户的骚扰，最终导致客户反感、销售人员痛苦的双输局面。有效的跟进不是不断地骚扰客户，而是持续地传递价值。

什么信息对客户有价值呢？即那些可以帮助客户更好地理解产品价值并做出购买决策的信息。比如，你的产品哪方面对客户更有价值？哪些客户在使用？使用的效果如何？相比同类产品，你的产品的优势是什么？你的公司的优势是什么？售后服务如何保障？等等。

此外，就是如何将上述信息有效地传达给客户。传统触达渠道因为滥用原因，已经逐渐失效。如今，客户都到了微信里，因此微信自然而然地成了销售人员跟进客户的核心阵地。如何利用微信更好的跟进客户？这里要解决几个核心问题：

内容部门赋能销售人员，通过不断产生优质内容来不断影响客户。

利用节日不断维护客户感情，增强印象。

让销售人员知道谁在关注他的广告。

实时判断客户意向，智能提醒电话跟进或邀约。

提供丰富的标签，不断补全每个客户的画像。

回到之前提到的销售的例子，销售人员经营的其实不只是朋友圈，还是客户流量，这就是私域流量。

那怎么经营一个客户的私域流量、自己的私域流量和公司的流量呢？企业可以构建一整套跟进系统，包括文章、海报和视频等。节假日发个祝福海报联系一下；销售人员可以持续将公司标准化的文章材料或者案例内容在朋友圈展示，这样不仅不会骚扰客户，还会在不知不觉中将产品价值植人客户头脑中，省去了大量线下应筹交际的成本。企业需要文章、海报、视频、案例库等素材做了智能化的标签，客户在这些素材上的行为会及时通过AI雷达反馈给销售人员，并销售人员还可通过CRM系统对线索进行管理和跟进。通过客服系统，可以不加微信就与用户进行一对一或一对多服务通知。

应酬在这个时代逐渐地减少，因为每个人都更关注自己的时间。通过类似加推科技这类高效APP，销售人员能更高效率地向客户持续传递价值，从而让自己成为对方心目中有价值的人。

6.4.3 助力员工流量成交

销售人员的最终目的是成交，也就是变现客户关系。在快速、标准化、持续传递价值给客户后，销售人员要进一步把产品卖给客户，这样才算真正完成销售工作。成交环节的主要痛点是：成交难、成交慢，以及如何激发每个员工的成交动力。

为了解决成交环节的痛点，可以采用如加推科技“名片+商城”的创新模式，助力企业轻松地为企业的每个员工开一个商城。同时支持多种成交模式，可以是传统意义上的商城，也可以是一本宣传手册。在这种模式下，企业能够使用丰富的商城组件，通过拖拽的方式就能生成属于自己的个性化商城。在商城里还能利用24种常用的营销工具，如拼团、优惠券、分销等，帮助销售人员提升他们的成交能力，企业可以自由选择使用。

除了通过商城让成交环节更加便捷外，如何激发销售人员的成交动力也是非常重要的问题。古人云：“有恒产者有恒心。”企业为每个员工开了一个商城，属于自己的客户可以永久锁定，不用担心被其他销售人员抢走，不懂的销售话术可以参见公司培训部制作的话术库，每天推广的内容由文案部门设计，并在推送时间和频率上给予指导，回答客户问题的不是冷冰冰的客服，而是个性化的真人。销售佣金可以实时查看，并可以根据公司的规则提现。

在商城系统里，销售人员可以设置显示哪些相关产品，并可把每一款产品随时分享给客户，只要客户查看了相关产品，销售人员便会收到雷达的提醒，精准判断客户的需求。另外，商城系统还可以开发锁客功能，销售人员不需要担心自己的客户会被抢，只要是他最先开发的客户，客户就会被你永久锁定。有了这些由公司统一提供的成交工具和分利机制，每个销售人员就会有足够的方法和动力去做好成交这件事，因为他们完全是在为自己干。

6.4.4 助力员工流量管理

当一个销售手上有了这些客户关系之后，该如何进一步管理？企业如何了解员工是否每天在按要求运营他的客户关系？企业如何统一对客户关系进行管理？如何有效激励全员更好地运营他们的客户关系？如销售离职，他的客户资产能否被有效地交接呢？

销售的最后一环是管理。以往的管理主要以销售为主。销售人员很多时间都在外面，到底有没有见客户，见了哪些客尸，聊了什么，客户意向如何，有哪些顾虑……这些信息老板都是不清楚的。所以，很多企业用打卡、考勤、填写日报、开会等监控和监督手段来进行销售管理。这种传统意义上的销售管理，不仅占用了销售人员的有效工作时间，而且很多信息都是滞后和主观的，很难反映销售人员的真实工作情况。

观察发现，公司里有些员工表面上很听话，但业务能力非常一般；有些平时不善于在公司内部交际的员工，但销售能力却很强。如果管理者从主观上去判断，很容易"误伤"那些真正有能力的员工。通过在销售系统里全方位埋点，就可以实时捕捉并分析每个员工的销售行为数据，数据可以客观地反映每个员工的销售表现。同时，这也有利于帮助管理者进行分析，找到每个销售人员的长处和不足，从而可以更有针对性地进行销售管理和销售辅导。为了激活销售团队，企业还可以设置竞争激励、荣誉赋能等游戏化激励体系，以激发每位销售人员的荣誉感，激活他们的竞争意识。同时还引入销售排行榜的机制，与"微信运动"中的机制类似，每个销售人员之间可以互相PK，共同成长。

管理环节的另外一个痛点是如何快速高效地实现全员营销。比如说，当公司有一款新品要上市，专门准备了一篇公众号文章，公司希望全员转发这篇文章，但实际情况是，并不知道谁发了，效果如何，发了以后是否产生了转化等。由于没有相应的工具，全员营销大多流于形式。

管理中有一个很重要的方面是对客户资产的管理。对于很多中小型企业来说，客户资产关乎生死存亡。很多时候，大部分的客户资产都掌握在几个销售冠军手里，一旦销售冠军离职，公司会遭受重创，甚至会一蹶不振。因此，管理需要考虑如何保护公司的客户资产。

针对以上销售管理中的常见问题，如今市面上的数字化营销技术供应商提供了一系列可以提高管理效率的工具，例如加推科技的Boss管理系统、数据统计和分析BI、销售统计和分析B、全员营销任务系统以及客户资料管理系统。通过这些工具，企业可以很清晰地通过数据来了解销售各个环节的真实情况，并做出正确的商业决等，也可以通过全员营销系统实现营销任务的下发和跟踪反馈，了解每个人和每个团队的执行情况。客户的数据资产保存在企业的客户资料库里，避免发生因为销售人员离职而丢失客户的情况。

针对这4大步骤，加推技术研发了4个智能系统、分别是智能见面系统、智能跟进系统，智能交易系统和智能管理系统。这4个系统都统一集成在一个APP里，员工可以随身携带。中国有一个多亿的销售员，横跨不同行业和领域，经验和知识结构都参差不齐，因此需要智能化的工具，便于上手和使用。企业也通过这个APP实现了“7个在线”将线下的销售流程搬到了线上，完成了全流程的数字化改造。

6.5 解决客户对售后的担忧

当前，市场已经进入激烈竞争时期，服务已经成为之城品牌立足市场的重要因素之一，客户服务体系的建立和完善是企业在激烈的市场竞争中的护身符。把售后服务提升到一个应有的高度，系统的规范为客户服务的每个环节，形成独居特色的售后服务管理体系。

每个企业想要通过私域流量激活自己的员工，也要为员工搭建更为完善的客户服务体系，尤其是解决客户对售后的担忧问题。很多客户在决策、转化、裂变等环节中，非常看重售后服务问题，甚至有些企业的成交转化取决于售后服务的概率非常大。做好售后服务，能够促进企业的转化，为企业长久发展带来良好口碑，值得每个企业都重视起来。

在前文关于老客户价值的例子中，可以看到：客户之所以离开企业，68%是因为部分员工的冷淡态度；1个客户向企业投诉，意味着还有另外26个不满的客户保持沉默；平均来说1个受到冷遇的客户，会告诉8～16个人；91%的不满意客户，不会再购买企业的产品或服务。

因此做好售后服务非常重要。企业在私域流量池中，如何帮助员工做好售后服务呢？可以从以下几个方面展开。

6.5.1 保证信息流通渠道畅通

从客户回馈的问题到客服人员接受处理，再到相关工作人员解决问题，最后客服人员再将问题处理结果反馈给客户。在整个售后服务体系中信息传递的主线必须保证它的通畅。那么这就要求：

①客服人员在能力和权限范围内，最短时间内帮助客户解决问题。

②把合理的任务分配到专业的客服人员手中，为客户提供一对一的支持。

③根据客户问题类型的划分，找到相对应的部门解决，不推诿、不转嫁、不踢皮球。

④各部门相关人员能随时查看问题的处理状态，向客服人员反馈以便及时通知客户，提升客户服务体验。

6.5.2 增加客户问题的受理途径

信息技术的快速发展，客户服务热线已经不能满足互联网时代发展的需求。无论是官方网站，还是微信公众号、邮件等，都可以是企业受理客户的途径，这样不仅方便可客户，提升了客户体验，还能扩大企业的宣传途径。在私域流量池中，微信、企业微信是最常见的载体，企业需要加强对员工售后服务工作的安排，让每位员工能够及时、快速、有效地处理客户售后问题。

例如工作日的工作时间，每位员工都需要及时处理售后相关问题；在下班时间，可以安排员工轮岗值班；在深夜休息实践，可以利用自动服务机器人来承接售后问题，并在第二日让员工及时处理相关投诉、咨询。

6.5.3 客户的每个问题都有人负责

首先，做好客服人员的培训工作，做到客户可以随时反馈问题；其次，明确各部门对接人，确保责任落实到人，直到处理完成；最后，每件客户问题的反馈都必须形成独立的档案，便于日后的客户回访工作。

6.5.4 客户资料收集建档及客户问题分析工作

企业可以按照某种标准，将私域流量池中的客户划分为不同的等级，收集客户资料形成独立档案，这样做的目的是方便客户回访，客户关怀以及开展再次销售工作，这样不仅仅提升了客户服务体验，拓展忠实用户群体而且还可以完善企业品牌建设工作。

在市场竞争如此激烈的今天，如何对企业自身的产品或者服务加以改进呢？这不再单单是企业自身的工作了，客户问题的收集和分析在大数据化的今天，可以帮助企业更好更快地优化自身的产品及服务，更加适应市场，满足市场的真实需求，使得企业立于不败之地。

完成以上几点工作，也就意味着建立了完善的售后服务体系，过去传统企业做售后服务工程量浩大，财务负担较重，过程也很漫长。当前是一个互联网时代，信息化时代，企业完全可以借助信息化的工具去完成这样一个工程。如今市面上依托于企业微信、微信的数字化售后管理工具有很多，例如安吉尔云客服等。这些工具能够为企业带来高效的售后服务解决，操作简单、产品布局合理，适合中国企业。售后服务的完善，能够为客户提供无与伦比的客户服务体验，能够帮助企业在激烈的市场竞争中立于不败之地。

第七章

私域流量经典营销案例

7.1 激活用户案例——“得到”APP

截至2019年5月，“罗辑思维”创始人罗振宇创办的知识付费平台“得到”平台私域用户数已经突破了3000万。

下面介绍“得到”激活私域用户采用的一些方式。“得到”平台已有的一些资源可以很好地激励平台用户。

7.1.1 激活私域用户方法

罗辑思维：互联网知识社群“罗辑思维”是得到创办的基石，为得到积累了大量种子用户。

知识资源：音频、电子书、视频、实物书籍等。

老师资源：“得到”平台老师的直播、老师签名周报等。

周边产品：主要是“得到”和罗辑思维的周边产品、得到的定制礼品等。

线下活动：罗振宇的跨年演讲、老师线下大课等。

“得到”激励私域用户的方式主要有精神激励、情感激励、利益激励三种，前两种方式的使用较多。

（1）精神激励

会员权益：商务舱可以优先登机、迅雷会员可以加速等。

荣誉体系：知识城邦排行榜、学分排行榜、荣誉勋章等。

（2）情感激励

这是“得到”比较擅长的玩法。

人性诱导：基于用户的懒惰、虚荣、归属感、占有欲、从众心理等人性来设置一系列诱导用户使用平台、购买产品、向好友推荐平台的机制。

社交互动：单向互动，包括点赞、收藏、关注等；双向互动，包括小组、评论、分享、竞争、团队等。

（3）利益激励

目前得到平台使用的是优惠券这一刺激用户消费的常规方式。

7.1.2 采用差异化激活体系

针对不同用户，得到平台采用的激活体系存在一定的差异化。

（1）从新用户到尝试型用户

针对这部分新手用户，先处理好用户“一次性”以及“简单重复性”的行为。一般平台的常规做法如下。

促进用户完善头像、昵称、性别、学历、职业等个人资料，绑定手机号、微信号等联系方式；完成首次试听、首次购买、新手课程表、制定学习计划，引导首次付费；尝试“简单重复性”行为，如多次登录学习、点击不同课程、下载音频等。

下面介绍“得到”APP激活新人的体系，它主要采用以下的策略来促活。

“得到”新注册用户享有“第一节课”活动专题，并在首页横幅广告位及各自的菜单中加强引导。如果“得到”APP加大活动力度，并尝试实施阶梯课程，效果会更佳。

针对每门课程，新用户可以免费试听5节课。一来可以让用户体验得到的产品，二来可以延长那些想听完课程的用户留在平台的时间。

（2）从尝试型用户到消费型用户

针对尝试型用户，重点是引导用户持续性学习，培养其为知识付费的习惯。一般平台的常规做法如下。

强化用户不断进阶学习的行为，如首次完成笔记、评论留言、点赞分享等；结合奖励的方式引导用户进行连续性学习，如持续购买课程、购买电子书、听书等众多知识服务；实施周期性活动激励策略，如用户进阶路径说明引导、体验升级权益、积分反馈、平台节点型活动刺激等。

下面再介绍一下“得到”APP对尝试型用户采用的激活措施。“得到”主要通过学习数据、勋章、证书、学分等激励措施来让该部分用户获得学习成就感，促进其不断学习。

与一般电商平台不同，“得到”APP的营销活动较少，推测是因为平台想保持平台的“大学调性”，弱化了传统营销方式。

（3）从消费型用户到贡献型用户

针对消费型用户，重点是促进用户完成身份的转变，从普通用户转变为超级用户。一般平台的常规做法如下。

引导用户的持续参与行为，如持续评论、收藏、关注、点赞、分享、转发、推荐等；专属身份设计、专属利益激励；通过用户群或特定活动，引导用户完成进阶；引导用户参与产品的设计、反馈和优化，让用户对产品投入更多情感。

得到针对消费型用户采用的激活措施，以情感和精神激活为主。如“得到荣誉赞助人”，加深了赞助方与得到平台之间的情感和联结。为了激励用户推荐好友，同时又弱化商业气息，得到专门设计了6个版本，不同的用户可以选择自己喜欢的版本分享给好友。而得到积分榜排名靠前的用户可以享受一般用户享受不到的一些特权，如受邀参加得到的“开放日活动”“跨年活动”等。

7.1.3 “得到”富有特色的激活方式

（1）“得到”学分和得到勋章

“得到”APP目前通过“得到学分”和“得到勋章”这些特色玩法来持续激活并留住用户。

①“得到”学分。2019年，“得”到APP将原有的用户积分体系更新为更契合大学调性的学分体系。平台会根据用户在APP上的学习行为来计算学分，以激发用户的学习热情。

②“得到”勋章。“得到”勋章借鉴了大学的奖学金制度，将荣誉激励与利益激励相结合，以突出用户的学者身份、“得到”APP的调性。这是一种激励用户的长期策略，是围绕用户的核心行为“学习”来设定的。

截至2019年11月，“得到”勋章主要分为升级勋章和特别成就勋章两大类型，如表7.1~表7.5所示。

表7.1　得到APP升级勋章/特别成就勋章制度目的

	升级勋章	特别成就勋章
目的	升级勋章由原来的1~3级更新为现在的1~9级，是为了激励用户的尝试性和持续性学习行为 用户每获得一枚勋章还可获得额外的奖励（如一定额度的优惠券）	特别成就勋章是在特定时间、特定节点设立的限制性勋章

表7.2　得到APP升级勋章/特别成就勋章制度特点

	升级勋章	特别成就勋章
发放时间	满足相应级别条件后发放	特定节点一次性发放
特点	结合用户成长路径设计，重点引导用户的下述行为：学习时间、消费金额、学习计划、学习笔记、推荐分享等	具有节点性和稀缺性，激发用户在特定场景的参与度

表7.3　得到APP升级勋章的等级与奖励

升级勋章		等级与奖励								
勋章名称	激励行为	LV1	LV2	LV3	LV4	LV5	LV6	LV7	LV8	LV9
		5元优惠券	5元优惠券	10元优惠券	20元优惠券	30元优惠券	50元优惠券	50元优惠券	90元优惠券礼包	90元优惠券礼包
终身学习	累计学习时间	学习时间>5小时	学习时间>20小时	学习时间>100小时	学习时间>300小时	学习时间>800小时	学习时间>1800小时	学习时间>3000小时	学习时间>5000小时	学习时间>10000小时
天天想上	连续学习时间	连续学习>3天	连续学习>5天	连续学习>10天	连续学习>21天	连续学习>30天	连续学习>100天	连续学习>365天	连续学习>500天	连续学习>1000天
以德服人	分享音频课程	首次分享给15位好友	分享超过20次且20人阅读	分享超过20次且25人阅读	分享超过50次且30人阅读	分享超过200次且40人阅读	分享超过500次且60人阅读	分享超过800次且90人阅读	分享超过1000次且110人阅读	分享超过2000次且210人阅读

续表

升级勋章		等级与奖励								
勋章名称	激励行为	LV1	LV2	LV3	LV4	LV5	LV6	LV7	LV8	LV9
		5元优惠券	5元优惠券	10元优惠券	20元优惠券	30元优惠券	50元优惠券	50元优惠券	90元优惠券礼包	90元优惠券礼包
得到大神	累计消费金额	累计消费>99元	累计消费>200元	累计消费>500元	累计消费>1000元	累计消费>2000元	累计消费>5000元	累计消费>10000元	累计消费>20000元	累计消费>50000元
刻意学习	完成学习计划	首次完成	连续3天	连续7天	连续21天	连续30天	连续100天	连续500天	连续1000天	连续2000天

表7.4 得到APP升级勋章推荐好友规则

升级勋章		等级与奖励								
得到赞助人	成功推荐好友	推荐1位好友	推荐3位好友	推荐5位好友	推荐10位好友	推荐20位好友	推荐50位好友	推荐100位好友	推荐200位好友	推荐500位好友
心流	阅读电子书	读完1本	读完3本及以上	读完5本及以上	读完10本及以上	读完20本及以上	读完30本及以上	读完50本及以上	读完100本及以上	读完360本及以上
笔记侠	记笔记	首次记录	超过3条笔记	超过5条笔记	超过10条笔记	超过50条笔记	超过100条笔记	超过200条笔记	超过1000条笔记	超过5000条笔记

表7.5 得到APP特别成就勋章制度规则

特别成就勋章	激励行为	奖励内容
只涨知识不长肉	春节期间学习	10元优惠券
早起鸟	连续7天早晨6~7时学习10min	10元优惠券
夜猫子	连续7天晚上22~24时学习10min	10元优惠券
末末耕耘	周六日连续登录得到APP学习	5元优惠券
时间的朋友	收听罗振宇的跨年演讲	5元优惠券
看电子书上得到	“423世界读书日”登录得到APP	5元优惠券
得到3周年	5月26日和27日登录得到APP	10元优惠券

（2）“得到”笔记

“得到”的笔记模块主要满足用户记笔记、查阅笔记以及对笔记进行转发、留言、点赞等需求，如图7.1所示。

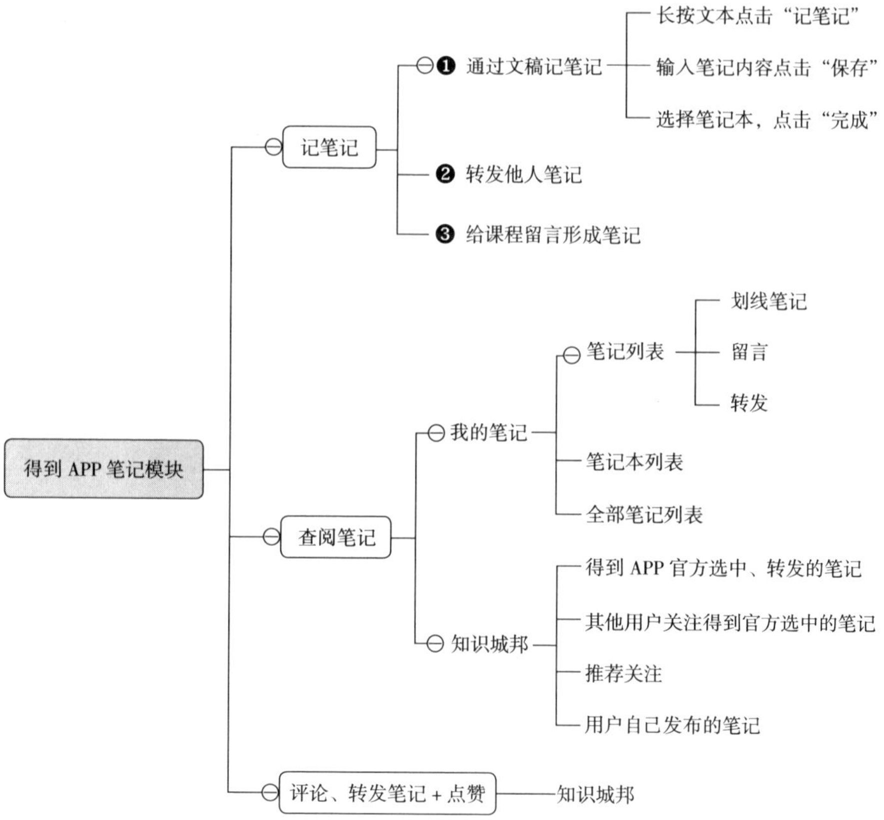

图7.1　得到APP笔记模块

笔记模块是激发用户活跃性的重要板块：

①借助记笔记，用户可以提升在得到平台的学习效果和学习深度。如果没有笔记输出这一环节，用户的碎片化学习效果将大打折扣。

②笔记模块可以激发用户的表达欲，提升平台的活跃度，间接影响其他用户的活跃度；同时也能促进用户的购买，提升平台的业绩。

下面介绍一下“得到”用户使用笔记板块的完整流程：

①用户在内容模块购买“得到”课程、电子书、听书等产品。

②用户开始学习已购的“得到”产品，输入知识。

③学习后，用户在笔记模块输出学习的内容，加强对学习内容的吸收和转化。

④优质的笔记会被“得到”官方选中，在社区模块的“知识城邦”中展示，吸引其他用户关注、点赞、转发。

⑤在“得到”官方的精细化运营下，笔记模块可以进一步激发笔记主人的积极性，促进其不断输出优质的笔记。同时，其他用户受平台大环境的影响，输出笔记的积极性也会被激发。这就加深了用户的黏性，形成了产品闭环。

“得到”利用笔记模块激活用户学习的积极性，其他零售企业也可以借鉴得到的做法。如引导用户将使用产品和服务的心得发布在社区中，一是可以为其他用户提供价值，二是可以作为客户见证，三是激发其他用户也发布心得、感悟等内容。这一做法既提升了用户的活跃性，又提升了其黏性，同时还加深了用户对平台的情感。目前，孩子王、云集、贝店等平台都设置了这一社区“发笔记”的板块，通过强化社交来促进用户之间的互动，提升用户的黏性。

7.2 企业私域流量池打造案例——传统企业孩子王打造私域流量池

吴声的场景实验室联合《哈佛商业评论》、吴晓波频道评出2017年度新零售TOP10，五星控股旗下的孩子王超过盒马鲜生、拼多多等当红新零售品牌，紧随小米之家、超级物种，排名第三。

独角兽企业、母婴童品牌孩子王成立于2009年4月，总部位于南京，是国内母婴领域领军的家庭全渠道服务商品牌，专门为准妈妈及0～14岁的孩童提供产品和服务。孩子王拥有线上、线下多个平台，连锁门店、直购手册及电子商务三大渠道，是母婴领域的全渠道新零售品牌，已服务超过2700万个中国新家庭。

搭建和运营私域流量池的核心是用户关系管理。对于个人和中小企业而言，当下搭建私域流量池成本最低、效率最高的方式便是将用户留在微信上。但类似孩子王这样的用户规模已达千万级的企业和平台，将用户完全留在微信上显然风险太大。那该怎么办？

早在2015年，孩子王便开始探索搭建和运营私域流量池的方法。它找到的路径是，通过线上、线下、社交融合的全渠道模式搭建私域流量池。

孩子王并非只是依靠微信渠道或线下门店渠道，而是采用全渠道获客模式搭建私域流量池。

7.2.1 线下门店：精准触达用户

孩子王靠线下门店起家，目前全国已经拥有超过300家连锁店，而且这个数字还在增加。因此，对孩子王而言，线下门店是它的发展基地，是获取私域流量的主渠道。

用户到了门店后，孩子王会安排育儿顾问或店员服务用户，与用户沟通交流，并引导用户下载孩子王APP，用APP下单结算。可以说，线下门店是孩子王触达新用户并向APP导流的主渠道，也是一个优质渠道。

线下门店的优势在于：一是用户很精准，来门店逛逛和购物的用户基本都是准妈妈、宝妈、宝爸，对母婴童用品有需求；二是线下门店更容易建立信任感，后期转化更容易，用户黏性也比较高。

为了提升门店的吸引力，孩子王增强了门店的服务和体验功能。如近年来陆续在苏州等地创建的G6智慧门店，一方面增加了年轻父母与孩子之间的互动空间，促进父母与孩子的互动；另一方面，在互联网、5G、人工智能等新科技的赋能下，提升了用户的体验性。这些举措吸引了大量新用户到门店体验，为孩子王获取了很多新用户。

7.2.2 线上：APP、微信小程序、公众号

除了线下流量，线上也是孩子王获客的重要渠道。

孩子王APP主要用于承载和运营私域流量，而孩子王的小程序和公众号

则是基于微信生态的海量社交流量，通过举办活动和引流策略向APP导流。

孩子王将线上线下渠道打通，借助全渠道模式获取了大量用户。线上获客更方便，线下获取的用户黏性更高。线下门店为线上APP平台导流，而线上APP、微信小程序、公众号又会引导用户到线下门店体验和购物。

此外，线下门店在互联网、5G等高科技的赋能下，实现了数字化。数字化智慧门店能更高效、更便捷地获客拉新。

7.2.3 异业合作：拓展获客渠道

与其他企业、平台合作也是孩子王重要的获客策略。

2019年，孩子王与滴滴打车合作，面向滴滴用户举办了一场线上拼团活动。滴滴用户将活动链接分享到社交圈，组成5人团后，可以用1元的低价购买到滴滴打车优惠券。该活动在帮滴滴打车裂变用户的同时，也让孩子王借助社交网络实现了用户的裂变，同时还让老用户享受到了福利。

孩子王还与其他同城的企业门店达成战略合作，这些企业可以入驻孩子王线上平台，孩子王为其提供线上获客的平台，而这些企业门店也会为孩子王的APP导流，实现合作共赢。

借助异业合作，孩子王拓展了获客渠道，聚合了众多新的私域流量。同时，借助这些合作伙伴，孩子王也能为私域用户提供更多服务和价值，可谓一举多得。

7.2.4 社交裂变：低成本获客拉新

在社交流量火爆的大环境下，孩子王也在不断拓展社交渠道，借此低成本获取社交流量。

如孩子王于2018年上线了孩子王“妈妈赚”这一社交电商项目，借助孩子王老用户的社交分享，实现低成本的社交裂变，获得了大量新用户。

此外，孩子王为用户提供优质的社交化服务和体验，在用户中建立了良好的口碑。很多用户愿意自发地在自己的社交圈中向好友推荐孩子王品牌，帮助孩子王低成本获客拉新。

社交裂变的优势在于，一是裂变成本低；二是玩法多样；三是裂变速度快，可以实现病毒式传播；四是基于用户的社交网络，已经有了一定的信任基础，新用户的转化更容易，黏性也更高。

7.3 淘宝卖家小成本案例——薇拉菲

薇拉菲，是一个淘宝小卖家，经营淘宝女装店铺。规模较小，2016年营收也就相当于一个普通线下门店的收入。同样薇拉菲也饱受缺流量，推广越来越贵，淘宝规则变化等痛苦。竞争越来越大，花钱买来的用户最后还不属于企业。

这时薇拉菲看到了公众号的价值，经过反复思量决定再开一个微信服务号，用于品牌展示和服务承接。因为订阅号对内容原创要求高，要持续输出优质长文，通常以品牌为主，粉丝上不去，销售转化不高。对其而言，销售是首要的。同时微信服务号可以结合微信个人号，做矩阵化协同客户服务，有些功能性的服务，可以落地服务号，通过个人号分发出去。

想清楚之后，薇拉菲定下了几件事：

①注册专门微信个人号和服务号，与私人号分开，起个名字，就叫做薇拉菲小薇。

②想办法加好友。比如加微信有优惠、包邮，后面直接说加微信领红包。

③每天坚持发内容，早晚2条鸡汤文，中间发发段子，分享日常生活内容。

④粉丝私聊，点赞、评论必回，做好服务。

⑤半年内不主动发广告。

就这样半年下来开到3个微信号了，这些微信号除了主动发布衣服相关问题外，基本不发广告，使得这些老客户黏性很高。

直到有天薇拉菲在朋友圈发了几张现场模特试衣的照片。这下几个微信号评论炸开了锅，收到几百条评论点赞。还有人直接要买，也有人让薇拉菲多发发产品信息。

这次小高潮让薇拉菲劳累中充满欣喜，从来没回复这么多信息。不过也让其意识到，朋友圈可以销售，只是要注意方法。慢慢的，薇拉菲开始刻意用生活化场景植入产品，带来的销售都不错（见图7.2）。

于是薇拉菲开始建专门微信运营团队，做更多的个人微信号，连接更多用户。功夫不负有心人，3年下来，薇拉菲拥有30多个微信个人号，现在不仅卖女装，还偶尔尝试鞋子、化妆品、水果等跨界产品。只要有信任、有用户，卖什么都可以。

2020年，仅通过微信就有2000多万营业额，相比过去淘宝店增加了几倍。据了解，通过个人微信沉淀用户，用微信直销，做到过亿销售额的企业不在少数。

图7.2　薇拉菲小薇朋友圈截图

这位商家故事讲完了，我们从这个案例中能够获得哪些新思考呢？

私域流量是企业自己可以掌控和利用的流量，真正属于自有的资产。它可以是公众号、个人微信号、抖音、QQ群、小程序等。总之，今天企业必须要打造私域流量池，这将是最有价值的一件事。私有流量对企业有很大的价值，其中一种便是直接降低营销成本。

过去用户购买了企业的商品，企业并没有跟用户产生主动“连接”，比如门店或者淘宝，买家购买完后，整个交易过程就完成了，这些下单客户之后并不是商家自己的客户，只能称之为曾经来店里购买过产品的老客户。

卖家若想要再次触达客户，主动与他联系比较困难。但如果每个购买客户都能沉淀到商家统一的平台上，比如微信群、直播间等，那就不一样了。

想要留住老客户，除了做好产品，商家还应该经常唤起TA的记忆。现在竞争很激烈，对手的新顾客很可能昨天是你的老客户。单单靠产品连接顾客，这还只是停留在买卖关系层面。因为哪天竞品推出更低价更优质的产品，客户可能就流失了。所以企业或个人还要跟顾客建立情感互动关系。

一旦顾客买完企业的产品，在企业的VIP客户群、自媒体平台、直播间等，还经常参加活动，偶尔互动，这就不单纯是产品买卖连接，而是人际关系网络的建立。

7.4 自媒体社区购配送模式案例——来伊份

直接走进社区进行开店布局策略的来伊份，在这次疫情下经受住了考验，从疫情爆发到今天，来伊份在全国的2800家专卖店，有85%的店都在坚持营业并保障物资供应，在这严寒凄冷的冬日街头，这盏橙色的灯，点亮了邻里的希望，温暖着一条街。

图7.3 来伊份APP外卖服务

在疫情之前，来伊份APP就完成了到店到家业务的布局（见图7.3），通过线上外卖到家、线上拼团到店自提等方式，在疫情期间，来伊份实施“无接触式外卖”业务。宅在家里不出门成为全民防疫的最佳选择，外卖和拼团业务井喷，赢得消费者的认可。

这场突如其来的疫情也改变了消费者对商品

的需求和购物方式。每家来伊份专卖店的店长们，通过微信群对门店周边3千米的市民做社团营销，在闲暇时间将门店商品优惠信息告知大家，可以送货上门也可以线上拼团到店自提，大大增加了便捷性。由于外卖与到店自提需求量激增，比疫情发生前多了3倍。那么它究竟是如何做的呢？可以从两方面进行分析。

7.4.1 线下线上相互融合，来伊份外卖到家成新宠

再如在疫情期间，客户的消费模式发生改变，“家庭消费”“囤货心理”是这段时间的一大新特点，很多人一买就买一大筐。来伊份充分抓住了客户的消费心理。据了解，来伊份外卖商品目前涉及300多个品类，疫情期间卖得最火的当属肉类，例如鸭肫、猪肉脯、鸭脖等。第二类是炒货类，例如小核桃、原味瓜子、蟹香豆瓣等，家庭分享少不了。第三类是糕点类，像原味蛋糕等代餐，与以往相比，疫情期间顾客的消费更注重饱腹感。

顾客宅在家里，对零食的需求很大。来伊份的“外卖到家”业务，满足了顾客足不出户就能享受1小时送货到家的需求。

顾客登录来伊份APP外卖，系统会自动定位附近最近店铺，下单之后，店员会进行即时配货，打印小票，完成之后由第三方外卖骑手到店取货。为防止交叉感染，货品会专门放置在来伊份标志性的橘色购物篮。骑手核对完成，即可送货。

在送货安全方面，来伊份联合第三方配送公司也是“下足功夫”，在疫情期间做好员工及客户安全保障。所有门店的篮筐都会定时消毒，骑手送货到达之后，也会遵守小区、办公楼等场所无接触配送的相关规定，以及顾客本人的配送要求。

7.4.2 社区拼团保供应

在来伊份有这样一群人，他们既是 2800 家门店的店长，又是 2800 个社群的团长。2020年11月，来伊份所有门店开通社群功能。于是，每天在群里和大家分享最新拼团信息成了店长的日常工作，除此之外，还和“伊粉们”非

常积极地互动。

“亲爱的伊粉们，这段期间我们门店会一直开着的，大家如果需要米、油等，我们这里备货也是充足的，不过出门记得戴好口罩哦。”这段语音来自来伊份一线门店店长在社群的里的留言，他们把客户当朋友，把经营社群当成维系邻里。

今年疫情期间，宅在家里不出门成为全民防疫的最佳选择，但就算特殊情况下大家减少了出门频率，来伊份和顾客之间的联系还是很紧密的。很多顾客在门店社群里进行交流，询问如何“足不出户”照样享受到来伊份的美味零食，店长会在社群内分享各种实惠的拼团活动外，还会将顾客引导至APP或通过外卖到家的方式下单，通过线上线下联动更好地满足顾客的需求。

这段期间，在来伊份的社群里，水果、米、油，锁鲜装的鸭肉、牛肉，短保的新鲜面包拼团火爆，都是消费的刚需产品。另外，抽纸巾、手撕酵母面包、肉松吐司面包、冻干银耳羹、小口袋乳酸菌蛋糕、每日枣夹核桃礼盒、一人份小火锅等也是大家拼团的最爱。

疫情改变了大家的消费需求，通过社群互动获取信息，来伊份从消费者的切实需求出发，灵活调整产品品类和结构，保障供应，获得一大批“新伊粉”。

7.4.3 智慧零售显成效 全力打赢防疫攻坚战

通过围绕社区门店，建立社群，社区拼团，外卖到家等业务联动，来伊份搭建了“一店一社群”的私域流量池。受疫情影响，零售企业所要面临的困境不只是经营上的，还有供应链，人力不足，物流不畅等各方面的问题，早早就布局智慧零售的来伊份，却自有“破局“之道。

在来伊份。社群将精准的传播融入社区；社区拼团将线上用户通过拼团裂变的方式快速传播，并将线上流量集中转化到线下；外卖服务帮助线下门店提升来客数。线上线下齐发力，保民生，促发展，充分体现业务优势，正是这一系列“组合拳”式智慧零售发力，方便了顾客、也助力了防疫大局。

7.5 群主是比群更重要的“产品”案例——西贝莜面村

俗话说“民以食为天”，“食”是人生命之基础，餐饮就这样伴随于顾客左右。正是因为被人们所必需，经营者众多，它们之间的竞争可以说非常激烈。在这样的一个市场环境下，有一家企业近年取得了不错的成绩，除了自身定位的变化、品牌的升级等外，更大的一个原因是布局了私域流量，拉近了与用户的关系。本节我们一起来了解它的布局之道。

7.5.1 西贝莜面村简介

西贝莜面村是知名餐饮品牌（见图7.4），运营主体为北京西贝餐饮管理有限公司，它的前身是内蒙古临河的一家小吃店，迄今已有30多年的发展历程，创始人是贾国龙先生。经过多年的辛勤开拓，从一家“黄土坡小吃店”发展成为在全国拥有100多家连锁店，从业人员逾万人的中国知名餐饮企业。市场分布于北京、上海、广州、深圳、天津、石家庄、沈阳、西安、杭州、南京、大连、呼和浩特、包头、鄂尔多斯等各大城市。30多年来，西贝莜面村（以下简称“西贝”）的员工们，走遍大西北的山野乡村、大漠草原，努力寻找天然精良食材，挖掘、创新民间传统做菜工艺，只为让顾客吃到最地道的西北美食。西贝的菜品烹制简单，调味单纯，保证了食材的本色、本味。

图7.4　西贝莜面村店面

西贝从西北家常菜起家，早期定位是“西北民间菜”，虽然业绩稳定，但增长缓慢，主要原因是品牌知名度和菜品档次上不去。第二次定位是

“西北菜”，价值主张是“草原的牛羊肉，乡野的五谷杂粮”，货真价实又正宗。2011年效果不错，客单价稳步提升，业绩突飞猛进。但到了2012年，有1/3以上店铺亏损。第三次定位是“烹羊专家”，从“草原的牛羊肉，乡野的五谷杂粮”聚焦到“羊肉+工艺”，客单价继续大幅提升。但是麻烦也来了，定位太小众，客流量降下去了。第四次定位“西贝莜面村”，价值主张变了，从“西北民间菜”转为“莜面=健康+好吃”。西贝2016年收入35亿元，2017年收入43亿元，2018年收入56亿元。

7.5.2 私域流量布局之策

2016年，西贝赞助了央视春晚和北京马拉松，活动过后发现效果仍有待提升，于是创始人召集私域流量的专业人士一起讨论，想参考其他企业运营微信个人号的经验，并开始对西贝私域流量的运营进行布局。

2016年10月，西贝餐饮的私域流量运营开始搭建，首批启动的微信个人号只有17个，IP（微信头像昵称）设定为每个店的店长微信个人号，内容都是公司统一编辑发送，很多内容都是店面顾客参与活动的一些美照，非常有乐趣，也非常轻松。

小朋友特别喜欢西贝的一些欢乐场景，这些内容相当于西贝是用个人号把线下店面又增加了一次曝光，增加了一次信任背书。

西贝在初次试水之后，计划要把5000万食客都加到微信个人号上，目前已经是1000多部手机在维护和运营。这在当时是怎么操作的呢？西贝在店面策划了一个小的优惠活动，在加店长微信成好友后，原本10块钱一串羊肉串就可以1元钱购买。随后，店长微信号朋友圈每天发布一些店里有意思和好玩的场景，内容上比较侧重于儿童，这一策略这几年还成就了西贝成为餐饮界的亲子餐厅第一名。

今年西贝开始在西贝甄选商城小程序卖特色产品，比如伊犁的杏、甜瓜，中秋的时候还卖月饼。他们还建立了西贝福利群，入群需要是在西贝高频次消费的人群，群里有上新活动提醒。建群的前提条件是企业能管理好群。在私域流量上进行布局，使得西贝保持了快速的增长。下面将西贝在私域流量布局上所运用到的策略进行总结。

（1）线下三个产品

第一个线下产品是西贝莜面亲子体验营，父母可以带着孩子一起搓莜面、表演节目、吃莜面等，可以想象这些孩子长大后还会记得这些欢乐的时光，以后很大程度上也会是西贝的忠实粉丝。

西贝的第二个线下产品是亲子私房菜，周末父母可以带着孩子找西贝的大厨学做一道菜。大厨们精心设计制作工序，让每一次的厨艺课不仅传授精湛的厨艺，更能让一家人收获一整堂课的欢乐。

西贝的第三个线下产品是生日会。会员生日当天会得到一张50元的优惠券，这张券当月有效。用生日优惠券去西贝消费会得到长寿面一碗，消费完还有抽奖的机会。

（2）线上的三个产品

第一个线上产品是食材商城，在线下每年消费一定额度的会员才有权限购买这些低价商品。这些商品都是比较经典、广受好评的商品，并且价格十分有吸引力。这样就实现了线下用户的导流，等于增加了一条销售渠道。

第二个线上产品是线上点餐渠道。之前吃外卖，经常会遇到配送慢、包装盒漏油、分量不一等问题。而且，很多时候吃一些小店的外卖，都是一个师傅做几个菜。但是西贝都是不同档口，不同的师傅做不同的菜，从出品的水准来说，就已经有了保证。

第三个线上产品是喜悦读书会。例如请知名媒体人王芳给孩子们讲授唐诗启蒙课。课程花费了3年时间精心打磨，只想让孩子们在快乐的氛围中爱上唐诗，爱上学习。

（3）门店终端做服务

门店是餐饮最核心的地方。西贝对外的营销口号是闭着眼睛点，道道都好吃。顾客到店点完餐后，服务员会在标志性的红白格子桌布上放一个沙漏，倒计时25分钟，上齐所有的菜品。期间如果你觉得饭菜不好吃，服务员会立即帮你换下并免单。用餐期间服务员也会提供各种各样的贴心服务，正是这些细致的服务才赢得顾客的口碑。

（4）将消费者导入门店店长微信个人号，由总部统一管理

每个西贝的店长都有一个微信个人号，并建有很多微信群，定期开展活动，每个门店都将到店的消费者、引流而来的目标消费者等消费群体添加至店

长微信个人号之中，进行消费者管理、维护及转化。这些店长的个人号其实不是由店长负责，而是由专门的运营团队负责。通过工具规模化地运营几百个店长的个人号，统一内容输出，大大提高效率。

（5）专门支持部门提供运营支持

西贝是怎么支撑这么多线上、线下活动的呢？

他们有一个垂直化的部门会员中心（见图7.5），分为会员服务部、社区运营部、数字技术部。会员服务部就是基础服务部门，负责线上、线下活动的物资准备等工作，支撑整个活动的基础运行；社区运营部类似于互联网的运营部门，主要策划和组织线上、线下的活动，店长微信个人号、微信公众号的运营、社群的运营；数字技术部就是技术部门，协调供应商开发线上的商城、线下门店使用的系统，致力于公司的数字化管理；HRBP（Human Resource Business Partner，人力资源业务合伙伙伴）会组织各个部门的沟通，将分部会员的一些需求提交给总部；分部会员部则收集每个门店的需求向上反馈。

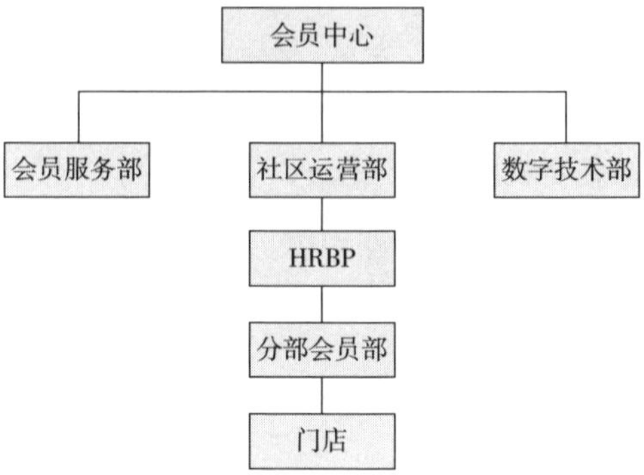

图7.5　西贝会员中心组织架构图

西贝的组织架构已经趋近互联网化，社群的运营就是私域流量，正是对会员的精细化管理才能拉开与其他传统餐饮企业的差距。

7.5.3　西贝莜面村私域流量成功之道分析

（1）多产品多连接

西贝在线上线下分别打造了多个产品，通过产品与终端的消费者进行连接，增强消费者与西贝的黏性，尤其是推出的亲子类活动，这类活动吸引的不是某个消费者，而是一个家庭的消费者，且有孩子的参与黏性更强。

（2）门店终端落实好服务

餐饮这一特殊的业态，除了菜品的质量要素之外，服务更是关键的要素，起着更大的影响作用，尤其是当下的体验经济时代。通过门店提供服务，提升消费体验，这是最佳的方式，西贝就做到了，通过它们的门店提供非常优质的服务给消费者，大大提升了消费者对它的好感。

（3）总部赋能，助力门店

单个门店的精力、资源、能力都是非常有限的，要想更好地通过微信个人号做好顾客（会员）的运营、管理，仅靠单店明显是不行的，这就需要助力。而助力的最好来源就是公司总部，总部可以进行统一的资源协调、专业化赋能，并从公司的战略层面指导运营。

西贝就是这样做的，在公司总部设置了会员中心这个部门，由它来统一协调、管理、指导各个方面的微信号运营，并在部门下面分设了多个细化、专业的子部门，最大化地为单店微信号运营助力。

其实，私域流量就是用精细的服务来打动消费者。一旦你的服务稍微比竞争对手的服务差，消费者就会默默离开。

当前，很多社群没办法存活的原因是：我把你当好友，你却把我当流量。所以要想做好私域流量，就要用心运营流量，允诺价值，给予价值，而非“割韭菜”。

7.6 靠内容崛起的权威新闻门户案例——亿邦动力

在传统新闻门户没落、微信公众号阅读量急剧下降的当下，有一家新闻门户网站却在逐步上升，它的微信公众号阅读量也在上升，更神奇的是它的转化变现能力也在提升，这便是近年来快速成长起来的亿邦动力。

7.6.1 亿邦动力简介

亿邦动力是国内权威电子商务新闻门户，围绕传统企业做电商、B2B、B2C、外贸电商、移动电商、电商服务、电商政策、电商资本等领域开展信息与研究服务，在电子商务行业拥有巨大影响力。

7.6.2 亿邦动力私域流量现状

2019年开始，亿邦动力全力布局私域流量运营，把平台读者沉淀到大量的微信个人号上，同时又精准地引导到各种地域群、行业群、主题群中。这个变化是从最简单常见的一个“文末添加微信群，和跟多读者讨论文章主题”的动作入手。

经过了半年多的布局，亿邦动力在私域流量领域已经由“浅浅尝试”变成了“发足狂奔”！这里选取某日的亿邦微信公众号的页面，研究一下它的私域流量布局态势。

7条推文，外加3个功能菜单，一共是10个端口，在这10个端口中，一共挂载了12个微信加粉的触点和2个关注小程序的触点，其中还不包括有2篇重点文章，重复挂载4个微信加粉的触点。可以说整个亿邦公众号的每个边边角角都在全力吸粉。

作为一个在行业有着巨大影响力的权威新闻门户，为什么要这样做呢？明显是在布局私域流量。它年初最早在电商行业开始倡导布局运营私域流量，并且开始积极实践，从尝试到获益，再到全线投入，仅仅用了半年时间。从当前的行为和策略来看，私域流量将会是亿邦动力未来至少一年中最重要的战略之一。

亿邦动力目前的私域流量规模有多大？目前亿邦动力没有对外公布的数据，但通过它的页面上的一些公开的信息和一些细节可以感知到一些信息。

（1）微信个人号好友规模

从亿邦动力10多个个人微信号的命名规律来看，群名称都是包含

“ebrun0601”字样的（见图7.6），其中有客户添加到的微信号编码最大的为0605。如果他们的编号是连续编码的话，那这里可以做个粗略的估计，他们的个人微信号数量在超过600。按照每个微信号承载3000人的标准计算，预计至少有180万个电商行业精准用户沉淀在亿邦庞大的微信个人号矩阵之中，这是一个多么庞大的拥有强黏性的微信个人号私域流量池！

图7.6　亿邦动力个人微信号页面

（2）微信交流群

亿邦动力除了在优质的和有话题性的公众号内容后设置引导之外，还经常筹办各种线上活动，如某话题交流会、培训会、分享会等，这些活动都是以微信群为场所。这些微信群也汇聚了大量的流量，是另外一个私域流量池。

按照笔者的经验和调查分析，每个微信个人号至少有10个群，按每个群平均350人的规模计算，那么每个微信个人号中汇聚在交流群中的流量有3500人；再按照上面预测到的有600个微信个人号计算，汇聚在交流群中的流量至少就有210万。减去沉淀至微信个人号中的好友人数，按照50%重合度进行计算，那么汇聚在微信交流群中与微信好友无重合的流量至少有105万。

（3）微信公众号

按照当前微信公众号内容粉丝打开阅读率1%左右计算，亿邦动力现在平均绝对量在8000左右，这样换算出来，其公众号的粉丝量有80万左右。再预估与微信号个人号50%的重合度，微信公众号净存的流量大概有40万左右。

（4）亿邦动力APP

在华为手机应用市场查阅亿邦动力APP时，页面显示其下载量为60万次；与华为手机应用市场用户量规模同级别的手机应用平台还有腾讯、小米，如果都按照此下载数量进行计算，那么就有大约120万的下载量；其他小型手机应用商店的总下载量，依目前众多APP的下载规模来计算，预测有40万。总计APP用户数就有220万。

以上四个平台、渠道的流量，汇聚形成了亿邦动力的私域流量池，总计大约545万。这便是亿邦动力的私域流量规模，而这只是当前的初期成果，私域流量的布局还在继续，更是在更大规模的布局之中，未来的私域流量池将会更加巨大。让我们期待亿邦动力的私域流量布局成功，为业界树立一个榜样和标杆。

7.6.3 亿邦动力运营之策

（1）微信公众号输出优质内容，为粉丝提供价值

亿邦动力依靠自己的内容生产优势，将编辑、创作的优质内容通过微信公众号进行发布、输出，一方面为关注读者（粉丝）持续提供内容价值，培养读者的黏性；另一方面通过原有读者的分享，进行裂变，吸引新的粉丝；同时通过内容将公众号中的读者（粉丝）导流至微信个人号（好友或交流群），进行深度培育、孵化。

（2）微信个人号沉淀流量，并拉近与用户的关系

除了前面介绍过的页面14个端口都指向微信个人号加粉之外，还有通过亿邦动力输出的内容尾部“加读者讨论群”引导语，将读者导向至微信个人号。微信交流群主动扫码100人以内才可以主动通过进入，超过100人之后，要想加入交流群，只能先添加微信个人号，然后由微信个人号引导进群。所以很多的读者流量就沉淀在了微信个人号之中。

除了形成流量沉淀之外，微信个人号的特殊属性，还可以拉近与用户（流量）的关系，最终形成与用户的强关系黏性。这是私域流量的最大价值。

（3）微信群辅助用户沉淀和交流

亿邦动力每发一篇文章，基本都会建一个对应文章内容主题的读者讨论群，读者往往出于对主题感兴趣，多数都希望参与讨论而主动加群。而且，这些流量都是非常精准、具有高价值的。

这是非常值得企业学习的。反观现在大量商家所用的加粉送红包等引流做法，引进来的都是贪便宜的用户，有不少用户加粉领完红包就退出微信群，或者即使没退出也无任何互动。我们需要去认真思考两者的差别，为后期发展找到方法。

在亿邦动力的微信交流群方面，目前做得唯一不好之处是群内没有人主导讨论，群的活跃度比较低。期待亿邦动力后期补上这一欠缺之处，充分激活私域流量，挖掘更大的私域流量价值。

（4）小程序实现互动和变现

亿邦动力由于具有媒体属性，不直接售卖产品，人是其重要的资源，会议、社群、培训是变现的主要手段，所以亿邦动力有两款小程序“亿邦名片”和“亿邦会议”来提供支持，实现变现的目标。

（5）亿邦动力APP提供全面服务

亿邦动力APP（见图7.7）功能非常全面，凡是在其官网和微信小程序有的功能和服务都有，而且页面设计精美，使用体验非常好。相信这是亿邦动力最终的流量沉淀阵地。

图7.7 亿邦动力APP首页页面

7.6.4 亿邦动力运营成功之道分析

（1）全域参与，组合互补

亿邦动力全面启动微信公众号、微信个人号、微信群、微信小程序、亿邦动力APP多个渠道和平台，并利用各个渠道的优势，打造了一个互补的完美组合——“公众号+微信个人号+微信群+微信小程序+亿邦动力APP”，为我们展示了一个教科书般的优秀案例。

（2）以主题建群，汇聚精准流量

亿邦动力没有沿用过去的建群引流模式，创新出了适合自己的一套建群引流模式，即“主题”式建群引流模式。所有交流群的组建都是基于相关的主题，引导到交流群的流量也就是对于主题感兴趣的，而且是用户主动申请加入的，因此这些流量都是比较精准的。

（3）精细化运营

亿邦动力将其所提供的服务进行拆分单独运营，每个独立的业务建立独立的流量池，这样也就将流量进行了细分，然后再根据用户的不同需求提供不同的服务，实现了全面精细化运营。

精细化运营是私域流量2.0的根本特征，也是私域流量未来发展的基本要求。

7.7 成功打造IP案例——同道大叔

同道大叔的创始人蔡跃栋，1988年出生于一个潮汕农村家庭。他高中学习美术，2009年考入清华大学美术学院。因为醉心创业的缘故，蔡跃栋在大学里的成绩一直是倒数，他的毕业设计是个马桶，本意是想戏谑和反讽一下毕业设计，没想到却拿了第一的好成绩。但他却一直都没有去领毕业证。其后他打造了同道大叔IP，这里来分析下这一大热IP的发展之路。

7.7.1 同道大叔IP成长之路

同道大叔打造个人IP的道路可以分为三个阶段：

（1）第一阶段

蔡跃栋是学美术的，他擅长画一些漫画类的东西。一开始他在微博上也没几个粉丝，没几个人阅读、点赞和转发。他给微博里面的好友画一些卡通的小头像。想起来就画，想不起来几个月都不画。这个阶段的他对创业还没有任何感觉，更像是一种打发时间的“业余爱好”（见图7.8、图7.9）。

图7.8　2013年6月同道大叔微博截图

图7.9　2013年6月同道大叔微博截图

这是他最开始的作品形式，创作内容的时间间隔也比较长，想起来就玩玩，想不起来半个月不发一条。

（2）第二阶段

早期同道大叔的微博内容形式迭代非常快，他刻意尝试了很多内容形式，一开始是单纯地给粉丝画头像，后来开始追热点和恶搞，发一些搞笑的内容（见图7.10）。

后来他开始尝试用一张长图来讲一个故事或段子。他从单纯的单张小头像，变成用一个长图去表达一个故事，比如女汉子的故事、乌鸦喝水的故事（见图7.11）……这个阶段也没有固定的内容，主题也不固定，频率也不固定。

不得不说，他的原创能力真的很强大。他原创的第二个故事长图《乌鸦喝水》就有了5万多的转发量。尝到这个甜头之后，同道大叔就专注于故事长图的形式，两天出一个内容，几乎每星期都有一个爆款，这个阶段明显可以看出来他比之前更加勤奋地输出内容了。

通过这些幽默的故事长图，他迅速积累了第一批粉丝。到2014年年初，同道大叔的微博已经有了10万粉丝。

如图7.12所示，2014年6月2日，这是我在他的微博找到的最早的一条关于星座的微博，这个时候他还只是想往星座方向走，还没有真正去做。

图7.10　2013年8月同道大叔微博截图

图7.11　2013年7月同道大叔微博截图

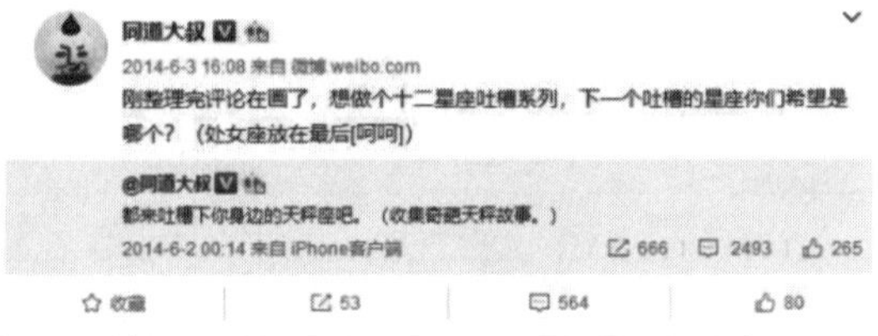

图7.12　2014年6月同道大叔微博截图

（3）第三阶段

经历以上两个阶段，大概持续了一年多的时间，他才找到了星座这个话题。因为星座有12个，且可以分男女，相比之前的东一榔头西一棒槌的不固定主题，星座给了他源源不断的话题。他可以用一个长图、漫画去表达一个固定主题的内容。

如图7.13所示，他2014年6月4日发的微博。执行力够快，前天才有想法，一天就做出来了。第一条天秤座发出来就火了，转发14523、评论7320、点赞2360。

图7.13　2014年6月同道大叔微博截图

“大叔吐槽星座”系列第一季，从天秤座开始到处女座结束，12个星座的漫画画完，他只用了23天，详细如表7.6所示。

表7.6　大叔吐槽星座系列第一季的数据

上线日期	星座	转发量
6月4日	天秤座	转发15054
6月6日	天蝎座	转发20034
6月9日	双鱼座	转发10900
6月11日	水瓶座	转发15153
6月13日	巨蟹座	转发16546
6月15日	双子座	转发13546
6月17日	狮子座	转发18414
6月19日	金牛座	转发17722
6月21日	射手座	转发13619
6月23日	白羊座	转发11804
6月25日	摩羯座	转发13128
6月27日	处女座	转发61062

相比较之前的乱碰，同道大叔终于找到了人生的那把钥匙。紧接着2014年7月，他立马就推出了“大叔吐槽星座”第二季：千万不要和×××座谈

恋爱。

现在再翻回他五六年前的微博，也能明显看出来他比之前勤奋了很多，一个月中他没有一天闲着。一直到2015年3月12日，他发了“大叔吐槽星座”第五季的最后一篇:《我为什么喜欢巨蟹座》，转发有47506次。

从第一条星座吐槽的微博开始，同道大叔一发不可收拾，这五季的活动一共持续了大半年，他的粉丝就到了500万，成为第一星座微博大号。从此以后他就开始爆发了.....

2014年8月23日开始，同道大叔在公众号上推送了第一篇文章，照搬微博内容，排版都没有，直接丢—张图进去，就轻松达到了1万多阅读量。

2014年8月更新了3篇，2014年9月发了2篇，之后就暂停更新了。此时同道大叔在微博上的影响力如日中天。到了2014年12月，他才又开始更新公众号，依旧把微博的内容照搬过来，然后再稍微排版一下，每篇阅读量都好几万。

在2016年8月的公开报道中，同道大叔的微博、微信粉丝合计有1600万，全平台超过3000万。

7.7.2 同道大叔的战略升级

微博、微信上大号很多，网红也很多，但不是每个都能成为IP。网红的生命力有限，很大程度上依赖个人，如果想做得更大，就必须进行战略升级，同道大叔也不例外。2015年4月，在粉丝增长最为迅速的时候，同道大叔成立了深圳同道大叔文化传播有限公司，开始公司化运营，将微博、微信的知识产权保护起来。

（1）从KOL向IP进行升级

最主要的就是改变了漫画人物形象。

同道大叔早期的漫画中，每个星座都是一个小白人，从2015年8月开始，才陆续推出了“uncle’s friend（同道大叔和12星座)”卡通形象，给每个星座都创造了一个辨识度非常高的角色形象（见图7.14）。

（2）从IP向品牌进行升级

IP是虚拟的资产，想要变成品牌，就必须要有实际产品支撑。同道大叔在推出12星座形象之后，紧接着就开始开发各种衍生品，如手机壳、充电宝、公仔等，涵盖服装、家居、饰品、3C、文具、休闲食品、动漫、文化衍生品等各品类。

（3）从线上到线下

2016年7月8日，在广州正佳广场举办的“同道大叔 · 潮爆星座嘉年华”活动，一个多月的时间，门票卖出过万，衍生品销售额达到200万元（见图7.15）。

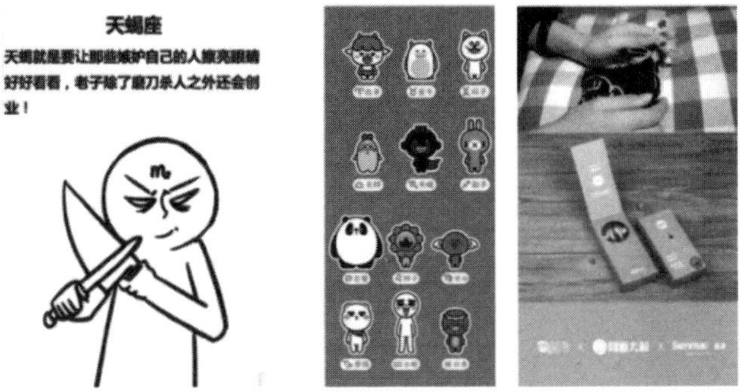

图7.14　大叔吐槽星座系列第一季的数据

图7.15　广州正佳广场“同道大叔 · 潮爆星座嘉年华”活动

2016年9月，他在上海开了星座主题咖啡馆，不仅卖咖啡，也展示和销售同道大叔的衍生品。据称每月流水为80万元左右。

2016年12月8日，美盛文化发布公告，以2.175亿元收购同道文化72.5%的股权，同道文化估值正好3亿元。同道大叔本人从这笔收入中获利1.78亿元。

7.7.3 同道大叔成功之道分析

（1）同道大叔标签化明显

同道大叔以漫画+文字的形式，从星座吐槽这个点切入，做女性情感和社交。

（2）星座定位

同道大叔现在已经是星座的代名词，星座本身是个好定位，原因如下：①话题性非常强，有粉丝基础。他之所以选择这个方向切入，是因为有一次在丽都旁边，他发现前面的女孩子只要一聊情感就会聊到星座。而他本人则因为之前谈了一个处女座的女朋友，很受折磨，所以就看了很多星座方面的知识，比较懂星座。

②有市场在，很容易变现。星座话题跟生活密切相关，所以不会缺广告。比如跟智联招聘合作，做了“如果十二星座找不到工作怎么办”。同理，跟滴滴打车合作，做了“十二星座打不到车怎么办”。

大家从案例中也可以发现，谁也不是一下子就能够找准自己的标签。它需要企业在实践过程中不断地总结、提炼，接受粉丝反馈，再结合自己的擅长以及想要做好的那件事，最终才会找到。指望坐在那里空想自己的“标签”是什么，一般是找不到的，与其说是给自己“贴标签”，其实并不是自己能够贴得上、立得住的，这个标签一定是用户给你贴上的，不去实践，怎么能让用户主动给企业贴标签呢?

（3）同道大叔的内容力

研究同道大叔从2013年6月至今的所有微博、微信公众号内容，上万条信息，从2014年6月“大叔吐槽星座”第一季，2014年7月“大叔吐槽星座”第二季，到2015年3月12日“大叔吐槽星座”第五季……这样快节奏的内容输出本身就是内容力。

（4）同道大叔的持续积累势能

同道大叔6年时间里做一件事，从微博到微信公众号，从线上到线下，从单纯的信息到星座周边产品和衍生物，都没有离开他自己的定位。这就是持续积累自己的势能！

7.8 协助用户打造KOL案例——万代高达

跟肯德基、阿迪达斯三对三篮球赛的本质其实是一样的，都是品牌方建立一个平台，让顾客在上面展示自己，让顾客去激励顾客的一种私域营销行为。

类似于这种关于万代的私域营销内容，高达的赛事内容很多的。高达大赛也是万代做私域流量，提高流量价值的一种方式。民间的高达展示、比赛更是多种多样，有的由官方主办，有的就是玩家自己组织的。

7.8.1 万代的营销变迁

1950年山科直治创立万代，通过节奏球、合金玩具产品起家；20世纪60年代推出第一款动画角色衍生玩具阿童木，收购玩具模型厂商并开发出各种军事和汽车模型；20世纪70年代基于日本当时流行的特摄类影片推出大量相关模型衍生产品，较为成功有《魔神Z》的衍生玩具等。这一阶段中，万代依靠一些爆款产品，成为日本玩具市场中有力的新入者，虽然初尝IP衍生事业的门道，但此时的万代仍是一个较为纯粹的玩具企业。

（1）合理界定竞争对手

万代公司在成立之初，就合理界定了自己的竞争对手。它的竞争对手不是迪斯尼、乐高、美泰等世界知名玩具企业，而是世嘉、多美、寿屋等综合实力较差的本国玩具企业。对于万代公司来说，它的主要市场在日本本国，其次是亚洲东南部，最后才是欧洲以及美国。由于文化差异，人们很难在日本玩具市场找到一些欧美及美国公司生产的玩具，同样在美国及欧洲玩具市场，日本玩具占比也一直不高。如果把乐高、迪士尼等企业当作主要竞争对手，想在对方的市场上更进一步则必须花费大量的人力、物力，同时还会存在被本国企业趁机而入丢掉部分本国市场的风险。而把世嘉、多美等较弱的本国企业作为竞争对手不仅可以省下一些资源，而且对同是日本企业的竞争对手相关信息的收集与传递也相对简单。所以，合理的竞争对手界定，对万代的崛起功不可没。

20世纪80年代，万代的掌舵者更替，山科诚子承父业，转变经营理念，同期由日升公司制作的动画《机动战士高达0079》开始播出，次年万代获得日升授权推出高达衍生玩具（见图7.16），开始了与高达的互相成就之路。

图7.16　元祖高达RX-78-2

（2）性价比高

与竞争对手相比，万代最早推出的高达玩具模型为塑料材质，售价较低，符合当时以中小学生为主的消费群体，成功掀起了第一波高达热潮。即使现在，万代的手办只需要几十到百元人民币就能够买到，最贵的仅几百元。万代通过限定、限量等方式发售，来提升商品价值，并不断推出新产品巩固品牌市场，唤醒消费者购买欲。价格适中，为万代产品拓展了宽阔的市场，受到广大消费者的喜爱。

（3）IP形象的商业价值

1983年万代收购经营不善的对手三叶草，成为高达玩具版权的唯一拥有者，并在1994年收购日升公司，成为高达完整IP的所有者。自此，万代成功的将模型玩具的策划-生产-销售进行一体化，大大的节省了模型制作成本，提高了企业效益。

现在看来，作为日本国民级IP的高达，在第一部作品推出伊始并没有大受欢迎。原因在于当时的日本机器人动画以低龄向为主，内容主题和世界观设定更为“热血”，通常也称为超级系机器人，例如魔神Z、盖塔。而高达动画的设定更偏向现实世界，内容主题更为深刻，对应地称为真实系机器人，如图7.17所示。

图7.17　超级系（左）和真实系（右）

真实系的初代高达动画内涵有些超前，日升在制作过程中甚至一度面临财政困难。但这个设定为此后高达文化打入更广泛消费群体埋下伏笔。至今高达已经拥有不同系列的上百部动画、漫画、小说、游戏等作品，在日本有着广泛的受众基础，形成了自身独特的高达文化。

通过高达，万代真正认识到了IP衍生事业巨大的商业价值20世纪80年代其他的日本热门动漫作品也陆续被万代玩具化，万代逐渐成为日本玩具行业的巨头。

（4）进军其他行业

除了玩具业务，万代在20世纪80年代后期进入电子游戏行业，但事业初期发展并不顺利。1989年万代收购游戏制作公司豊栄产业株式会社，这便是日后在电子游戏界大名鼎鼎的眼镜厂Banpresto（见图7.18）。

图7.18　眼镜厂Banpresto标志

眼镜厂的拳头系列作品《超级机器人大战》，充分利用了万代拥有的高达IP，成为万代在游戏领域攻城略地的王牌，无形中也进一步推动了高达文化的发展。时至今日眼镜厂已经解散，万代也通过和南梦宫合并拥有了更强大的游戏业务，但眼镜厂的成功帮助万代拓展了IP衍生事业的版图，朝着综合型IP集团的方向更进一步。

万代从高达衍生玩具销售开始，拓展到衍生虚拟内容制作，进而通过收购IP所有方，打通整个IP业务闭环，最后将高达打造成为一个跨媒体、跨平台、跨载体的经典IP，成为其一鱼多吃IP综合战略的代表案例，这套综合打法也被推广到万代合作和持有的其他IP上。

2019年是高达诞生40周年，40年来高达模型在万代手上累计销售超过7亿只，2020年就销售了3100万只，超过一半卖往日本国外，其中中国市场体现出了“特别强劲的增长”。

（5）创新销售渠道

日本的传统玩具销售渠道大多是由专业的玩具代销商以及零售商组成，然而由于20世纪末日本泡沫经济的破灭，使得日本的玩具产业大受打击，各种玩具商店鲜有人问津。奇怪的是，日本经济即使处于长期不景气之下，其便利店的店数及营业额仍然连续保持稳定的增长，大约每天有1/10的日本人会惠顾便利店。而全体便利店业所创造年总营业额高达7兆日元，成为日本最大的流通零售帝国。

因此万代公司于2001年打破了传统的销售渠道，正式和7-Eleven等便利店进行合作，并且推出便利店的独卖商品——一个180日元的人形可爱玩偶，企图利用便利店大量的客流量来打破经济萧条带来的玩具企业不景气。结果在推出当年就卖出了150万个，创造了200亿元营业额，此后的销售量更是节节上升，获得了极大的成功。

万代在自己的专卖店环境打造上也下足了功夫，店内如同一个精品的时装店，各类产品被精细的装饰和展示，以凸显产品的差异性，同时提升质感和精品度，并且通过扭蛋机、限量版等营销方式刺激消费者的购买欲望，树立自身良好的品牌形象。

如今万代已与中国一线城市的顶级商店合作，在销售网店上和反斗城等多家玩具企业合作，在中国还建立了田宫等生产基地。

7.8.2 高达品牌的营销史

（1）高达动画塑料模型

1979年4月7日的晚上17点半，在大洋彼岸的日本列岛上，由Sunrise公司制作的《机动战士高达》第一话正式上映，这部被大家称为《机动战士高达0079》的元年作品的第一话标题，就叫做“高达屹立于大地之上”，阿姆罗驾驶的那台“联邦的白色恶魔”—RX78成为了永不磨灭的经典，也一并拉开了高达这一IP迄今为止长达42年的历史，

围绕反战、种族、和平、政治、情感等多个主题开展了一个庞大的高达宇宙故事，其中诞生了像《机动战士Z高达》、《逆袭的夏亚》、《机动战士高达UC RE:0096》，以及自由高达这台机体的出处《机动战士高达SEED》这些优秀的作品，高达这个IP也一直活跃在影视、小说、模玩以及电子游戏等多个领域，创作者们用机械创造了一个独一无二的“高达帝国”。作为一部快要40岁的经典系列动画，高达系列始终保持着旺盛的生命力。

1980年，万代将出现在高达动画中的兵器做成了塑料模型（Gundam Plastic Model），久而久之高达塑料模型也被简称为“GUNPLA”，至今累计售出4.73亿个GUNPLA。一直以来，高达系列都是万代旗下最能赚钱的IP。从万代公布的2016年财报来看，万代销售额的11.98%由高达系列贡献，比《龙珠》《海贼王》更能赚钱。而高达塑料模型GUNPLA至少占了高达系列两成的销售额。

（2）高达基地和网络销售

随着高达系列在海外知名度逐渐提升，万代先后于2003年、2005年在韩国与中国台湾地区开设了高达基地。万代虽然在中国大陆没有开设实体门店，但在天猫旗舰店上同样能够买到GUNPLA。

2018年中国大陆首家高达基地的落地，万代在中国的销售矩阵悄然布下，随后便是2021年在上海，金桥落地的第二家高达基地。高达模型是万代自1980年7月开始销售以来最叫座的产品，在这40多年内累积销售超过8亿余盒，这在模玩领域的历史上都实属罕见。而随着高达基地在上海的建成，万代也带来了相应的高达基地限定模型，无论是2020年的RG独角兽，还是这次金桥的FM的自由高达，都成为了高达模玩圈的紧俏货。

现在，万代觉得日本也有必要有一家能够体验GUNPLA的实体店，在东京旗舰店里，除了能够买到约2000种GUNPLA之外，还能看到制作GUNPLA设计图、开模模具，甚至还能请专业人士直接为你组装、上色GUNPLA（你自然也能在一旁进行围观）。

（3）向影视剧进军

到2021，虽然高达已经有41岁高龄，但其仍是万代旗下赚钱能力前三的IP，且还在稳定增长。先用动漫、游戏做IP，积累用户，再通过授权、多领域改编、买玩具手办赚钱，还是万代的核心模式。所以，在高达系列的影视方向，万代也不遗余力的做着各种尝试。

2000年左右，故事架构一成不变的高达系列曾一度陷入低谷。2002年播出的《机动战士高达SEED》扭转了整个系列的命运。《机动战士高达SEED》人物美型，融入了主人公间的情感线，向来以男性粉丝为主的高达系列第一次吸引了大量女性粉丝。当时，动画片DVD销量销售1万张就算得上人气作品，但《机动战士高达SEED》的DVD平均销量达到了约10万张。

如果看近10年来高达系列周边销量变化，不难发现2013年是一个转折点。2013年，动画《高达创战者》播出，不同于围绕战争主题的系列作品，《高达创战者》是一部讲述操控高达作战竞技类动画。因为强调兵器作战，高达迷购买周边的热情大大提升。2014年后，高达系列整体销售额虽有回落，但基本稳定在700亿日元以上。

2021年5月7日，新剧场版《机动战士高达 闪光的哈萨维》上映，票房超过10亿日元。上一部高达系列剧场版票房能过10亿日元的还是1988年上映的《机动战士高达 逆袭的夏亚》。影片热映同时，万代已经将网络独家播放权卖给了奈飞，预计7月1日上线。

按照万代在2021年6月中旬提的目标，他们将在2025年高达动画45周年之际实现高达IP1500亿日元的年销收入。为达成这一目标，万代预备继续加强海外市场，目前亚洲和欧美的销售额只占整体的30%左右，未来计划将其提升至50%。这方面，万代计划在自身继续推出动画、玩具等产品外积极与外界公司做跨界合作，包括真人电影、游戏等、线下店等、电竞赛事等。

（4）提升拼装产品素质

除了令人叫绝的营销策略，近两年以RG和HG为首的拼装产品在产品素质上也得到了极大程度上的提升。例如，无论是RG的独角兽、沙扎比、牛高达，还是HG的原石新安州、NT高达的A装备还是最新的“大白鹅”佩涅罗佩，万代拼装部在小比例模型上的投入可见一斑，无论是可动、内构还是分色都当之无愧地做到了“缩小版MG”的程度。但回过头来看，主要消费的这些模型产品却还是以老机设为主，《逆袭的夏亚》这部剧场版中登场的沙扎比和牛高达迄今为止仍然是RG这个系列最受欢迎的产品，甚至可以说是没有之一。新一代的机设或许足够突破传统，但更多还是在HG这个1/144这个比例上，面对RG这个对精细度有更高要求的产品线上，目前还没有特别好的发挥。

虽然拼装类的模玩产品相较成片模型来说需要上手制作，简单的素组或许都要耗费个把小时的时间，更不要说对模型进行更进一步的处理了，光是处理水口、遮盖、喷涂补色、渗线这些步骤就能轻轻松松耗费掉大把的时间和精力，当然最后呈现出的作品表现力自然是更胜一筹，因此也有热衷于此的玩家，也有像Ray这样拿过高达模型世界冠军的大佬存在。

其实随着潮玩这一概念近几年在国内的普及化，对于“玩具”收藏也逐渐被人们所认可和接受，得益于当下大环境的优势，万代进一步在国内开阔了高达市场，只是如果动画能够在表现力上更给力一些的话，玩具的销量肯定会更好。

7.8.3 为顾客提供展示的平台——世界高达大赛GBWC

日本万代玩具公司每年都会举办“高达模型制作家全球杯”大赛，届时会有来自全球各地高达模型迷带来自己设计制作的高达模型。大赛分为15岁以上的公开组，以及14岁以下的青少年组，每年都吸引了大量爱好者关注。

虽然大赛最终仅推出两位冠军，但是很多参赛作品都有着令人惊艳的创意与制作技术。这些脱颖而出的作品，还会在东京高达基地进行展示，无法抵达现场的高达模型迷们还可以在GBWC官方网站上欣赏。

万代举办的世界高达大赛给予高达迷们一个展示创意和互相交流的平台，在这里聚集了大量高达模型迷，他们对高达投入了十足的热情和时间，并进一步扩展了高达的精神世界。

这些参赛选中有青少年，也有成年人。每年关于世界高达大赛的夺冠新闻都会成为头条，也吸引着潜在客户的目光。可以说，万达置办的这场世界高达大赛，是进一步催生高达文化的良好方式，图7.19是2019年世界高达大赛公开组冠军作品。

图7.19 2019年世界高达大赛 公开组冠军 ZHAO ZHUJUN（中国）作品名：Dream

7.8.4 激励顾客展示成果的底层社群圈

近年来，一些科技媒体在总结国内二次元产业异军突起时，总爱使用“粉丝经济”这个词，粉丝经济其实涵盖的范围很广，做手机的、做明星的、做ACG的都可以算的上是粉丝经济的忠实信徒，还有一些民间或者官方自发设立的粉丝群、粉丝论坛来维系粉丝关系，这种粉丝经济模式在日本已经比较成熟了，其代表就是各种官方收费的粉丝俱乐部。

万代高达也早早就成立了粉丝俱乐部，这个粉丝俱乐部以手机APP的形式来集合高达粉丝。想要加入该手机APP粉丝俱乐部，粉丝需要每月缴纳600日元的会费，当让其福利也十分丰厚。成为俱乐部会员后可以第一时间在APP内观看最新的高达系列新番，而且还可以观看迄今为止高达18部TV动画和35部剧场版OVA动画，当然还有一些只属于粉丝俱乐部会员的特典以及线下活动优先招待券，会员在APP内也可以针对高达作品进行一些交流。

万代高达充分挖掘了粉丝经济价值，尤其是日本高达粉丝俱乐部，可以设置很多诱人的奖励，如入会员送高达，参加日本横滨的高达工厂，或者举办一些线下展示活动，让许多高达迷能够在线下相互交流对高达的喜爱，同时也给顾客一个展示自己拼装、再创作或收集的高达产品的成果。同时民间也成立了很多单纯以交流展示为目的的同好会和微信社群。这些同好会经常不定期组织线上展示及线下交流活动。线上展示主要分为在原有高达模型基础上的创新创意类及美女与高达的颜值类两种活动（见图7.20）。线下交流活动主要内容为分享制作高达模型的技巧，如：组合技巧、喷漆技巧、上色技巧、造型技巧等。由于线上及线下活动都是有粉丝们自发组织而成，并且所展示的内容与自己的爱好具有较强相关性，故此类活动受到大批粉丝的追捧。从淘宝某大型高

图7.20　创新创意类展示（图左）颜值展示类（图右）

达销售网店处得知，全国各地类似社群有上千个之多，几乎每个城市都有类似活动。基于成就感的展示不仅体现了粉丝自身的价值，同时对于品牌宣传、流量裂变也起到了巨大作用。

除了官方策划的一些活动外，一些高达粉丝也会自发的组织同好会活动，只要影响足够大也会被官方认可收到一定赞助。这种线上与线下联合的粉丝活动，让粉丝之间的黏性更足，更加活跃也更乐于分享自己在高达产品上获得的满足感，可以说是底层社群圈的打造，也为高达进行了进一步的传播。通过消耗客户的时间、金钱或者精力后再给予客户成就感，可以使客户产生主动分享消费结果的行为，基于这种自发行为的用户裂变，成本趋近于零，同时裂变的持久度、散播度都远超常规推广渠道效果。

7.9 私域流量是一件做人情的事情

一个90后率领20人团队，利用100个微信个人号给用户提供预订酒店的服务，如客户想预定北京天坛附近的酒店，他就会列出一个符合客户要求的清单，再一对一推荐，用户可以直接在微信上选。他给的酒店价格和携程一样，特别之处在于给客户提供免费早餐券，甚至是任性退房券，赶巧了也有优惠券。

这个团队的组织架构很简单，一个外联部跟各酒店集团谈协议价；一个编辑部，负责编辑朋友圈内容；剩下最大的队伍就是销售团队。还有市场部，允许有流量的人加盟，这极大降低了内部管理成本。

该团队的流量，最早是从各公域流量池，如头条广告、百度广告等吸引过来，打的就是价格比携程还要便宜、专人服务等诉求，把微信个人号建设成一个订房的呼叫中心，一对一提供服务。

到现在，这个小团队实现了一年流水8000万元，复购用户在80%左右。复购率之所以能达到80%，是因为这个团队给每个客户提供的都是精细化的服务。这个团队三个人为一个小组，每个小组有一个组长，每个人拿5部手机，每天服务约200人次。大家都知道在平台上买票退票是什么体验，对比一对一微信上提供的人性化服务，高复购率就不难理解。

这个案例很明显，体现出私域流量不是一锤子买卖，而是一件做人情的事情。